GRUPP

HORS-SÉRIE

ISBN : 978-2-74-852405-5

25, avenue Pierre-de-Coubertin, 75013 Paris

YVES GREVET

GRUPP

SYROS

À mes frères

« Avant de juger son frère, il faut avoir marché plusieurs lunes dans ses mocassins. »

Proverbe Lakota

– Allô, monsieur Thoir, comment allez-vous ?

– Qui êtes-vous ?

– Vous savez très bien qui je suis, n'est-ce pas, monsieur Thoir ?

– Laissez-moi tranquille. Je n'ai rien à vous dire.

(Communication coupée.)

– Allô, monsieur Thoir, comment allez-vous ?

– ...

– Ça surprend, la première fois, n'est-ce pas ? Vous allez sentir la douleur diminuer rapidement. Respirez profondément. Vous m'entendez, monsieur Thoir ?

– Oui.

– Très bien. Nous allons pouvoir reprendre notre discussion. Avez-vous réfléchi à notre affaire ?

– Oui.

– Et ?

– ...

– Ne dites pas que vous hésitez ? Vous commencez sans doute à comprendre que vous n'êtes pas en position de négocier, monsieur Thoir.

(Communication coupée.)

– Allô, monsieur Thoir, comment allez-vous ? Monsieur Thoir ? Je sais que vous m'entendez, je vous entends souffler... et souffrir. Je vous imagine plié en deux de douleur ou peut-être même à genoux sur votre beau tapis persan. La sueur sur le front, la bave aux lèvres. Heureusement que vous êtes seul dans votre bureau, monsieur Thoir, et que personne ne peut vous voir dans cet état pitoyable. Comment allez-vous, monsieur Thoir ?

– ...

– Vous avez encore très mal, je sais. Mais c'est vous qui n'êtes pas raisonnable, monsieur Thoir. Couper ainsi la communication, ce n'est vraiment pas correct. Je vous déconseille de recommencer ! La prochaine fois pourrait vous être fatale. En attendant, respirez calmement et essayez de vous concentrer, d'accord, monsieur Thoir ?

– ...

– Je ne vous entends pas, monsieur Thoir. Vous êtes d'accord ?

– Euh... oui.

– Parfait. Alors, votre réponse, monsieur Thoir ?

– Je... je ne peux pas, monsieur, je vous l'ai expliqué. Je ne dispose pas d'une telle somme.

– À quoi jouez-vous, monsieur Thoir ? Nous avons eu accès à vos comptes ce matin même. Nous savons tous les deux que l'effort que nous vous demandons est tout à fait supportable.

– Ce n'est pas vraiment mon argent. C'est celui de ma famille et de mes associ… Non ! Non ! S'il vous… Non !… Ne recommen… Je… je…

– Bien. Comme vous voulez.

– …

– Monsieur Thoir, comment allez-vous, monsieur Thoir ? Monsieur Thoir ? Monsieur Thoir ?

(Communication coupée.)

– Messieurs, je crois que monsieur Thoir vient de nous quitter définitivement. Ce n'était pas un homme très avisé. Et avec son cœur fragile, il suffisait d'un rien pour que tout s'emballe. C'est dommage pour lui. Mais ce n'est pas si grave. D'ici quelques jours, quand les membres de sa famille l'auront pleuré et enterré, je reprendrai cette conversation avec l'un d'entre eux. J'espère que cette personne saura se montrer plus réaliste que le pauvre monsieur Thoir.

STAN

LUNDI 23 JANVIER

Ce matin, au petit déjeuner, c'est le silence total. Chacun dans son coin a dû commencer à imaginer les prochaines heures qui vont être capitales pour toute la famille. Mon frère passe en jugement aujourd'hui. Mes parents ont pris un congé pour être près de lui. Ma présence au tribunal n'a même pas été évoquée. Aucun d'eux n'a envie que j'y sois, et mon avis sur la question ne semble pas les intéresser. Scott a été arrêté, hier, sur l'esplanade de la mairie de Newville, là où se retrouvent beaucoup de jeunes durant le week-end. Une dizaine de policiers casqués, équipés de gilets pare-balles et d'armes de poing, l'ont encerclé avant de le plaquer violemment au sol pour lui passer les menottes. Ses amis, mais aussi d'autres personnes présentes, ont filmé l'intervention et l'ont diffusée sur les réseaux sociaux. Mais les autorités sont intervenues dans l'heure suivante pour faire supprimer toutes les images de l'événement. J'ai pu en voir une, juste avant qu'elle ne soit détruite. J'ai mis quelques minutes à admettre que tout cela était réel. Dès que les policiers ont prévenu mes parents, ils se sont rendus aussi vite que possible au commissariat central. En les attendant, j'étais complètement angoissé. Qu'avait bien pu commettre Scott pour être traité ainsi ? Lorsqu'ils sont rentrés tous les trois, vers vingt-deux heures, c'est à peine s'ils m'ont adressé la parole. Mon père m'a lancé, l'air très préoccupé :

– C'est très grave, ce qu'a fait ton frère !

Scott a répondu en souriant :

– Mais non, c'est des conneries. Ils n'ont rien contre moi !

Ensuite, ils sont partis s'enfermer chacun dans sa chambre. Là, pour moi, c'était trop. Déjà qu'ils m'avaient laissé trois heures tout seul à me ronger les sangs. Alors, j'ai hurlé, hors de moi :

– Je pourrais savoir ce qui se passe ?! Ho, j'existe ! Je m'appelle Stan. Je suis son frère et votre enfant !

Après quelques secondes de silence où je me sentais au bord de l'explosion, la porte de la chambre de mes parents s'est ouverte et mon père est sorti.

– Excuse-nous, Stan, je m'occupais de ta mère, elle est complètement bouleversée. Je vais te résumer ce qu'on sait. Scott est convoqué devant un juge, demain à neuf heures.

– Qu'est-ce qu'on lui reproche ?

– Principalement d'appartenir à une organisation clandestine qui s'appelle le Grupp.

– Et Scott, qu'est-ce qu'il dit ?

– Pas grand-chose, tu l'as entendu. Il se contente de répéter que les flics n'ont aucune preuve de son implication et qu'il ne risque rien.

– Et d'après toi ?

– Théoriquement, il peut encourir jusqu'à trois ans de prison. Nous avons rencontré son avocat après l'interrogatoire. Il semblait confiant parce que Scott n'a jamais été condamné auparavant. Il pense que ton frère aura droit à un rappel à la loi ou au maximum à une condamnation avec sursis, mais sans incarcération.

Scott est mon aîné de trois ans, il vient seulement d'avoir dix-sept ans. Ce qui est certain, c'est que le petit sourire qu'affiche mon frère en ce moment n'est qu'une façade. Scott s'est agité toute la nuit. Il n'a coupé sa musique que vers cinq heures ce matin. Il l'écoutait au casque mais ne pouvait s'empêcher de battre nerveusement le rythme contre le montant en bois de son lit.

– Il faudrait que tu t'habilles un peu mieux, lui suggère mon père.

– Pourquoi ? Mes vêtements sont propres.

– Heureusement qu'ils sont propres ! Mais ça ne suffit pas. C'est une question de respect vis-à-vis du juge, du procureur... Une façon de montrer que tu prends au sérieux le tribunal.

– Je ne vois pas le rapport avec ma tenue.

– Je suis sûr que tu comprends très bien ce que je veux dire mais... Et puis, après tout, fais comme tu veux.

– Vous n'allez pas vous disputer ! lance ma mère, au bord des larmes. Ce n'est pas le moment !

– Mais non. Je lui donnais juste un conseil... pour son bien. Toi, que penses-tu de sa tenue ?

Ma mère tourne la tête. Elle ne répondra pas. L'angoisse lui noue les tripes et l'empêche de s'exprimer. Mon frère capte son regard implorant. Il fonce dans sa chambre et réapparaît avec son costume sombre, celui qu'il porte quand nous allons à la Maison des ancêtres une fois par an.

Tous trois partent quelques minutes plus tard au tribunal. Scott m'adresse un au revoir muet, accompagné d'un clin d'œil.

Je quitte la maison une demi-heure après eux. Je me récite des phrases d'anglais le long du chemin, histoire de ne pas trop penser à ce qui va se passer dans les prochaines heures, durant le procès. Lorsque je traverse la chaussée au niveau d'un feu tricolore, des gamins chahutent devant moi, et l'un d'eux est poussé à quelques centimètres en dehors des zébras.

– *Ne jouez pas en traversant la rue !* hurle une voix métallique sortie d'un haut-parleur.

Elle émane d'un policier qui surveille les carrefours à distance.

– Aïe ! crie un des petits. Quel salaud !

Il lève la main pour montrer qu'il a compris la consigne.

– Ça va, Eloi ? demande son copain.

– Non, chuchote l'autre. C'était au moins une P2. Il veut me tuer ou quoi !?

Le jeune Eloi veut se faire mousser devant ses copains. Le tarif pour ce genre d'écart, c'est une P1, la première des punitions sur une échelle qui en compte quatre. La dernière étant réservée à des individus vraiment dangereux. Cet épisode me rappelle des souvenirs. On a tous subi un jour une petite décharge dans l'épaule de la part d'un flic un peu zélé quand on courait sur le trottoir. C'est comme ça qu'on nous a appris à traverser la chaussée et plus généralement à respecter les règles de la rue. Je sais qu'au début du vingt et unième siècle, sur notre seul territoire, plus d'une centaine d'enfants mouraient chaque année en allant à l'école. Et même que vingt fois plus devaient être hospitalisés pour de graves blessures. Une petite décharge de temps en temps, ce n'est rien par rapport à la mort d'un enfant.

J'arrive dans les derniers au moment où le prof va fermer la porte. Je rejoins ma place près de Sol. C'est mon meilleur ami et j'apprécie quand les profs nous autorisent à nous asseoir où l'on veut, ce qui est heureusement de plus en plus fréquent maintenant qu'on est en troisième. Ce gars pratique en permanence un humour très décalé que je suis un des seuls à apprécier. Je ne pense pas qu'il essayera de me faire sourire aujourd'hui, quand il saura ce qui m'arrive. Pourtant, j'en aurais bien besoin. Je le mets rapidement au courant puis nous nous concentrons sur le cours. Je connais Sol depuis longtemps mais nous ne sommes vraiment proches que depuis deux ou trois ans. Mon copain se fait remarquer par son look strict et vieillot. Le pire, c'est que ce ne sont pas ses parents qui le lui ont imposé. Je crois même qu'ils préféreraient que leur enfant se fonde davantage dans la masse.

– C'est mon style, m'a-t-il expliqué simplement un jour, et je l'assume. Je ne me verrais pas porter des habits mous.

La première fois qu'il a employé cette expression, j'avoue que je me suis dit qu'il était peut-être un peu barré. Il n'en est rien, il est drôle, très intelligent, et il connaît des tas de trucs. Et, à la longue, je ne fais plus attention à son apparence.

Nous prenons une table à part à la cantine. Il revient d'emblée à ma préoccupation du moment :

– Tu sais à quelle heure le procès devrait se terminer ?

– Pas précisément. Mon frère m'a promis de m'envoyer un message quand le verdict sera tombé. Je pense que les débats vont se prolonger jusque dans l'après-midi.

– Tu es inquiet ?

– Un peu quand même. S'il est condamné, même avec sursis, il va avoir des difficultés à se faire embaucher à la fin de ses études. Tu sais quelque chose, toi, sur ce mystérieux Grupp auquel appartient Scott ?

– Moins fort, Stan ! C'est mal vu de prononcer ce nom, surtout au collège. J'ai déjà entendu mes parents en parler. Ils qualifiaient ses membres de dangereux irresponsables, de saboteurs et de terroristes. Qu'est-ce que ton frère faisait parmi eux ? Tu ne savais pas qu'il avait des activités secrètes ?

– Non. Mes parents non plus.

– Mais il devait beaucoup sortir, surtout la nuit ? Et ils ne se doutaient vraiment de rien ?

– Non, ils avaient confiance.

– Et toi ? Pourtant, tu t'entends bien avec ton frère.

– Depuis hier soir, je n'arrête pas d'y penser. J'ai à peine dormi. Je me demande encore comment j'ai pu ne rien voir.

Depuis le milieu de l'après-midi, j'ai une boule d'angoisse qui grossit dans ma gorge. Mon frère ne m'a envoyé aucun message. Cela ne se passe sans doute pas comme prévu. Sol sent mon malaise et me propose de rentrer avec moi et de me tenir compagnie en attendant des nouvelles. Mais je refuse. Sur le chemin, j'essaye de me rassurer en parlant à voix basse :

– Stan, secoue-toi ! Arrête d'imaginer le pire ! Quand tu vas rentrer, il sera là et s'excusera à peine de t'avoir oublié. Il ajoutera même à la cantonade : « Je vous avais dit qu'il ne fallait pas vous inquiéter ! »

J'ouvre la porte. L'alarme est toujours enclenchée, ce qui est mauvais signe. Je crie quand même :

– Scott ! Scott ?

Aucune réponse. Je vais jusqu'à sa chambre pour voir s'il n'est pas allongé sur son lit, avec sa musique à fond dans les oreilles. Ce serait trop beau. Je redescends et tourne en rond jusqu'à l'arrivée de mes parents, une heure plus tard.

Mon frère a été condamné à six mois ferme. Il a été directement transféré dans une prison pour mineurs. Ma mère s'enferme seule dans la cuisine. Mon père me fait signe de m'asseoir près de lui. Nous restons silencieux un long moment.

– L'audience s'est déroulée à huis clos, explique-t-il. Je ne suis pas censé raconter les débats, mais toi, je dois quand même te mettre au courant. La justice reproche à Scott non seulement d'appartenir au Grupp, mais aussi d'en être le leader. Cette organisation fait du tort à la société LongLife en diffusant des slogans hostiles et mensongers. Pire encore, on accuse ton frère et ses amis de s'attaquer aux installations techniques de LongLife. Les dysfonctionnements qu'ils ont provoqués ont mis en danger de nombreuses personnes en coupant la liaison entre les implants et le centre de traitements et de secours. Le procureur a parlé d'un adolescent qui serait mort à cause de ça.

J'ai du mal à digérer ces révélations. Je marque un long silence avant de demander :

– Cet adolescent… il est mort comment exactement ?

– Il est tombé d'un pont et s'est noyé en revenant d'une réunion organisée par le Grupp. Il n'a pas été secouru parce que les équipes d'intervention n'ont pas reçu l'alerte déclenchée par son implant.

– Il avait quel âge ?

– Dix-sept ans, comme ton frère.

– Il y avait d'autres accusés avec Scott ?

– Non, ton frère était seul. Il a été dénoncé par un témoin anonyme qui l'a désigné comme le chef de ce groupe. Le témoin n'était pas présent ce matin, mais le juge a estimé son témoignage recevable. Hier, Scott a refusé de coopérer avec la police pendant l'interrogatoire et, aujourd'hui, il est resté quasiment muet durant toute l'audience.

– Il n'a pas donné le nom de ses complices ?

– Non. Et cela n'a pas joué en sa faveur.

– On va pouvoir lui rendre visite bientôt ?

– Ton frère ne tient pas à te voir au parloir.

– Pourquoi ? je demande, soudain en colère.

– Il ne me l'a pas dit. J'imagine qu'il a peur que tu ne sois impressionné par l'endroit. Je crois aussi qu'il a honte. Tu comprends que c'est très grave, ce qu'il a fait ? Bon, on va rejoindre ta mère dans la cuisine pour dîner.

– Non, je n'ai pas faim. À demain.

Je vais me terrer dans ma chambre et branche mon casque. Je reste allongé, quasiment immobile sur mon lit, jusqu'à vingt-deux heures. Alors seulement, je descends me faire un sandwich à la cuisine. Mes parents discutent à voix basse dans leur chambre.

Pourquoi mon frère a-t-il fait ces conneries ? Pourquoi veut-il nuire au bon fonctionnement de LongLife ? Depuis plus de vingt ans maintenant, le gouvernement a généralisé l'implantation d'une puce électronique dans le corps de chaque personne. Cela a permis à la médecine de faire un énorme bond en avant. Le microprocesseur analyse en permanence les flux sanguins et repère les moindres infections ou anomalies. Par exemple, le cancer qui tuait encore beaucoup de gens au début du siècle a complètement disparu. L'implant joue aussi le rôle de régulateur du rythme cardiaque. Il peut même éviter les infarctus, comme les pacemakers le faisaient autrefois. Il est également capable de détecter les actes de violence subis ou provoqués, par une analyse du taux de certaines hormones, particulièrement les corticostéroïdes. C'était le sujet de mon dernier cours de sciences. Ces hormones sont libérées dans le corps quand on subit un grand stress mais aussi quand on ne peut contenir sa rage et qu'on est prêt à passer à l'acte. Des équipes de secours dépêchées sur les lieux des conflits peuvent en limiter, voire en empêcher certains. Pourquoi mon frère et ses copains s'en prennent-ils à une société qui nous apporte tant de bienfaits ? J'ai déjà entraperçu certains slogans du Grupp, sur les murs du lycée : *Moins de contrôle pour plus de liberté* ou *LongLife, ta puissance nous fait peur !* Ils avaient été peints durant la nuit, et la mairie les avait fait disparaître le jour même.

J'aurais tant aimé que mon frère m'explique clairement les motivations de son organisation. J'estime être en âge de comprendre et d'en discuter.

MARDI 24 JANVIER

Ce matin, j'effectue ma Vérification Quotidienne LongLife en appliquant la douchette sans fil à l'emplacement de mon implant, un peu à droite du cœur, pendant une dizaine de secondes. Chaque jour au réveil, toute la population doit effectuer sa VQ. Le boîtier, généralement fixé dans la salle de bains familiale, affiche alors un message qu'on peut également recevoir en mode vocal. Si ce dernier s'affiche en rouge, c'est qu'un problème grave a été détecté. Dans ce cas, il est directement transmis au centre de contrôle général et au médecin traitant, et une hospitalisation d'urgence est envisagée. C'est extrêmement rare. Parfois, c'est de l'orange. La machine a repéré une infection bénigne, un rhume ou une légère fièvre, et préconise la prise d'un médicament adapté, obligatoirement présent dans toutes les pharmacies familiales. La plupart du temps, c'est du vert qui s'affiche avec le *Rien à signaler* habituel. Ce matin, l'ordinateur a pointé *Manque de sommeil qui compromet tes capacités à assimiler de nouvelles connaissances. LongLife te conseille de te recoucher pour trois heures après avoir ingéré une pilule L6.*

Je n'ai aucune envie d'avaler un anxiolytique et de traîner seul chez moi. Je décide donc de partir au collège quand même.

Sol m'attend devant l'entrée, le visage anxieux.

– Alors ? demande-t-il doucement. À ta tête, j'imagine que ça s'est mal passé.

– Six mois ferme. Il a été embarqué directement après le procès.

Je lui raconte ensuite ce qu'on reproche à mon frère.

– Un gars est mort à cause de lui, commente-t-il. C'est pour ça qu'il a pris autant.

La journée de cours se traîne interminablement. Le matin, je parviens à garder les yeux ouverts mais je suis incapable de mémoriser le moindre échange. Je ne prends aucune note. Trop d'images se bousculent dans mon cerveau : Scott enfermé dans une cellule minuscule et sale, le regard mort, complètement seul, ou Scott pris dans une bousculade et piétiné par des gars sans visage qui hurlent comme des bêtes. Je déjeune avec Sol comme la veille, à l'écart des autres.

– Ah, des poissons panés ! s'extasie-t-il. J'adore ! Pas gustativement, bien entendu, mais intellectuellement. Nous allons manger du pur concept. Des poissons qui n'en sont pas parce qu'on les a volontairement dénaturés et réduits à un volume géométrique régulier : le parallélépipède rectangle. Mieux que ça, nous allons manger des poissons qui ne sont pas puisqu'ils ne sont pas nés, comme leur nom l'indique clairement : « panés », c'est « pas nés ». De là à dire qu'ils n'existent pas et que nous n'allons manger qu'une idée de poisson, il n'y a qu'un pas. C'est vertigineux ! Stan, tu n'es pas d'accord ? Stan, je te sens ailleurs. Mes délires philosophiques ne t'intéressent pas ? Tu voudrais peut-être qu'on revienne dans le concret. Mais les poissons panés, c'est aussi du concret. En ce moment, tu les mâches sans plaisir et ensuite ils vont être transformés par ton appareil digestif et...

– Sol, j'ai envie de comprendre ce qui arrive à mon frère.

– Excuse-moi, Stan. Je t'écoute.

– Je voudrais savoir qui sont ces gens qui l'ont entraîné, et le rôle réel qu'il jouait parmi eux.

– C'est une organisation secrète. En plus, avec ce qui vient de se passer, ils savent maintenant à quoi s'en tenir s'ils se font attraper.

– Je vais essayer de rencontrer les copains de Scott à la sortie du lycée. Parmi eux, il y en a sûrement qui appartenaient au Grupp. À commencer par Félix, avec qui Scott passait tout son temps. Lui, je suis pratiquement certain qu'il en fait partie.

– Tu vas te faire jeter.

– Ça ne coûte rien d'essayer. Tu m'accompagneras ?

Le lycée n'est qu'à une centaine de mètres du collège, mais les deux populations d'élèves ne se mélangent surtout pas. Les « Petits » qui s'aventurent sur le territoire des « Grands » se font chasser sur-le-champ, d'abord verbalement et, s'ils insistent, physiquement. On a donc intérêt à avoir une bonne raison de se pointer là-bas et plus encore de tomber dès l'entrée sur quelqu'un qui peut nous protéger. Les copains de mon frère, je ne les connais que de vue. Les rares fois où ils passaient chez moi, ils allaient directement s'enfermer avec Scott dans sa chambre. Je ne remarquais leur présence qu'en voyant leurs baskets abandonnées devant sa porte. Quand mes parents disaient qu'ils complotaient, ils n'étaient visiblement pas loin de la vérité. Je leur en veux. Ils auraient dû essayer d'en savoir plus. Ils auraient peut-être pu éviter la prison à leur fils.

Nous arrivons en vue du lycée et repérons très vite notre cible. Félix, entouré de quatre gars, est installé sur un terre-plein en face de l'entrée. Sol reste un peu en retrait, tandis que je me poste juste derrière le copain de Scott. Lui m'a adressé la parole, une fois, à la maison. Je n'ose pas interrompre la discussion et j'attends sans me manifester qu'il me laisse approcher. Félix se tourne enfin vers moi.

– Bonjour. Je suis Stan, le...

– On sait qui tu es, coupe Félix. On est désolés pour ton frère. Quand il a été arrêté, on n'imaginait pas qu'il écoperait de plusieurs mois de prison ferme. C'est totalement injuste. Maintenant, Stan, rentre chez toi. Tu n'as rien à faire ici. Et, à l'avenir, n'essaye plus de nous approcher. C'est un conseil d'ami que je te donne là. Si t'insistes, je pourrai devenir brutal.

– Je voudrais juste comprendre.

– Reste en dehors de tout ça. Si ton frère avait voulu t'en parler, il l'aurait fait.

– Félix, intervient un gars à côté de lui, dans la voiture blanche, là-bas, les deux types qui nous matent, je crois que ce sont des flics !

– OK, on bouge. Stan, tu ne veux pas attirer de nouveaux ennuis à tes parents ? Alors, casse-toi et vite !

Je rejoins Sol et l'entraîne rapidement en direction du collège en lui expliquant :

– Il paraît que la police les surveille. Je ne sais pas s'ils ont balancé ça pour que je parte. De toute façon, ils ne me diront rien.

Sol perçoit ma déception mais a la gentillesse de ne pas en rajouter dans le genre : « Je t'avais bien dit qu'il n'y avait rien à en tirer. » Et pourtant il aurait raison. Un peu plus loin, il me propose, comme la veille, de venir chez moi. Je décline encore une fois.

Scott est mon modèle. Je l'ai toujours considéré comme le grand frère idéal. Il est drôle, bienveillant et protecteur. Il m'a appris à jouer au base-ball, au ping-pong et à plonger dans le grand bain. Les choses ont un peu changé durant sa troisième, quand il a commencé à fréquenter Félix et les autres. Ces gars ont progressivement pris plus de place. Il restait davantage avec eux à l'extérieur et, lorsqu'il les invitait, je n'étais jamais convié à me joindre à eux. Au début, ça m'a rendu triste. Avec le temps, j'ai compris que ce n'était pas grave. Il avait de l'affection pour moi mais tenait à sa liberté. Il voulait pouvoir être différent avec les autres, sans que je sois là pour le juger. C'est mon ami Sol qui me l'a expliqué un jour. Pourtant, lui est fils unique. Quand nous étions tous les deux, avec Scott, nous restions très complices, même si je m'aperçois à présent qu'il me cachait une partie essentielle de sa vie. Aujourd'hui, avec le procès, je comprends qu'il m'écartait de ses activités pour qu'on ne puisse pas croire que j'étais impliqué. En fait, il désirait me protéger.

Vers dix-huit heures, alors que je suis encore seul à la maison, j'entends sonner à la porte. J'ouvre et découvre une femme d'une trentaine d'années, en jean et baskets, et un homme plus âgé en costume.

– Bonsoir, nous sommes de la police, annonce-t-elle en me montrant sa carte. Nous avons un mandat pour perquisitionner la chambre de ton frère. Peux-tu nous montrer l'endroit ?

– Oui, bien sûr, mais il faudrait que j'appelle mes parents pour leur demander si...

– C'est inutile, me coupe sèchement l'homme. Nous les avons prévenus. Et puis, de toute façon, nous avons des ordres et ils n'ont pas le choix. Alors, allons-y ! On n'a pas toute la soirée non plus.

Je leur désigne la chambre de Scott. Ils enfilent des gants de latex. Lui commence à fouiller dans les tiroirs, elle s'installe devant l'ordi. Connaissant mon frère, cela m'étonnerait beaucoup qu'elle puisse accéder à ses fichiers. Scott est un surdoué de l'informatique qui se tient au courant de toutes les dernières innovations. Ses compétences surprenaient tout le monde, même ses profs spécialisés dans la matière. L'homme se tourne vers moi et m'adresse un geste sec de la main pour me signifier que je ne dois pas les regarder travailler.

Après une demi-heure, on frappe à ma porte.

– On a fini, déclare la policière. On embarque son disque dur. Ne te dérange pas, on sait où est la sortie.

Le soir, pendant le repas, ma mère nous explique :

– J'ai téléphoné au club de handball de Scott. Il y est bien inscrit mais il n'a été présent à aucun match ni à aucun entraînement.

– Et ça durait depuis longtemps ? demande mon père.

– Pratiquement deux ans. Scott a produit des certificats médicaux et même des lettres signées de notre main, expliquant que nous étions au courant de la situation. Je le revois, le soir, faire tourner une machine pour laver son équipement. Tout ça pour nous berner !

– Je crois, dis-je, qu'il ne voulait pas nous inquiéter.

– Ne le défends pas, ordonne ma mère en haussant la voix. Scott pouvait nous faire confiance, nous parler au moins.

Je n'ai pas le courage de répliquer. Pourtant, je sais que j'ai raison. S'il avait dit à mes parents qu'il sortait la nuit pour taguer les murs et retrouver des activistes anti-LongLife, ils ne l'auraient jamais laissé faire.

Qu'avait-il comme autre option que le mensonge ? Ma mère me fixe.

– Tu savais quelque chose, Stan ?

– Non, rien. Je te le jure.

– Je te crois, dit mon père sur un ton bienveillant. Il est évident que tu es aussi bouleversé que nous par les découvertes de ces derniers jours.

JEUDI 26 JANVIER

Pas de nouvelles de mon frère depuis son incarcération. Son portable lui a été confisqué. Mes parents ont pu lui faire parvenir des vêtements le soir même de son arrivée, mais sans être autorisés à le voir ni à lui parler. Mon père a obtenu un droit de visite pour cet après-midi. Je m'aperçois que, à certains moments de la journée, je ne pense plus du tout à lui. En fait, c'est surtout lorsque je rentre chez moi que je ressens son absence. Je me demande ce qu'il est en train de faire, s'il mange correctement, comment il est traité par les gardiens ou les autres détenus. J'ai peur pour lui. On raconte que, dans les prisons, la violence perdure parce que beaucoup de délinquants s'entraînent à résister aux chocs électriques envoyés *via* les implants LongLife pour les dissuader d'être agressifs. Ils peuvent ainsi porter des coups violents avant d'être stoppés.

À la cantine, Sol fixe longuement quelque chose derrière moi, la bouche entrouverte. Je l'interroge du regard mais il ne semble plus me voir.

– Lise est dans la queue de la cantine. Lise, la beauté incarnée. Lise et ses yeux immenses dans lesquels je pourrais patauger.

– Je crois qu'on dit « dans lesquels je pourrais me noyer ».

– Non, ça c'est pour les gars qui ne savent pas nager. Moi, je te rappelle que je suis un véritable dauphin. Tu crois qu'un jour Lise, mon étoile, abaissera son regard vers moi, misérable vermisseau ? Dois-je croire au miracle ?

– Tu devrais plutôt tenter de l'approcher.

– J'ai essayé déjà trois fois.

– Quand ? Tu ne m'as jamais raconté.

– Non, j'ai profité de moments où tu étais occupé ailleurs. Je n'avais pas envie que tu me voies me faire jeter.

– Elle t'a vraiment jeté ?

– Elle m'a fait gentiment comprendre que je ne l'intéressais pas. Mais ça, c'est parce qu'elle ne me connaît pas. Qu'elle me juge uniquement sur les apparences.

– Oui, c'est certain. Si elle découvrait ton irrésistible sens de l'humour, elle ne résisterait pas. Elle n'est avec personne ?

– Non, j'ai enquêté sur elle. Elle a eu des copains mais ça ne dure jamais. Aucun n'est à la hauteur.

– Tu as « enquêté » sur elle ?!

– Oui, je l'ai suivie dans la rue et j'ai fréquenté ses endroits favoris. C'était surtout pour faire en sorte qu'elle me remarque, qu'on se croise « par hasard » en dehors du collège.

– Je ne savais pas que tu étais aussi mordu.

– Si, malheureusement. Mais tu as raison, cher Stan, j'ai peut-être renoncé trop tôt. Je vais envisager une nouvelle tentative avant mon anniversaire. C'est dans moins d'un mois.

Cette discussion me ramène à mon frère, qui, lui, savait visiblement très bien s'y prendre avec les filles, si j'en juge par le nombre de celles que j'ai aperçues chez nous. Je pense qu'il aurait pu être un bon conseiller pour mon copain. Sol a senti que je décrochais de la conversation, il me demande :

– Tu penses à Scott ?

– Oui. J'aurai des nouvelles par mon père ce soir.

– En parlant de ton frère, mardi j'ai repéré, parmi les lycéens qui entouraient Félix, un gars qui habite près de chez moi. J'avais déjà remarqué à plusieurs reprises que le dénommé Ilhan quittait le domicile familial en douce le soir. Peut-être se rendait-il aux réunions du Grupp ?

– Tu le connais bien ? Je pourrais lui parler ?

– Non, mais on pourrait le suivre. Enfin, si ça ne te fait pas trop peur. Et, si ça reste dans notre périmètre d'évolution, nos parents ne seront pas alertés.

– Pour moi, pas de problème. Le mien a été étendu à la ville pour mes quatorze ans.

– Moi, c'est beaucoup moins large. Ça va à peine au-delà de notre quartier. Mais ça se tente.

– Pourquoi ton PE est-il si petit ? Tes parents ne te font pas confiance ?

– Ma mère est une angoissée. Je te l'ai déjà dit. Tu sais que, il y a un an, elle me limitait à la maison durant les heures de nuit ! Un matin, je suis allé au collège très en avance pour guetter Lise et j'ai été pris de vomissements terribles dans la rue. Sur le coup, je n'ai pas pensé qu'il me suffisait de faire demi-tour pour aller mieux. J'étais loin d'imaginer que mes parents m'appliquaient encore un standard pour enfants de moins de huit ans. Les services de LongLife sont intervenus en urgence. Les voisins sont sortis sur le trottoir. Ma mère s'est sentie gênée devant tout le monde et, du coup, elle a fait retirer cette restriction. Pour revenir à mon voisin, j'ai remarqué qu'il sortait surtout autour de minuit.

– Toi, tu ne dors jamais la nuit ?

– Non, je pense à Lise en guettant les étoiles filantes. Je fais des vœux pour qu'elle pense à moi.

De retour à la maison, je ressens soudain l'envie d'entrer dans la chambre de mon frère. Je me rends compte que cela fait longtemps que cela ne m'est pas arrivé. Je pose mon sac dans la mienne et je pousse la porte. Un tas de vêtements pliés est posé sur le bureau. Mon frère a toujours interdit à ma mère d'ouvrir le moindre tiroir, comme de ramasser le linge jeté sur le sol, sous prétexte que ces vêtements à peine salis étaient susceptibles d'être remis. Ce concept de linge ni propre ni sale provoquait souvent de vives discussions entre Scott et ma mère. Cela m'étonnerait que celle-ci laisse tout en l'état si Scott ne revient pas avant six mois. La décoration de cette pièce n'a pas bougé depuis des années, toujours des posters de handballeurs. Sans doute pour tromper son monde ou simplement par paresse d'en accrocher d'autres. Il y a deux jours, à la même heure, c'étaient deux flics qui fouillaient l'endroit, et je pense qu'ils sont repartis bredouilles. Peut-être n'ont-ils pas cherché où il fallait ? Je m'assois devant son bureau sans esquisser le moindre geste. Les yeux fermés, je me concentre sur mes souvenirs. Quand il ne dormait pas, Scott était installé devant son ordi. Il pouvait y rester des nuits entières mais il ne jouait pas en ligne.

« J'explore, m'a-t-il dit un jour. Je visite des endroits même quand les portes sont fermées et gardées. Je veux tout connaître et me sentir partout chez moi.

– Tu m'emmèneras avec toi un jour ?

– Pas tout de suite. C'est trop dangereux. Mais le moment venu, je te ferai signe.

Je pose ma main sur le premier des trois tiroirs latéraux. J'hésite encore une dizaine de secondes avant de l'ouvrir. Il est vide. Le deuxième également. Scott aurait-il fait le ménage la nuit avant son procès ? Je ne trouve qu'un vieux carnet de dessin avec quelques robots monstrueux. Je remets tout en place puis vais ouvrir sa penderie. J'imagine que les vêtements ont été systématiquement manipulés et fouillés par la police. Je pose son sac de sport sur son lit. Quand je l'ouvre, l'air est brusquement pollué par une odeur épouvantable. Cela provient d'une tenue de sport puant atrocement la sueur et le moisi. Je souris en repensant au policier qui a vécu la même expérience et a dû avoir le réflexe de le refermer aussitôt. Ce n'est pas du tout dans le style de mon frère de laisser ses affaires dans cet état. Je prends donc mon courage à deux mains pour fouiller un peu plus profondément et je tombe sur un sac plastique hermétiquement fermé. J'y découvre un passe-montagne noir, que je ne l'ai jamais vu porter, et un petit appareil électronique avec un élastique. Je reconnais le synthétiseur pour modifier la voix avec lequel nous avions déliré quelques années plus tôt dans un magasin de jouets. Je l'allume et le place devant ma bouche.

– À quoi jouais-tu, Scott ?

J'attends le retour de mes parents dans le canapé. J'ai bâclé mon travail pour demain. Si j'ai le courage, je le reprendrai après le dîner. Je ne sais pas s'ils le font exprès mais je trouve qu'ils sont particulièrement longs à rentrer. J'espère que ça n'annonce pas d'autres mauvaises nouvelles. J'allume l'écran du salon pour tenter de m'occuper l'esprit. Je tombe sur un canal qui diffuse des séries vintage des années 2010. J'essaye de suivre quelques minutes avant de me souvenir que j'ai déjà vu l'épisode. Le policier va bientôt découvrir la chambre secrète d'un adolescent tueur en série. Soudain, le programme s'interrompt et le volume sonore s'élève de lui-même. C'est le *Moment LongLife*, un programme quotidien diffusé à plusieurs heures de la journée. Aujourd'hui, une jeune femme, souriante face à la caméra, raconte ce que LongLife a fait pour elle. Je détourne le regard mais ne peux m'empêcher d'entendre.

Ce matin, Richard, un centenaire atteint de la maladie d'Alzheimer, nous a joué un sacré tour. Figurez-vous qu'il a réussi à déjouer la vigilance du personnel soignant de notre institution et à nous fausser compagnie. Il était en pantoufles et en pyjama, sans manteau dans le froid, et incapable de se diriger. Mais heureusement, grâce à son implant LongLife, il a été retrouvé seulement quelques minutes après que sa disparition a été déclarée aux forces de police. L'application « géolocalisation » de l'appareil a permis d'orienter les recherches de façon très précise. Il se trouvait à un pâté de maisons de notre centre de soins, errant dans une rue peu fréquentée de la ville.

Sa famille et nous-mêmes, soignants de l'établissement, tenons à remercier la société LongLife pour son aide. Grâce à elle, Richard s'est sorti de cette aventure sans aucune blessure. Merci LongLife !

L'épisode reprend au moment où mes parents entrent dans la maison. Je me dépêche d'éteindre. Ils prennent leur temps pour accrocher leur manteau et enfiler leurs chaussons avant de venir enfin s'installer près de moi.

– Je l'ai trouvé fatigué, commence mon père, mais il m'a assuré qu'il allait bien. Il a vu son avocat qui a fait appel de la décision. Voilà.

– C'est tout ? Tu ne lui as pas demandé de détails sur sa vie quotidienne ?

– Tu connais ton frère. Il n'est pas du genre à se confier. Il a quand même dit qu'il nous aimait.

– Ça, ce n'est pas un scoop !

– Non, mais je ne me souviens pas qu'il nous l'ait dit aussi simplement depuis longtemps.

Ma mère se lève pour aller préparer le dîner. Je l'entends renifler et se moucher, sans doute pour cacher ses larmes.

Pendant le repas, personne ne parle. Ce n'est pas tellement inhabituel. Ça arrivait souvent, même quand Scott était là. Pourtant, à plusieurs reprises, je sens que ma mère s'apprête à prendre la parole mais y renonce. Ce n'est qu'au moment où je me lève pour mettre mon assiette au lave-vaisselle qu'elle commence à raconter. Aussitôt, je me rassois à table.

– Scott n'a jamais été docile. Il est gentil. Il a bon cœur. Il s'intéresse aux autres. Mais il est aussi buté et intransigeant. Déjà petit, il ne lâchait jamais rien. Le mot qu'il répétait le plus dans la journée, c'était : « Pourquoi ? » Il fallait que le monde soit logique, carré et juste. Il n'acceptait aucun flou ni à-peu-près. Il en était fatigant. Hein, c'est vrai ?

– Oui, confirme mon père en souriant. C'était le signe de son intelligence et de sa curiosité. Ses professeurs n'ont cessé, depuis, de louer son esprit scientifique, son sens de l'analyse. L'année dernière, lors d'une réunion au lycée, l'un d'eux m'a dit qu'il avait le « don de comprendre les environnements complexes ». C'est pour ça qu'il est si bon en informatique. Ce qui me choque, c'est qu'il soit allé gâcher ses talents au sein de ce Grupp, et même qu'il en soit un des fondateurs, d'après ce qu'on nous a dit. Depuis l'instauration de l'organisme d'État LongLife, nous vivons tous beaucoup mieux. Je ne comprends pas cette envie qu'ont les jeunes de toujours vouloir contester l'héritage des générations précédentes.

DIMANCHE 29 JANVIER

Je commence à comprendre pourquoi mon frère aimait quitter la maison la nuit. Moi, c'est la première fois que je vais écouter à la porte de la chambre de mes parents pour vérifier qu'ils dorment. Je ressens bien un peu d'appréhension, mais elle s'accompagne d'une certaine euphorie. Sol m'a demandé de me tenir prêt entre vingt-trois heures et deux heures du matin. J'ai désactivé l'alarme de nuit. J'ai déjà enfilé mes chaussures. Mon blouson est étalé sur le lit. Sol m'a conseillé de mettre des vêtements sombres, amples ou élastiques, et surtout des chaussures de sport, car nous aurons peut-être à courir ou à escalader des clôtures. Moi, c'est ce que je porte quotidiennement. Pour lui, ça va être plus dur. Je m'occupe en parcourant des pages d'actualités sur le Net. Je survole les articles car je suis trop stressé pour m'intéresser vraiment au contenu. Un nouveau fait divers vient s'intercaler dans le flux général.

Un homme d'une cinquantaine d'années a été assassiné dimanche après-midi dans sa riche villa des nouveaux quartiers de Newville. Il a été étranglé avec un fil d'acier. Les caméras de surveillance placées à l'entrée de l'habitation ont enregistré les images d'une femme portant des lunettes de soleil, probablement la meurtrière, alors qu'elle quittait les lieux. Son identification est en cours. La police promet une arrestation rapide.

La dernière précision paraît évidente. En consultant les enregistrements des déplacements des implants dans le secteur à l'heure indiquée par la caméra de surveillance, la base de données de LongLife sélectionnera une poignée de suspects. Ensuite, l'examen des accélérations de leur rythme cardiaque permettra à coup sûr de désigner le coupable. Il ne restera plus qu'à le localiser. On retrouve toujours les criminels. C'est à se demander pourquoi des gens essayent encore de violer la loi. J'imprime l'info car j'ai appris que celles « qui perturbent trop l'harmonie de notre société apaisée » disparaissent assez vite du Net. Scott me l'avait expliqué un soir : « On nous cache des trucs, Stan. Méfie-toi des infos, elles ne disent que ce que les gens veulent entendre. » À l'époque, je m'étais dit qu'il devenait parano. Depuis son arrestation, je sais qu'il a raison.

Mon téléphone bipe. Je dois partir. Je m'engage dans la rue en suivant un itinéraire qui, en principe, évite les caméras de vidéosurveillance très présentes en ville. J'ai mis les oreillettes de mon téléphone pour suivre les commentaires et les indications de Sol en direct. Je l'entends bientôt chuchoter :

– Je longe les grilles du jardin botanique vers le nord. Ilhan marche à une centaine de mètres devant moi. Je n'essaye pas de m'approcher davantage car il se montre très prudent et s'est retourné déjà trois fois. J'ai même cru que j'étais grillé. Tu arrives, Stan ?

– J'atteins seulement les grilles du jardin et je commence à remonter dans votre direction. Je crois que je t'aperçois. Tu as une sorte de jogging noir un peu large. C'est le type même du vêtement mou, ça, ou je me trompe ?

– Ne m'en parle pas. Je déteste ce truc. C'est à mon père. J'ai l'impression d'être dans un pyjama ou dans les combinaisons qu'on met aux bébés quand ils ont des couches. Je l'ai piqué dans le panier de linge sale. Il pue en plus, car mon père aime suer dans les salles de sport. Moi, je déteste. Attention, il s'est arrêté. Je me planque derrière une cabane de chantier en tôle bleue. Tu me vois toujours ?

– Affirmatif. Je serai sur zone dans deux minutes, enfin, si tu ne bouges pas d'ici là.

– Notre homme attend visiblement quelqu'un. Une silhouette très fine se découpe dans la lumière d'un réverbère. Elle est sortie d'une ruelle sur la gauche et rejoint l'autre. Ils s'embrassent. C'est une fille. Fausse alerte. Nous sommes tombés sur un rendez-vous galant. Je répète : fausse alerte.

Je suis remonté à la hauteur de mon ami. Il perçoit ma présence et, sans se retourner, me fait signe d'approcher.

– Attendons avant de repartir, dis-je, un peu essoufflé. Regarde-les. Ils enfilent un passe-montagne, comme celui que j'ai trouvé dans la chambre de Scott. Ce serait curieux pour un rendez-vous d'amoureux, non ?

– Tu as raison, Stan. On va les suivre.

– Attention, je préviens, des gars arrivent. Ne bougeons pas.

Nous restons immobiles le temps de laisser passer, à une trentaine de mètres sur notre gauche, trois adolescents au visage caché avec le même accessoire que celui d'Ilhan et de sa copine. D'autres arrivent par le nord. Tous convergent très prudemment vers le portail métallique d'un entrepôt de produits chimiques. Après avoir inspecté du regard les alentours et pris le temps d'écouter les bruits ambiants, ils se faufilent à l'intérieur. Nous attendons un bon moment dans la rue déserte pour être certains que tous les participants sont bien arrivés.

– On y va, propose Sol.

– Non, attends !

– Qu'est-ce qu'il y a ? T'as la trouille, c'est ça ?

– Non, mais imagine que le Grupp ait planqué des sentinelles pour surveiller l'entrée. Attends. Je vais essayer un truc.

Je ramasse un caillou à mes pieds et le jette devant l'entrée de l'entrepôt. Un projecteur s'allume soudain et balaye lentement les alentours. Le faisceau s'immobilise plusieurs secondes sur la cabane métallique qui nous cache. Nous n'osons plus passer la tête pour juger de la situation. Tout à coup, Sol se lève et me chuchote :

– Ils avancent vers nous ! Vite ! Barrons-nous !

Nous fuyons comme des souris débusquées par le chat de la maison. Heureusement, nous avons une cinquantaine de mètres d'avance, et la peur décuple nos forces. Je les entends gueuler des menaces terrifiantes :

– On va vous saigner, petits fouineurs ! Attendez qu'on vous chope, vous allez comprendre votre douleur !

Après plusieurs centaines de mètres, ils renoncent à nous poursuivre et je freine ma course pour attendre Sol. Pour moi qui m'entraînais jusque-là chaque dimanche avec mon frère et mon père, ce n'est pas un effort. Sol a plus de mal. Nous reprenons notre souffle durant quelques secondes.

– Il ne faut pas traîner ici, Stan, articule difficilement mon copain. Ils sont partis prévenir les autres. Ils vont lancer une « chasse à l'homme nocturne », c'est ce que l'un d'eux a dit.

Nous reprenons donc notre course pendant une dizaine de minutes, puis Sol s'arrête, complètement épuisé, et reste un moment plié en deux. Je lui conseille :

– Redresse-toi. Ce sera plus efficace. Et marchons doucement.

– Et tu ne crois pas que LongLife a pu repérer l'accélération violente de mon rythme cardiaque ? On doit s'attendre à les voir débarquer, tu ne penses pas ?

– Plus maintenant. Comme tu as pu reprendre le contrôle de ta respiration, ils ont dû juger que ce n'était pas une urgence. Si on les croise, on leur dira qu'on s'entraîne pour une course.

– OK.

– N'empêche, on a eu chaud, là-bas ?

– Oui. Heureusement que tu m'as arrêté ! On se serait jetés dans la gueule du loup. Moi je n'avais rien senti. Tu as l'instinct du chasseur, Stan, c'est remarquable.

– Plutôt celui de la proie qui veut survivre.

MERCREDI 1er FÉVRIER

Ce matin, une fille est venue me témoigner son soutien et surtout me faire part de l'admiration qu'elle a pour mon frère. Elle m'a dit que je devais être fier de lui parce que c'est un « héros de la liberté et un modèle de courage ». Je l'ai remerciée. Cela me fait plaisir mais je ne peux m'empêcher de penser que mon frère a commis des actes répréhensibles et mis en danger des gens qui n'avaient rien demandé. Je parle à Sol de cette rencontre durant la pause matinale. Il se demande si elle n'est pas envoyée par le Grupp pour me réconforter. Au moment de la sortie, je décide d'aborder cette fille, Lottie, qui attend visiblement quelqu'un, seule sur le trottoir en face du collège. J'espère qu'elle pourra nous être utile pour mieux cerner les objectifs du Grupp. Je traverse et me lance :

– Je peux te parler ?

– Oui, bien sûr, Stan, répond-elle gentiment.

– Je veux savoir si tu fais partie… comme mon frère… du Grupp ?

Elle regarde autour d'elle d'un air méfiant. Je la sens mal à l'aise quand elle se contente de faire non de la tête.

– Pourtant, je croyais. Ce matin, tu es venue... Tu n'as pas le droit de me le dire, c'est ça ?

– Stan, précise-t-elle, en parlant très bas, si c'était le cas, je te le dirais peut-être, parce que, connaissant l'histoire de ton frère, j'imagine que je pourrais te faire confiance. Mais, je te le jure, je n'en suis pas.

– Tu connais quelqu'un qui en fait partie ?

Lottie me sourit sans répondre. Je comprends à son regard que c'est le cas.

– Et cette personne t'en a déjà parlé ?

– Non.

Ses paroles me ramènent à Scott qui tenait à préserver sa liberté et son indépendance, et ne racontait rien à la maison. Je suppose qu'elle a un grand frère ou une grande sœur qui la traite de la même façon. Comme elle ne m'a toujours pas jeté, je continue :

– Mais tu sais des choses ?

– Stan, t'es gentil, mais je préfère qu'on arrête là notre discussion.

– Il y a des trucs que j'ai besoin de savoir. Je ne comprends rien à ce qui arrive à mon frère. La justice le condamne, d'autres le voient comme un héros...

– Je ne peux rien te dire. N'insiste pas.

Sur le chemin du retour, je fais mon rapport à Sol, qui se montre moins pessimiste que moi :

– J’ai l’impression qu’elle pourrait changer d’avis. Je crois que tu as su l’attendrir. Tu es doué, mon vieux. Demain, essaye de croiser sa route « par hasard ». Petit à petit, elle s’habituera à toi et tu gagneras sa confiance.

Nous rentrons chez moi pour faire nos devoirs ensemble. Pendant le trajet, je repense à l’article aperçu sur le Net trois jours plus tôt, juste avant notre sortie nocturne. Il relatait la mort d’un homme d’affaires étranglé dans sa villa. Je sors de mon sac la feuille que j’avais imprimée et la tends à mon ami.

– Tu as entendu parler de cette affaire ?

Sol prend le temps de lire attentivement avant de me répondre :

– Non. Ça n’a pas dû rester longtemps en ligne.

– Tu crois que c’est vrai ? C’est le deuxième mort dont j’entends parler en peu de temps, avec celui qui s’est noyé après la fête du Grupp. C’est bizarre, non ?

– Je ne sais pas.

– On pourrait chercher sur le Net. Il y a sans doute des gens qui s’intéressent à la question.

– Laisse tomber. Des fois, ça peut être dangereux d’aller fouiner dans les affaires des adultes.

Nous restons silencieux jusque chez moi. Nous nous installons dans le salon pour travailler. Avant d’allumer sa tablette, Sol me déclare :

– J’ai suivi ton conseil. Je reprends l’initiative avec Lise. Je lui ai écrit un poème. C’est un bon moyen de lui faire part de mes sentiments.

– Tu cours le risque qu'elle se moque de toi.

– Ou qu'elle soit flattée et conquise par mon talent.

– Et si elle en parle à d'autres et que ton texte se retrouve affiché sur le Net ?

– Je ne crois pas que Lise soit ce genre de fille.

– Tu la connais mieux que moi.

J'admire son courage. Moi, je serais incapable de m'exposer ainsi. Sol a changé depuis quelques jours. Il est moins attentif en cours. Moins drôle aussi. Cela ne me donne pas envie d'aimer. L'amour, c'est risqué. Ça fait perdre le sens des réalités. En plus, les gens se séparent plus ou moins vite et, ensuite, ils ressentent un grand vide. Pourtant, pour que je sois là, il a bien fallu que mes parents s'unissent. J'ai du mal à les imaginer amoureux, eux qui sont si raisonnables aujourd'hui.

Sol part une demi-heure avant le retour de ma mère. Elle est passée à la prison dans l'après-midi. Elle me raconte le minimum, seulement que sa visite l'a rendue triste, mais que Scott va bien, qu'il a été gentil avec elle. Elle ajoute après un long silence que cette expérience va le faire mûrir. Cette dernière phrase me fait bondir. Comment peut-elle trouver positive l'épreuve qu'il traverse ? Je la regarde, incrédule. Elle sent mon agressivité, et son visage se décompose brutalement. Elle se met à pleurer et m'agrippe maladroitement. Je ne sais pas quoi faire. Elle reprend vite le contrôle et se détache de moi.

– Je voulais juste dire, se justifie-t-elle, que je l'ai trouvé différent, plus apaisé. Bien sûr, je voudrais qu'il soit toujours avec nous. Il me manque. Je pense à lui à chaque seconde.

Je n'ose pas lui demander s'il a pris de mes nouvelles. J'ai la conviction qu'elle n'osera pas m'avouer qu'il ne l'a pas fait. Elle sait que ça me rendrait malheureux.

Un peu plus tard, lorsque mon père rentre, j'entrouvre ma porte pour écouter leur discussion. Au départ, elle répète pratiquement les mêmes propos un peu vagues, mais ensuite ils vont s'enfermer dans la cuisine. Je sors de ma chambre. Ma mère est visiblement en colère car elle ne peut s'empêcher de parler fort. Je n'ai aucun mal à l'entendre. Elle a croisé Félix près de la prison. Il attendait un bus qui dessert le centre-ville alors qu'elle arrivait en voiture. Elle s'est bien gardée de lui faire signe. Elle ne comprend pas comment il ose venir voir Scott après ce qui s'est passé.

– C'est lui qui devrait être enfermé ! Comment peut-il venir narguer Scott ainsi !?

– Rien ne lui interdit de faire une demande de visite, explique mon père. Après, c'est Scott qui choisit d'accepter ou pas.

– Il n'est pas majeur. Nous pouvons nous y opposer, non ?

– Je ne sais pas mais je peux me renseigner.

– Je ne veux pas que ça recommence ensuite. Au tribunal, il avait promis au juge de ne plus fréquenter ce « Grupp ». Il va gâcher sa vie ! Tu sais, en rentrant, j'ai failli m'arrêter au commissariat pour le dénoncer, ce Félix !

Après tout, pourquoi notre fils serait-il le seul à payer pour les erreurs de ce maudit Grupp !?

– Tu ne l'as pas fait, et c'est préférable. Scott ne le souhaiterait pas. En plus, cela ne changerait rien. Je te promets d'aborder le sujet avec lui la prochaine fois.

Je ne les entends plus. J'imagine qu'ils sont dans les bras l'un de l'autre, et que ma mère est en larmes et mon père pas loin de l'imiter.

Après le repas, je reçois un message de Lottie sur mon portable. Elle me propose de venir un peu en avance au collège pour me parler. Je suis très surpris. Je m'empresse d'accepter et de la remercier. Sol avait visiblement raison. J'ai réussi à l'attendrir.

JEUDI 2 FÉVRIER

Je me pointe devant le collège un peu avant l'heure prévue. J'ai le temps de regarder Lottie arriver tranquillement par l'avenue principale. Elle me fait signe de loin. J'avoue que je n'avais jamais remarqué cette fille avant qu'elle ne m'aborde, hier. C'est vrai aussi qu'elle est en quatrième et qu'on se côtoie rarement entre niveaux différents. Elle est plutôt attirante, avec sa silhouette élancée et son visage aux traits fins. Hier, je ne l'ai pas vraiment regardée. Je n'avais en tête que ce qu'elle pouvait me révéler sur le groupe de mon frère.

– On va s'assoir à l'écart, propose-t-elle. On sera plus tranquilles.

J'hésite à lui demander ce qui l'a poussée à changer d'avis. J'ai peur que ça ne la fasse douter de sa décision. A-t-elle demandé la permission à sa sœur ou son frère ?

– Pose-moi tes questions.

– Euh… euh, je bredouille, un peu décontenancé par ce début un peu brusque. Comment la personne que tu connais est-elle avertie des réunions ?

– Ma grande sœur reçoit des messages bizarres sur son portable. Un jour, j'ai réussi à en lire un. C'était un truc du genre : *Le jardin du roi british et vroum.* J'imagine que les membres du Grupp savent ce que ça veut dire. Je sais aussi que, une fois réunis, ils préparent d'autres rendez-vous. Il y a des petits rendez-vous qui durent une heure au maximum et servent à préparer les grands rendez-vous qui les occupent presque toute une nuit ou une partie du week-end. Pour les petits rendez-vous, ils ont un *dress code.* Des couleurs sombres, des vêtements de sport un peu amples et un passe-montagne noir. Autant te dire que ce ne sont pas des looks très glamour. Pour les grands rendez-vous, ma sœur emmène parfois ses fringues préférées dans un sac et se maquille. Ça doit être tout de suite plus sympa. C'est surtout là que j'aimerais bien aller.

– Comment tu sais tout ça ? Elle te l'a raconté ?

– T'es fou ! Tu ne connais pas Maroussia. Non, je suis curieuse et, bon, aussi un peu jalouse de ma grande sœur. Alors je l'espionne, surtout quand elle reçoit ses copines. Je sais, c'est moche.

– Avec Sol, on a suivi des gens qui font partie du Grupp mais on n'a pas réussi à entrer dans leur lieu de réunion parce qu'il y avait des gardes qui surveillaient...

– C'est pas vrai ? Trop bien ! La prochaine fois, vous m'emmenez, OK ? Sans déconner, Stan, vous m'emmenez ?

– OK... OK, dis-je en le regrettant presque tout de suite.

– Super. Je t'adore ! lance-t-elle en me saisissant les mains.

– Il faudrait, dis-je en me dégageant un peu d'elle, qu'on puisse connaître le lieu du rendez-vous à l'avance pour s'y planquer avant leur arrivée.

– Pour ça, il faudrait pouvoir décrypter leurs messages. Mais cela semble assez compliqué.

– Si on en a plusieurs, on pourra peut-être comprendre comment fonctionne leur codage.

– Mais je dois d'abord accéder aux messages de ma sœur, en espérant qu'elle n'ait pas effacé les plus anciens.

– Normalement, je sais comment retrouver ceux qui sont supprimés.

– C'est vrai ?

– Oui, mon frère m'a montré une fois. Ensuite, je me suis formé en consultant des tutos pirates sur le Net. Il faut que tu empruntes le portable de Maroussia pendant une journée.

– Ça, je crois que c'est totalement impossible. Elle ne le lâche même pas la nuit.

– C'est pourtant la seule solution. Lottie, je peux te demander ce qui t'a fait changer d'avis ? Hier, tu ne voulais rien dire.

– Je me suis engueulée avec Maroussia hier soir. Elle a été vraiment injuste. En ce moment, elle me traite comme une merde. Tout ça parce que c'est l'aînée ! Parfois, je la déteste.

– Tu voulais te venger, c'est ça ?

– Un peu. Je pense surtout que nous, les petits frères ou sœurs, on doit se soutenir. Tu n'es pas d'accord ?

– Si, bien sûr.

– On va se revoir souvent tous les deux, alors ?

Je lui souris pour éviter d'avoir à faire une fausse promesse. Elle ne s'en contente pas :

– On dit demain, à la même heure.

– Euh, si... on a du nouveau. Sinon, ça ne sert à rien. Tu ne crois pas ?

– Non, tous les jours, c'est mieux. On discutera ensemble. On apprendra à se connaître. Allez, à demain. Ah, sinon, je voulais te dire : c'est ma sœur qui m'a demandé hier de te témoigner mon soutien. Pour une fois qu'elle fait preuve de gentillesse, celle-là.

Elle m'embrasse rapidement sur la joue. Son visage semble rayonner de bonheur. J'ai bien peur d'en être la cause. Que va en penser Sol ?

La journée se déroule très vite, nous sommes en période d'évaluation. Les quelques échanges que je peux avoir avec mon copain tournent autour du travail. Ce n'est donc qu'en rentrant en fin d'après-midi que je peux lui faire mon compte rendu. Je le vois sourire à plusieurs reprises.

– Oh là là, mon gars, cette fille te drague carrément ou je ne m'y connais pas ! J'espère que tu la trouves jolie...

– Mais, non, tu dis n'importe quoi. Arrête avec ça et sois sérieux cinq minutes. Revenons à notre problème.

– OK, OK, j'analyse, déclare-t-il en prenant une longue inspiration. C'est une bonne recrue. L'info sur les grandes et petites réunions, je l'avais déduite en évaluant la durée des absences de mon voisin. Sinon, tu as bien réagi en lui demandant le portable de sa sœur. Bien sûr, elle a dit non, mais qui nous dit qu'elle ne sera pas tentée de lui piquer la prochaine fois que sa sœur la vexera ? Tu es fort, mon ami.

– Au fait, tu as eu des nouvelles de l'assassinat du banquier dans sa villa de Newville ? Est-ce qu'on a arrêté la criminelle ?

– Je ne sais pas. Et je crois qu'on n'en entendra plus jamais parler.

– Pourquoi ?

– Les autorités n'aiment pas évoquer les crimes violents. Parce que, même avec l'aide de LongLife, elles n'arrivent pas à les empêcher tous, surtout quand ils sont l'œuvre de professionnels qui ne stressent pas au moment fatal.

Il y a des réalités de ce monde qui nous sont cachées. De mon côté, je n'ai jamais pensé à remettre en cause le bien-fondé de cette société pacifiée et hyper protégée où nous vivons. Je pense à Scott. Quand je le voyais partir certains soirs, je ne m'inquiétais pas. Il disait qu'il allait au hand. Il ne me serait pas venu à l'esprit d'en douter. Pourquoi m'aurait-il menti ? Je me sens un peu naïf de découvrir les choses en dernier. C'est comme l'allusion de Sol au fait que Lottie essayait de me séduire ce matin. En y réfléchissant, c'est possible. Je repense à la façon dont elle m'a pris soudain les mains ou celle de se presser contre moi pour me dire au revoir. Je revois ses joues un peu roses, sur le moment… Je choisis d'entreprendre Sol sur un autre sujet, pour éviter qu'il ne me reparle de ma rencontre matinale :

– Et ton poème pour Lise ? Tu as trouvé l'inspiration ? Il est terminé ?

– Absolument. Je l'ai glissé dans ses affaires avant de quitter le collège. Elle est peut-être en train de le lire à la seconde où nous parlons. Le texte agit comme un philtre d'amour qui embrase son cerveau et lui révèle ses sentiments pour moi qu'elle refoulait depuis trop longtemps.

– Je l'espère vraiment pour toi, Sol. Je t'admire. Moi, je n'aurais jamais osé. En plus, je crois que je serais incapable d'écrire un poème. À part dire *Je t'aime* ou *Tu es belle*, je serais vite en panne.

– C'est parce que tu n'as pas trouvé ta muse. Ensuite, il suffit de se laisser porter et d'être le plus sincère possible. Célébrer ce qui te touche en elle.

– Par exemple ?

– Pour moi, elle a les plus beaux yeux du monde.

– Autant j'arrive à trouver un visage beau parce qu'il est fin, harmonieux ou expressif, autant je ne saurais pas dire pourquoi des yeux sont beaux. La couleur ne fait pas tout. Lise a les yeux marron, c'est ça ? C'est assez banal.

– Non, ses yeux sont d'un marron spécial. Ils ont l'éclat de la topaze impériale ou du zircon cannelle.

– C'est quoi, ça ? Tu inventes ?

– Pas du tout. Ce sont des noms de pierres précieuses. Je lui dis aussi que ses yeux ont la richesse d'un limon fertile d'où jaillissent des fleurs d'or et...

– D'un limon ???

– Le limon, c'est de la terre riche en oligoéléments que l'eau des rivières apporte.

– Une sorte de boue, quoi ? Donc, ses yeux sont comme de la boue. Et ça va lui plaire ?

– Tu n'y comprends vraiment rien, mon pauvre Stan ! En même temps, toi, tu n'as aucun effort à faire, les filles comme Lottie te tombent directement dans les bras.

VENDREDI 3 FÉVRIER

Même si je n'étais pas complètement à l'aise, je suis allé au rendez-vous de Lottie. Je suis arrivé un peu en retard mais elle ne me l'a pas fait remarquer. Je l'ai trouvée chaleureuse et sympathique, et je n'ai pas senti, comme l'affirmait Sol la veille, qu'elle voulait me séduire. Pourquoi m'étais-je si facilement laissé convaincre ? Peut-être pour me sentir un peu plus comme les autres, moi qui n'ai jamais songé à être amoureux.

Lottie est vraiment motivée. Ce matin, elle a profité de ce que sa sœur occupait la salle de bains pour aller fouiller sa chambre et elle a découvert des papiers cachés dans un tiroir de fringues. Elle les a photographiés puis m'en a fait une copie papier.

– Comme j'ai trouvé ces trucs vraiment bizarres, je me suis dit que ça avait forcément un rapport avec le Grupp.

Je déplie la feuille et découvre ses notes composées d'une suite de trois chiffres et d'une longue liste de mots et d'expressions sans rapport les uns avec les autres : *hello*

Hello – l'eau du bain – ben quoi, connard – narcotique – tic et tac – tachycardie...

– Tu es géniale, Lottie ! On se revoit lundi.

– Vous ne faites rien sans moi pendant le week-end !

– Non, je te promets. J'ai ton numéro en cas d'urgence.

– Et moi je surveillerai ma sœur. Dis, tu as vu les employés communaux qui recouvraient un graffiti sur le mur du collège ?

– Oui, quand je suis arrivé, ils rangeaient leur matériel.

– Donc, tu ne l'as pas lu. Il était dédié à ton frère. C'était écrit : *Libérez notre frère injustement condamné*, et c'était signé *le Grupp*, bien entendu.

Sol n'arrive qu'au deuxième cours de la journée. Il me salue brièvement mais sans me dire pourquoi il est en retard. J'essaye à plusieurs reprises de croiser son regard mais je ne parviens pas à y lire s'il est dans son état normal ou se force à le paraître. J'ai hâte qu'on soit à la pause pour savoir. S'il a reçu une réponse de Lise et s'est fait rejeter, il n'est peut-être pas encore en mesure d'en parler. Il sait pourtant que je ne le jugerai pas et que je le soutiendrai toujours. Dix heures trente, enfin, nous sortons dans le couloir pour gagner un coin du hall un peu isolé.

– Lise est vraiment une fille bien, commence-t-il direct. Elle m'a répondu ce matin par un long texto. Mon poème ne l'a pas convaincue. Tu imagines qu'autrement je ne ferais pas cette gueule.

– Qu'est-ce qu'elle t'a dit exactement ?

Il prend quelques secondes pour réfléchir puis se lance :

– Cher Sol, J'ai été très touchée par ton poème. D'abord parce que c'est la première fois, et peut-être que ça restera la seule fois de ma vie, qu'on m'adresse un poème d'amour. Ce genre d'exercice n'est malheureusement plus pratiqué depuis des siècles. Actuellement, je ne suis avec personne, mais c'est un choix parce que mes dernières expériences m'ont déçue et rendue triste. Je fais donc une « pause de sentiments » pour une période indéterminée. Pour être aussi tout à fait sincère avec toi, tu m'intrigues avec tes manières de vieux. J'aime ton côté différent, mais, en même temps, il m'inquiète. Je suis certaine que tu es intelligent, cultivé, sensible, drôle, mais tu ne m'attires pas physiquement. C'est con de ma part, sans doute, mais je te trouve un peu petit et maigrelet. C'est nul, je me répète, de ne juger que sur le physique, je le sais bien, mais c'est ma façon de faire et celle de la majorité des gens de notre époque. Je ne me vois pas m'afficher avec toi devant les autres. Je ne veux pas te faire souffrir en te donnant un faux espoir, donc restons-en là et évitons-nous. Encore merci pour ton texte. Je vais le garder précieusement parce qu'il est très beau. Lise.

Il respire profondément avant de continuer :

– Je l'ai découvert ce matin au réveil. Lise qui répétait les conneries que j'entends tout le temps, à savoir que je suis « petit, maigrelet, bizarre » et que j'ai « des manières de vieux ». Cela m'a blessé. Pendant près d'une demi-heure, je suis resté paralysé sur mon lit, incapable de réagir. Puis j'ai relu le message cent fois au moins et, petit à petit, j'y ai découvert quelques éléments positifs.

Lise m'a découvert un peu mieux, et ma personnalité semble l'avoir touchée. Elle dit aussi qu'elle veut garder mon poème. Au final, j'ai eu le sentiment que l'affaire progressait, même si je restais très très loin du but. Au petit déjeuner, j'ai de nouveau abordé le sujet de ma croissance avec mon père. Jusqu'à présent, mes parents se contentaient de me dire que je devais être patient, que les examens pratiqués lorsque j'étais petit n'avaient révélé aucune anomalie. Ce matin, mon père a dû sentir que je n'allais pas très fort, alors il a pris le temps de me raconter qu'il avait vécu lui aussi une année de troisième très angoissante. Mais, m'a-t-il rassuré, il a poussé d'un coup pendant l'été suivant et a abordé sa rentrée en seconde avec un corps transformé, à tel point que beaucoup peinaient à le reconnaître. Il m'a assuré que je vivrais bientôt la même expérience. « La prochaine fois que tu vas chez ta grand-mère, demande à voir les photos. Je peux te dire que c'est spectaculaire. » Je suis allé prendre ma douche le cœur un peu plus léger. En même temps, je me disais qu'il fallait que je patiente encore au moins neuf mois et que j'allais sans doute rater Lise, surtout si elle ne s'oriente pas dans le même lycée que moi l'année prochaine. Quand j'ai retrouvé mon père juste avant de quitter la maison, il a eu cette phrase qui m'a fait penser qu'il lisait dans ma tête : « Et elle s'appelle comment, celle qui te trouve trop petit ? » J'ai lâché en rougissant : « Lise, elle s'appelle Lise. »

En repartant en cours, je tape sur l'épaule de Sol en lui murmurant :

– Tu as raison, au final, l'affaire progresse.

– Et toi, me lance-t-il en retrouvant le sourire, les affaires avancent avec la jeune Lottie ?

Je lui glisse les papiers qu'elle m'a confiés le matin. Je n'ai pas besoin d'expliquer ce que c'est, il a déjà compris.

– Elle est vraiment précieuse, cette fille. Tout le monde n'oserait pas faire les poches de sa grande sœur.

Comme la veille, ce n'est que sur le chemin du retour que nous avons l'occasion de reparler de ces nouveaux éléments. J'y ai pensé toute la journée et j'ai déjà une théorie sur la suite des chiffres.

– C'est une suite logique avec deux paramètres : le nombre doit être composé des cinq mêmes chiffres, et le suivant doit toujours être plus grand que le précédent : 11248 – 11284 – 11428 – 11482... Ensuite, mon cher Sol ?

– Euh... 11824 ? Mais ça sert à quoi, à ton avis ?

– Je ne sais pas. C'est comme la liste qui fonctionne sur le principe de *marabout – bout de ficelle – selle de cheval*... où on reprend la dernière syllabe d'un mot pour commencer le suivant. C'est une comptine complètement inventée, sans doute par les membres du Grupp. Ce serait un code pour se reconnaître en dehors de leurs réunions ?

– Non, ce ne serait pas très discret.

– Ou alors c'est un exercice qu'ils pratiquent avant leurs réunions... pour vérifier qu'il n'y a pas d'espions infiltrés.

Parce que, avec leur passe-montagne et leur voix trafiquée, n'importe qui peut se glisser parmi eux. Ce serait donc… un test de sécurité.

– Comme la suite des chiffres à compléter, renchérit Sol. Si tu ne connais pas le principe, tu es tout de suite largué… Tu as un cerveau puissant, mon ami. En plus, tu sais charmer les filles. Tu ferais un parfait espion.

DIMANCHE 5 FÉVRIER

Ce premier dimanche de février, c'est celui que je redoute entre tous, surtout cette année où je le vivrai sans Scott. C'est le rendez-vous avec les anciens à la Maison des ancêtres, un immense bâtiment en périphérie de la ville, où les centenaires sont regroupés. Ce jour-là, toute la famille est réunie. Je rencontre tous mes oncles, tantes, cousins et cousines, venus parfois de très loin pour l'occasion. Nous défilons dans les chambres de ceux qui ne peuvent plus se lever ou nous marchons dans le parc avec les plus jeunes. Mon père a encore huit ancêtres qui résident ici. Ils ont entre cent trois ans et cent vingt ans. Ma mère en compte un de moins, et la plus vieille a cent onze ans.

Ce matin, comme à chaque fois, j'ai espéré très fort en écoutant le résultat de ma VQ qu'on m'interdirait d'y aller. C'est le cas si on est porteur de la moindre infection passagère. C'est raté, je devrai encore une fois affronter cette épreuve. Dans la voiture, nous avons tous les trois le visage fermé. Visiblement, l'habitude qu'ont pu acquérir mes parents au fil des années ne rend pas l'expérience moins difficile. Nous nous garons sur le parking et passons à l'accueil où nous recevons notre feuille de route. J'apprends que Théo, celui qui avait atteint les cent vingt ans, est mort cette année. La dernière vision que j'ai eue de lui, c'est celle d'un corps complètement figé, à l'exception de ses yeux, très mobiles et bienveillants, mais qui laissaient échapper de nombreuses larmes. « Une momie qui pleure », disait Scott. Son décès va nous faire gagner un quart d'heure sur le planning du matin. Nous commençons la visite par l'hôpital où sont regroupées les personnes les plus vieilles ou les plus faibles physiquement. Nous suivons de longs couloirs avant d'entrer dans une première chambre. Le rituel, c'est de prendre les mains du vieillard et de le saluer. Enfant, ce contact me terrifiait. J'avais l'impression de tenir la patte d'un gros oiseau qui pourrait ne jamais relâcher son emprise. Ensuite, à cause de ce que m'avait dit mon frère, l'image qui me venait le plus souvent était celle d'une main de squelette. Avec l'âge, on est moins émotif et on apprend à regarder les choses pour ce qu'elles sont vraiment. C'est juste la main sèche et plus ou moins tiède d'une personne avec laquelle nous n'avons jamais eu d'échanges véritables et qui connaît rarement notre prénom. C'est seulement un moment désagréable à passer. Mes parents doivent également consulter sur un écran fixé au bas du lit le dossier médical de leur aïeul et en signer le compte rendu. Heureusement, plus on avance dans la matinée et plus nos hôtes rajeunissent. J'attends avec impatience de retrouver mes arrière-grands-parents dont je garde quelques souvenirs d'avant leur arrivée dans cet endroit sinistre. Nous terminons par mon arrière-grand-mère maternelle, Sylvia, qui est ma préférée. L'année dernière, elle était malade et nous n'avions pas été autorisés à la voir. J'apprécie sa gentillesse, son souci des autres et sa franchise. Elle m'écoute parler et j'ai moins de mal à aborder certaines questions avec elle qu'avec mes parents qui auraient tendance à tout dramatiser. Elle m'a toujours parlé d'égal à égal. Aujourd'hui, je lui révèle la vraie raison de l'absence de Scott. Ma mère a dit à tout le monde qu'il était souffrant.

– Profite bien de ta vie, me dit-elle avant que je parte. Prends des risques. N'imagine pas que les occasions se représenteront parce que tu vivras vieux. Ton frère a eu raison de franchir parfois la ligne blanche et de tenter l'aventure. Ça, je ne crois pas que tes parents sont en mesure de le comprendre. Moi, depuis que je suis ici, ma vie ne m'appartient plus vraiment. Je fais ce que le programme de la Maison a prévu, prétendument « pour mon bonheur ». Les exercices cérébraux succèdent aux exercices physiques qui eux-mêmes succèdent aux repas sans goût, bourrés de médicaments, et aux longues plages de sommeil. Je n'ai plus le loisir de rêver, de penser, d'être curieuse ni même de m'ennuyer. Si c'est ça vivre plus longtemps, je me demande si ça en vaut la peine.

– J'aimerais tellement pouvoir venir plus souvent ! Sais-tu pourquoi c'est interdit ?

– Ils disent que cela prend trop de temps sur les exercices qui aident à prolonger notre existence. Moi, je donnerais bien quelques années de cette vie pour te voir toutes les semaines.

– Mais ça, tu ne peux pas leur dire ?

– À partir de cent ans, tu n'es plus le seul à décider de ce qui est bon pour toi. Tes enfants et petits-enfants décident dans ton intérêt, paraît-il. La plupart du temps, ils suivent bêtement ce que les médecins de la Maison préconisent. Je pense être quand même la mieux placée pour savoir ce qui est bon pour moi, non ?

À l'heure du déjeuner, tous les visiteurs, membres d'une même famille, se regroupent dans un grand réfectoire. On y sert un repas assez sommaire. Ensuite, les majeurs se réunissent dans une salle de conférences pour discuter, et les mineurs peuvent s'occuper dans la salle de jeux prévue pour eux ou aller se promener dans le parc. D'habitude, avec Scott, nous rejoignons des cousins de Novobourg pour jouer au foot. Cette année, trois manquent à l'appel, Scott bien sûr, Livio qui est passé chez les majeurs et Soren qui est enrhumé. Avec Ole et sa sœur Naïla, nous décidons de faire un tour. J'engage la conversation, comptant éclaircir un point qui me perturbe :

– J'étais persuadé que Livio avait dix-sept ans. Il est bien de la même année que Scott ?

– Oui, mais il travaille, m'explique son frère, donc il cotise pour les anciens. Cela lui donne le droit de participer aux décisions.

– À quelles décisions ?

– Tu n'es pas encore au courant ! Et tu ne te doutes de

rien ? Ce que je vais te raconter, tu le gardes pour toi. Je ne veux pas d'emmerdes avec tes parents.

– OK.

– Les réunions de l'après-midi servent à déterminer qui va être maintenu en vie une année de plus. C'est pour ça que l'on vient évaluer l'état des vieux et surtout ce que ça coûte à chacun pour l'année. Tu sais que LongLife pourrait prolonger la vie au-delà de cent vingt ans. Tu connais leur slogan : *C'est aux hommes de choisir leur fin et pas à la Nature* ou *Ce n'est plus la mort qui décide* ?

Je mets quelques instants à digérer ces informations. Je repense à mon père, au chômage pendant quelques mois, qui a vu ses revenus chuter progressivement. S'il n'avait rien gagné cette année, aurait-il été obligé de s'abstenir et de laisser les autres voter la mort de ceux qu'il aime ? Comme Ole semble très au courant, je lui demande :

– Et pourquoi des familles maintiennent-elles des ancêtres qui semblent supplier de mourir ? Je pense à Théo par exemple.

– Théo, la momie, avait mis dans son testament que son héritage ne pourrait être partagé que s'il atteignait les cent vingt ans. Je pense que c'est une décision qu'il a dû regretter au bout d'un certain temps.

Au retour, dans la voiture, je ne peux m'empêcher de fixer mes parents : qu'ont-ils décidé durant l'après-midi ? Qui reverrai-je l'année prochaine ? Scott est-il au courant ?

Quand j'aurai l'âge de mes parents, quel âge aura Sylvia ? Presque cent vingt ans, je crois. Je n'arrive pas à imaginer que je pourrais, un jour, voter pour sa mort. Pourtant, aujourd'hui, ne m'a-t-elle pas déclaré qu'elle se demandait si sa vie valait encore la peine ? Dans quel état sera-t-elle dans vingt-cinq ans ? Elle ressemblera sans doute au vieux Théo, immobile, sous assistance respiratoire, les yeux ouverts mais l'esprit perdu. Mais moi, avec l'affection que je lui porte, je ne la verrai pas ainsi. Je me souviendrai de celle qui nous racontait des histoires de lutins au cours de longues promenades en forêt ou qui prenait notre défense face à mes parents quand ils nous reprochaient d'être téméraires. Peut-être au contraire n'aurai-je aucun scrupule à laisser partir d'autres de mes ancêtres que j'ai moins connus mais qui ont été autrefois tout aussi gentils. Pourquoi est-ce à nous de choisir ?

LUNDI 6 FÉVRIER

J'arrive en même temps que Lottie au collège. Je la retrouve maintenant sans aucune réticence car elle se révèle surprenante et assez attachante, comme une petite sœur qui n'a pas froid aux yeux. Aura-t-elle encore quelque chose à m'apprendre ce matin ?

– Tu as passé un bon week-end, Stan ?

– Pas vraiment. Hier, c'était ma journée des ancêtres. Et Scott m'a particulièrement manqué. C'était plein d'émotions, comme à chaque fois. Enfin, tu connais, c'était surtout très triste.

– Mortel même, non ? De mon côté, j'ai réfléchi à un moyen de récupérer le téléphone de Maroussia. Mais je vais avoir besoin de l'un d'entre vous. Tu serais disponible demain soir vers dix-neuf heures ?

– Oui, sans problème. Jeudi dernier, tu avais l'air de dire que c'était mission impossible.

– Je me suis dit qu'on devait quand même essayer. Je t'en dirai plus demain matin.

Je repère Sol dans la cour, en pleine discussion avec Lise et Blanche. Je n'ose pas m'approcher et monte directement devant la salle de cours. Mon copain me rejoint quelques minutes plus tard.

– Alors, Sol, l'affaire progresse ?

– Je ne sais pas. À toi te juger. Lise m'a envoyé un long message hier soir. Si ça t'intéresse, tu peux le lire ?

Il me tend son téléphone.

Sol, j'ai réfléchi depuis mon dernier message et je voulais d'abord m'excuser parce que je t'ai sans doute fait mal. Je n'aurais pas dû être aussi brutale. Je voulais te faire une proposition. Est-ce qu'on pourrait envisager de devenir plus proches, pas dans le sens de devenir amoureux, pour ça, j'ai été très claire avec toi, mais de devenir amis ? J'ai l'impression que tu pourrais ouvrir un peu mon horizon. En t'écrivant ça, je me demande si tu ne vas pas trouver ma demande tordue et cruelle. Parce que je veux me rapprocher de toi mais sans remettre en cause le fait que je ne m'imagine pas en couple avec toi. Je comprendrais très bien que ma proposition te choque et que tu préfères l'ignorer. Lise

Il me surveille pendant ma lecture. Puis, tout en rangeant son portable, il me dévisage pour guetter ma réaction.

– C'est tordu, comme elle dit. À ta place, je refuserais. Cette fille ne sait pas ce qu'elle veut. Mais je ne suis pas à ta place.

– Je lui ai dit oui. J'ai envie d'essayer. J'ai proposé qu'on mange tous les quatre à la cantine à midi, ça te va ?

– Pour moi, pas de problème.

Je suis attablé depuis plusieurs minutes devant Lise et sa copine Blanche. J'observe de plus près celle qui suscite tant d'intérêt de la part de Sol. J'avoue ne pas comprendre pourquoi. Physiquement, elle est assez quelconque, comme sa copine... mais comme moi aussi d'ailleurs. J'aurais du mal à la décrire.

– Alors, attaque Sol, et si on en apprenait un peu plus sur chacun ? On commence par nos signes astrologiques ?

– Pourquoi pas ? dit Blanche. Je suis Lion. Mais tu y crois, toi, à ces bêtises ?

– Il faut croire aux signes en général et ne pas rester trop rationnel. Sinon la vie est d'un banal... Et toi, Lise ?

– Je suis Verseau.

– Moi aussi. Tu es née quel jour ?

– Le 17 février.

– Moi, c'est le 15, déclare Sol enthousiaste. Nous sommes presque jumeaux. Ça, pour le coup, c'est un vrai signe.

– Tu crois ? interroge Lise, dubitative.

– Le moment précis de la naissance – moi, c'est dix heures dix-sept (pendant la pause au collège) – est hyper important. C'est un instant magique où, chaque année, tout peut arriver.

– C'est un délire, ton truc, fait remarquer Blanche. Moi je n'ai jamais rien observé de magique à ce moment-là.

– Lise, c'est à quelle heure, le 17 ?

– Vers neuf heures trente, le matin aussi.

Sol marque un silence. Cette information a vraiment l'air de l'impressionner. Pour ne pas me faire oublier, j'annonce à mon tour :

– Moi, je suis Balance, du 7 octobre à trois heures cinquante.

Personne ne relève. Je crois que tout le monde s'en fout.

C'est Lise qui prend ensuite la discussion en main. Elle veut comprendre comment Sol a pu composer ce poème qui l'a tant touchée. Elle est admirative de sa capacité d'invention, des images « étranges mais jolies » du texte. Elle se demande si son poème est inspiré d'un modèle. Mon ami la laisse parler, sourire aux lèvres. Elle évoque alors la possibilité qu'il ait un don. Pour le coup, je suis tout à fait d'accord avec elle.

– Merci. Mais franchement, déclare Sol, gêné, c'est juste de l'entraînement et de l'audace.

– C'est-à-dire ? demande Lise.

– Il faut oser se lancer. Il faut se faire confiance. Parfois, on peut rater mais, la plupart du temps, on est surpris par le résultat. Vous voulez tenter l'expérience ? On pourrait écrire quelques vers, là, tout de suite ?

– Oui, je veux bien essayer, déclare Lise, très décidée. Mais sur quoi ? Il faut une idée de départ, non ?

– Choisis. Prends n'importe quoi. Rien n'est impossible. Tout peut être intéressant. Un objet, un mot...

– OK, dit-elle en baissant la tête. Les petits pois dans mon assiette. C'est possible, les petits pois ? Non, c'est quand même trop nul...

– Magnifique sujet ! s'enthousiasme Sol. Je perçois déjà en toi la poétesse qui s'ignore. *Les petits pois dans mon assiette*, tu as déjà le titre. Après, ferme les yeux et balance les images qui te viennent quand tu penses aux petits pois dans ton assiette.

Nous regardons Lise entrer dans le jeu avec application. Sol l'encourage et la rassure :

– Tu ne peux pas te tromper. Ce que tu diras est personnel et ne sera sans doute vrai que pour toi. C'est ce que tu évoquais quand tu parlais d'« images étranges mais jolies ». Allez, vas-y.

– *Les petits pois dans mon assiette... C'est la cantine... C'est moche... Les petits pois tous pareils comme... des collégiens habillés avec des uniformes verts horribles...* Sol, au secours ! C'est trop nul !! Je suis nulle.

– Non, ne lâche pas. Pense à tes sensations quand tu les regardes, quand tu les mâches. Reprends ton début et essaye de terminer ta phrase. *Les petits pois dans mon assiette...*

– OK... *Les petits pois dans mon assiette ont le goût de... l'ennui*.

– Mais c'est super ! lance Blanche. C'est vrai que tu es douée, ma vieille. Le « goût de l'ennui », si c'est pas de la poésie, ça ? Je ne suis pas certaine que ça veuille dire quelque chose, mais c'est beau.

Lise a ouvert les yeux et sourit. Elle ne semble pas mécontente de son expérience. Sol reprend la parole :

– Bon, on ne s'arrête pas en si bon chemin. Rendez-vous demain, même heure. Chacun revient avec quatre vers sur les petits pois. Je déclare que, à partir d'aujourd'hui, ce coin de table sera le coin des poètes, ou plus précisément des « petits poiètes ».

– Ce mec est fou ! dis-je.

Les filles rigolent. Je me rends compte que j'aurais aussi bien pu dire que Sol est un génie, tellement il m'impressionne.

– En tout cas, conclut Lise en se levant pour aller ranger son plateau, avec toi, on ne s'ennuie pas.

– Et moi, ajoute sa copine, je ne regarderai plus jamais les petits pois de la cantine de la même manière.

Je rentre seul à la maison vers dix-sept heures trente. Il fait déjà nuit. En chemin j'ai le sourire aux lèvres parce que mes journées sont pleines en ce moment et que je découvre d'autres personnes et surtout des filles. Lorsque je pousse la porte d'entrée, le silence me rappelle brutalement mon frère Scott. Lui passe vingt-trois heures par jour seul, en cellule, sans doute à ruminer ses angoisses. J'aimerais tellement le voir, ne serait-ce que quelques minutes, pour lui tenir les mains, lui faire passer un peu de mon affection. Il ne raconte jamais rien à mes parents, ni comment se passent les promenades ni s'il a trouvé peut-être pas des amis mais au moins des gars à qui parler. J'ai peur pour lui. Le soir, je guette le retour de mes parents pour m'assurer qu'il ne s'est rien passé de grave à la prison. Dans le cas contraire, j'imagine qu'ils seraient très vite informés.

MARDI 7 FÉVRIER

Ce matin, c'est moi qui attends Lottie. J'ai hâte de savoir si nous allons passer à l'action ce soir. Hier, j'ai oublié de parler du rendez-vous de dix-neuf heures à Sol qui, à mon avis, avait déjà l'esprit tourné vers un tout autre sujet. Elle arrive en courant et m'entraîne à l'écart.

– J'espère que tu aimes te baigner, commence-t-elle, parce que ce soir nous allons à la piscine, cher Stan.

– D'accord, dis-je, pas de problème.

– Alors, dix-neuf heures sous le plongeoir de trois mètres.

– Ça, c'est précis, chère Lottie.

Je transmets les infos à Sol quelques minutes plus tard. Il grimace et déclare :

– Comment te dire ? J'aime l'eau, je nage très bien. Mais l'idée d'exhiber ma carrure de mouche devant tout le monde ne me motive pas beaucoup. Surtout si on croise des filles du collège.

– Je peux y aller seul. Après tout, c'est surtout moi qui veux percer les secrets du Grupp. Toi, tu veux peut-être passer à autre chose.

– Non, Stan, je ne t'abandonnerai pas dans ta quête. Je suis ton ami. Je ne te laisserai jamais affronter le danger seul dans la nuit. Mais ce soir, je pense sérieusement que, face à Lottie en maillot de bain, tu devrais pouvoir assurer sans moi.

Sa remarque me fait rougir. J'avoue que je n'avais pas pensé à cet aspect de l'aventure. Pendant les heures qui suivent, je suis pris d'une angoisse qui perturbe sévèrement mon attention en cours. Est-ce que je vais réussir à lire les messages supprimés du téléphone de Maroussia, comme je l'ai annoncé ? Cela fait quelques mois que je n'ai pas pratiqué ce genre de manipulation.

Au moment de la pause matinale, Sol me fait remarquer que je ne lui ai pas adressé la parole durant les deux derniers cours. Je ne m'en étais pas rendu compte. Je ne me vois pas lui avouer que j'ai peur de ne pas être à la hauteur de l'estime qu'il me porte. Je ne trouve rien d'autre à sortir qu'un mensonge :

– Mon frère me manque. Je pense souvent à lui en ce moment.

– Je comprends, dit-il gentiment.

– Excuse-moi. J'ai tendance à croire que le monde ne tourne qu'autour de moi.

À la cantine, comme annoncé la veille, nous nous retrouvons, les quatre « poiètes », à la même place. J'annonce d'emblée aux autres que je n'ai pas fait mon travail et que j'en suis désolé. Sol vient à mon secours en disant que j'ai de vraies raisons d'être préoccupé en ce moment par des sujets bien plus sérieux.

– On est au courant pour les problèmes de ton frère, déclare Blanche. On est de tout cœur avec toi.

Je suis à la fois surpris et touché par sa marque de sympathie. Je ne sais pas trop quoi dire.

– Je ne savais pas que... vous...

– Normalement, explique Lise, on nous avait fait promettre de ne pas t'en parler. Mais maintenant qu'on te connaît, ça me ferait bizarre de faire comme si de rien n'était.

Je croise le regard de Sol. Il brûle d'envie de leur demander qui leur a fait cette recommandation mais il se retient et se force à sourire.

– Alors, les artistes, j'ai faim de poésie, de lyrisme et de beauté ! Je veux entendre vos vers, belles demoiselles ! Blanche, je t'en prie, mets fin à mon supplice !

Blanche sort sa tablette. Elle fait la grimace en recherchant sa page.

– Vous allez voir, prévient-elle, c'est un peu débile, mon truc, un peu bébé... Je ne sais pas si ça vaut la pei...

– Ne te déprécie pas, la coupe Sol. Nous sommes entre poètes et nous respecterons ton inspiration. Et ensuite, à notre tour, nous nous exposerons à ton jugement bienveillant.

– OK... OK, alors... je me lance.

Petits pois lourds, commence-t-elle d'une voix timide, *comme des camions.*

Petits pois chiches, prêts à tout.

Petits pois de senteurs qui durent des jours.

Petits pois, pouah ! C'est dégueulasse !

C'est tout, annonce-t-elle en baissant les yeux.

– Mais c'est super ! encourage sa copine. Moi, franchement, à côté, j'ai peur que vous ne soyez déçus.

– Très jolis, ces jeux de mots, commente Sol. Pois de senteurs, de cent heures... Remarquable pour une première fois ! À toi, Lise, nous t'écoutons.

Cette dernière respire profondément avant de lire sur le ton de la confidence :

– *Petits pois dans mon assiette, vous avez le goût de l'ennui.*

Petits pois dans mon assiette, vous avez l'odeur de l'hôpital.

Petits pois dans mon assiette, vous avez la couleur des armes.

Petits pois dans mon assiette, vous annoncez ma mort.

– J'adore, déclare sa copine en la serrant contre elle, on dirait une vraie poésie.

Lise attend avec anxiété l'avis de Sol.

– Tu confirmes ce que je te disais hier. Tu es douée. C'est simple mais ça touche droit au cœur.

Heureusement, personne ne me demande mon avis. Je le dois à mon mensonge honteux. Honnêtement, je ne suis pas certain que j'aurais pu faire aussi bien qu'elles. Je pense même que j'aurais été carrément ridicule. Sol ferme un instant les yeux pour se concentrer. Je ne sais pas s'il a mémorisé son poème ou s'il va l'improviser.

– *Testament d'un petit pois,* annonce-t-il d'une voix exagérément expressive.

Je ne veux pas être dans les premiers à y passer.

Je ne veux pas être ramassé avec la foule et avalé dans une bouchée.

Je veux être celui qui résiste, qui roule quand on veut le capturer.

Je veux être celui qu'on regarde, qu'on désire au moins un peu.

Je veux exister quelques secondes et qu'on se souvienne de moi.

Je veux être le petit pois que l'on mange en dernier.

Ça y est, mon heure a sonné. Aïe !!! Je suis transpercé par la dent d'une fourchette. Horreur !!! Je franchis la porte humide de la bouche. Adieu, mes amis. Pensez à moi parf...

Sol fait mine de mâcher et passe la langue sur ses lèvres.

Les filles sont ravies et rigolent de bon cœur. Mon ami est aux anges. Il doit se dire que « l'affaire progresse » et il a bien raison. Il conclut l'échange poétique par un jeu de mots un peu nul mais qui passe très bien dans l'euphorie générale :

– Je crois, les amis, que nous avons tous fait le poids !

Je débarque à la piscine une demi-heure avant le rendez-vous. L'endroit est plutôt calme le soir. C'est un horaire de sportifs qui enchaînent les longueurs. Ils s'arrêtent à intervalles réguliers et consultent le chronomètre de leur montre pour évaluer leurs performances. Il y a quelques années, je venais avec Scott le dimanche matin à l'ouverture. Souvent, nous avions les plongeoirs pour nous tout seuls. Je m'échauffe tranquillement en guettant l'arrivée des filles. Lorsque leur groupe débarque, il ne passe pas inaperçu. Les deux sœurs sont accompagnées par deux copines de l'aînée. Elles s'interpellent sans se préoccuper des autres baigneurs. J'identifie facilement Maroussia qui ressemble à sa sœur mais en beaucoup plus grande. Lottie semble un peu en retrait. J'imagine que leurs parents les obligent à y aller ensemble. Je vais me placer sous les plongeoirs. Mon amie me rejoint quelques minutes plus tard après avoir posé sa serviette sur un banc. Elle se glisse près de moi, s'allonge sur le dos. Et, en se tenant à la goulotte, elle fait de petits battements de pieds. Elle m'expose son plan tout en gardant un œil sur les trois autres qui entament leurs séries de longueurs. Moi, je me concentre sur ses explications en restant plaqué contre le mur.

– Il ne faudrait pas que Maroussia nous repère ensemble. Si ça tourne mal, j'aimerais bien t'éviter les ennuis. Je t'explique. Elles vont nager exactement quarante minutes. Ensuite, ma sœur va récupérer son portable qu'elle a mis à l'abri dans une consigne du vestiaire. Elle va vérifier ses messages et le ranger au fond de son sac, le temps de prendre sa douche et surtout de faire soigneusement sécher la chevelure opulente dont elle est si fière. En général, ça dure très longtemps. Alors, avec un peu de chance, il y aura bien un moment où ses copines regarderont ailleurs. Je vais lui prendre le téléphone et le glisser dans un paquet de mouchoirs entamé. Je le glisserai discrètement dans la poche de ton blouson dans le hall au moment où nous quitterons les vestiaires. Place-toi face au distributeur de boissons chaudes. Dès que tu l'as, barre-toi très vite. Dès qu'elle va découvrir le vol, elle va faire un scandale et demander aux employés qu'ils fouillent les sacs des gens qui seront encore là. Ce que j'espère, c'est qu'elle ne s'en apercevra que sur le chemin du retour, quand la piscine sera fermée.

– Et je te le rends demain matin ?

– Non, reviens ici le glisser dans la boîte des objets trouvés qui donne sur l'extérieur, demain, dès que tu peux.

– OK, j'irai avant le collège. Ça va ? Pas trop stressée ?

– Si, j'ai peur. Imagine qu'elle me prenne sur le fait. Elle pourrait me faire très mal. Heureusement que, avec mon implant LongLife, des agents interviendraient avant qu'elle ne m'achève !

– Tu n'exagérerais pas un peu ? Tu as vraiment peur ?

– Oui, mais j'adore ça. Allez, à tout à l'heure. Essayons de nous détendre en attendant.

Je suis planté depuis dix minutes devant le distributeur. Il y a déjà eu deux appels pour inviter les derniers visiteurs à se diriger rapidement vers la sortie. Visiblement, Maroussia et ses copines ne se sentent pas concernées.

Un gardien est venu me demander ce que j'attendais là. J'ai été obligé de lui avouer que j'attendais une fille, et ça l'a fait sourire. Je les entends bien avant de les voir. Lottie est en tête du groupe et se dirige droit sur moi. Je suis pétrifié quand elle glisse furtivement le colis dans ma poche, sans m'accorder le moindre regard.

– Bouge ! chuchote-t-elle avant de s'écarter.

Je fais quelques pas en direction de la sortie puis, sans me retourner, je franchis la porte. Dès que je suis dans la rue, je serre le téléphone dans ma main et cours pratiquement jusqu'à la maison.

Lorsqu'il rentre, mon père me demande de venir les rejoindre, lui et ma mère, dans le salon. Il a reçu un coup de téléphone de l'avocat de Scott en fin d'après-midi qui lui a annoncé une très bonne nouvelle. Le bureau du procureur l'a appelé dans la matinée pour l'informer que le dossier d'appel du jugement de Scott allait être réexaminé dans les prochains jours. Mon père nous explique que des éléments nouveaux pourraient être pris en compte et raccourcir considérablement le séjour de mon frère en prison. Ma mère demande de combien de temps, des larmes plein les yeux.

– Notre fils pourrait sortir dans trois semaines, annonce mon père en souriant. Pour la fin du mois ou les premiers jours de mars, d'après l'avocat.

J'embrasse rapidement mes parents et regagne ma chambre. Je n'ai pas envie qu'ils voient mon émotion. Scott va revenir bientôt et tout redeviendra comme avant.

Peut-être mieux qu'avant. En attendant, je vais continuer à enquêter sur le Grupp car rien ne garantit que mon frère me mettra dans la confidence à son retour.

À moi de montrer ce dont je suis capable. J'ai allumé mon ordi et l'ai relié au portable de Maroussia. Heureusement, ce qui s'affiche à l'écran me paraît familier. J'utilise patiemment les procédures qui me reviennent une à une sans effort. Ça y est, j'y suis. Je récupère une quinzaine de messages que j'archive dans un dossier. J'efface les traces de mon passage et essuie soigneusement l'appareil avec un chiffon avant de le glisser dans une enveloppe. C'était facile. Sol et Lottie ne seront pas déçus, et Scott serait fier de moi.

MERCREDI 8 FÉVRIER

En posant la main sur la poignée de porte de la cuisine, je saisis un échange assez vif entre mes parents. Je bloque mon mouvement et essaye d'écouter. Si j'entre, ils vont s'interrompre et je ne bénéficierai d'aucune nouvelle info. C'est d'abord la voix de ma mère que j'entends :

– Alma, elle s'appelle ? Mais d'où sort-elle, celle-là ? Et tu dis qu'il la voit souvent ?

– Tu m'as demandé de me renseigner sur ses visites. Je te livre ce que m'a dit son avocat. Elle vient régulièrement et, d'après ce qu'il a compris, ils seraient très proches.

– Tu veux dire que ce serait sa petite copine ?

– Je crois que c'est ce qu'il faut comprendre. Ça t'étonne qu'on n'en ait pas entendu parler ?

– Pas tellement. On ne savait pas qu'il avait arrêté le hand depuis deux ans, non plus. J'espère qu'elle ne fait pas partie de la bande de Félix. Sinon, il est en danger. Tu m'assures que Félix ne vient plus, mais il envoie peut-être cette fille à sa place pour maintenir le contact.

– On n'en sait rien, tu t'inquiètes sans doute inutilement.

Au silence qui suit, je comprends que leur discussion est terminée et je me décide à entrer.

– Bonjour.

– Bonjour, Stan. Tu as bien dormi ? demande ma mère.

– Oui. Je suis soulagé pour Scott. Au fait, papa, tu sais de quels nouveaux éléments parlait l'avocat ? Il a été innocenté par des témoins ?

– Non. Je lui ai demandé. Mais il n'en savait pas plus.

Ce matin, je fais un détour par la piscine avant de gagner le collège. Sur place, je scrute attentivement les environs, comme un espion en mission, puis glisse le téléphone dans la boîte. En arrivant au bahut, j'aperçois Lottie déjà entourée de ses copines. Elle m'envoie un signe discret parce qu'elle n'ose pas sortir de son groupe pour me faire une bise. Je lève mon pouce pour lui indiquer que tout s'est bien passé. Elle me sourit. Aujourd'hui, j'aurais bien partagé un peu de mon bonheur en lui annonçant que mon frère allait bientôt sortir de prison.

En cours, je perçois un changement dans l'attitude de Sol. Il ne tient pas en place et peine à suivre le prof. À la pause, il m'annonce sur un ton lugubre que nous ne mangerons pas avec nos amies poétesses à midi.

– C'est normal, Sol, dis-je pour le rassurer, il n'y a pas de cantine le mercredi. On les verra demain.

– Ni demain ni les autres jours.

– Qu'est-ce qui te fait dire ça ? Qu'est-ce qu'elles t'ont dit exactement ?

– Rien, justement. Quand je les ai abordées ce matin, j'ai senti une distance, une froideur qui voulait dire : « Casse-toi, Sol. Va jouer avec des filles de ta taille ! » ou « On ne te connaît pas, petit gringalet ! »

– L'affaire n'avance plus, alors ?

– Non, je crois même qu'elle recule.

Je suis persuadé qu'il exagère mais je n'insiste pas. Il nous arrive tous d'avoir des matins difficiles où l'on cherche la tranquillité. Nos nouvelles copines ne sont pas différentes de nous. Pendant les cours suivants, j'avoue ne plus penser aux réflexions matinales de mon ami. À la pause de dix heures, j'observe les filles lorsqu'elles rangent leurs affaires et je comprends vite que Sol est dans le vrai. Elles détournent la tête quand elles m'aperçoivent et paraissent gênées. Comment comprendre ce qui se passe ?

Je profite avant la reprise des cours d'un moment où nos amis respectifs se sont éloignés pour aborder Blanche.

– Bonjour, Blanche. Je peux te demander un truc ?

– Je sais ce que tu veux savoir, Stan. Pourquoi brutalement ce matin Lise évite ton copain ?

– Exactement.

– Mais parce qu'elle sent le piège se refermer sur elle et ne veut pas y tomber. Elle s'est juré de ne pas sortir avec Sol. Elle lui a exposé ses raisons dans une lettre. Et elle veut s'y tenir.

– J'ai du mal à la suivre, ta copine.

– Vas-y, s'il te plaît. Je lui avais promis de ne pas vous parler.

– OK, merci quand même.

Sol me guettait au coin d'un couloir. Il m'a peut-être laissé tout seul parce qu'il se doutait que je pouvais prendre cette initiative.

– Alors ?

Je lui répète les mots de Blanche. Son visage s'assombrit.

– À moins d'un miracle, lâche-t-il, c'est foutu. Le rêve n'aura pas duré longtemps.

– Les choses peuvent encore évoluer. Elle change souvent d'avis, cette Lise, non ? Elle est un peu... comment dire...

– Lizarre.

– Exactement ça, lizarre, je n'aurais pas trouvé mieux.

J'invite mon copain à manger à la maison. C'est à mon tour de lui changer les idées. J'aimerais bien lui dire tout le mal que je pense de l'attitude de Lise qui le fait souffrir. Je trouve complètement ridicule sa peur de s'afficher en couple avec Sol. Elle est prisonnière du regard des autres et incapable d'assumer ses propres choix. Mais je sens que ce n'est pas ce que Sol veut entendre. Au fond de lui, il y croit encore. Je ne l'envie pas. Pour éviter d'aborder le sujet, je lui fais part de la libération prochaine de mon frère. Cette nouvelle lui redonne le sourire.

– Est-ce que cela remet en cause ton envie d'en savoir davantage sur le fonctionnement du Grupp ?

– Pas une seconde. Notre sortie nocturne de la dernière fois m'a fait me sentir… vivant ! Je ne l'avais jamais ressenti de manière si intense.

– Ça, c'est l'adrénaline. Je vais me remettre à guetter mon voisin, alors.

– Non, il faut qu'on réussisse à décrypter les messages que j'ai trouvés dans le portable de Maroussia. On doit être sur les lieux avant les membres du Grupp parce que, après, ils font garder l'entrée. Souviens-toi de la dernière fois.

– Tu as raison. Et moi, avec mes problèmes de cœur, j'avais oublié ton expédition aquatique d'hier soir. Alors, vous avez assuré avec Lottie ?

– Oui, son sang-froid m'a impressionné. Je t'ai fait une copie des messages. On peut y réfléchir chacun de son côté et, ensuite, on partagera nos hypothèses.

– Bonne idée. Cela me permettra de ne pas trop penser à qui tu sais.

– Je me pose une question depuis quelque temps. Les autorités doivent bien savoir qu'il y a de telles réunions. Il suffit qu'ils contrôlent les implants pour constater que des jeunes se regroupent certaines nuits dans des endroits isolés.

– Toute la population n'est pas pistée vingt-quatre heures sur vingt-quatre. Les données seraient trop importantes à traiter. Seules certaines personnes suspectes sont sous surveillance permanente. Donc, si ces jeunes ne sont pas dénoncés par leurs parents ou d'autres gens, personne ne va vérifier s'ils sont sortis la nuit. Et s'ils arrivent à gérer leur stress et ne déclenchent pas d'alerte, ils ne risquent rien. Leurs activités ont donc pu rester tout à fait secrètes.

– Nous n'avons rien à craindre non plus, alors ?

– Non, et rappelle-toi ce qu'on nous faisait apprendre en primaire : « La géolocalisation, c'est pour surveiller les méchants et sauver les gentils. »

Dès que mon copain est parti, je me jette sur les messages collectés dans le portable de Maroussia. Je les lis plusieurs fois avant de me concentrer sur celui qui annonçait la réunion de dimanche dans l'entrepôt de produits chimiques. Là, je connais les indications que je dois chercher : le lieu, donc les mots : usine, entrepôt, chimie ou chimique, la date du 29 janvier et l'horaire de vingt-trois heures trente. Il est codé ainsi : *Elle est anglaise à moitié et a une voix nasillarde*. C'est court pour comporter ces trois informations. Aussi, je pense que chaque mot doit compter pour en faire deviner un autre. *Elle est anglaise* ne m'inspire pas. Passons à *à moitié*. Là, je pense à « demie » ou à « mi », comme le « mie » de « chimie ». Alors, *Elle est anglaise* servirait à faire deviner la syllabe « chi »… Ah oui ! comme « elle » en anglais, c'est-à-dire « she ». « She-mi » pour « Chimie ». Voilà pour le lieu. Reste à trouver la date avec le fragment restant, *et a une voix nasillarde*. C'était le 29. *Voix nasillarde*, « vingt-neuf »… « Vingt » commence par V comme « Voix » et « neuf » par n comme « nasillarde ». Des frissons de plaisir me parcourent le corps. C'est vrai ce que dit Sol : je suis fort. Je décide d'essayer de m'attaquer au dernier message que Maroussia a reçu pour connaître la date et l'endroit de leur prochain rendez-vous.

Propre, injuste et direct. J'applique la méthode que je viens de découvrir. J'ai d'abord affaire à une charade avant le mot *et* pour faire trouver le lieu. Alors *Propre*... c'est « net » ? « Clean » ? Et *injuste*, c'est... c'est ? Je ne sais pas. Je consulte le dictionnaire sur ma tablette. Je parcours la définition et repère les synonymes : « inique ».... « Clean-inique » pour « Clinique » et « direct » pour la date, ça peut être deux, dix ou douze. Je penche pour le deuxième parce que « direct » commence par « di » comme dans « dix ».

J'appelle Sol tout de suite et lui expose ma découverte.

– Stan, déclare-t-il, tu commences à me faire peur ! Tu es vraiment trop... génial !

– C'est gentil, mais l'indication manque de précision. Je connais plusieurs cliniques qui ont fermé en ville. Depuis que les maladies sont traitées préventivement, il n'y a plus que les gens accidentés à soigner.

– J'irai faire un repérage demain et je trouverai celle qui correspond à ce que le Grupp recherche.

– Et pour l'heure ?

– On ira tôt. Il faut inventer une excuse crédible pour nos parents. Regardons si un événement est organisé durant le week-end par notre établissement. Attends, je consulte l'agenda sur le site du collège. Alors... vendredi soir, il y a un... récital de poésie organisé par les quatrièmes. C'est parfait pour nous, ça ! On dira que notre prof a beaucoup insisté pour que nous soyons présents. Nos parents vont adorer.

VENDREDI 10 FÉVRIER

Nous avons hésité jusqu'au bout pour la date. Comme les réunions se déroulent autour de minuit, on prenait le risque de se tromper en arrivant une vingtaine d'heures plus tard. On a fait finalement le choix de la nuit du vendredi au samedi, parce qu'il nous était impossible de faire accepter à nos parents qu'on sorte tard en dehors d'un week-end. Ce matin, le message de Lottie nous a confirmé que nous avions choisi la bonne option, puisque sa sœur n'avait pas bougé de la nuit. Elle nous a également dit qu'elle ne pourrait pas être avec nous parce qu'elle devait déclamer du Rimbaud durant la soirée poésie et que ses parents seraient là pour l'écouter. Elle en était très triste. Pour le lieu, Sol a été catégorique : seule la clinique de la rue du Jour a le bon profil, car c'est le seul chantier qui n'a pas commencé et donc n'est pas gardé par des vigiles ou équipé de caméras de surveillance.

Nous arrivons vers vingt-heures sur place pour avoir le temps d'inspecter les lieux en détail. Le portail s'ouvre facilement. Dans la cour qui devait servir de parking, divers éléments de métal, comme des grilles, des poutrelles et des tuyaux, jonchent le sol. Ils attendent sans doute le passage des recycleurs. La porte principale est entrouverte. Nous parcourons les diverses pièces en nous éclairant avec les lampes de nos portables. Nous trouvons au sous-sol une pièce assez vaste dont le sol est débarrassé des gravats et détritus qui encombrent toutes les autres. C'est sans doute là que ça se passera. Nous nous mettons en quête d'un poste d'observation sûr. Comme l'endroit est vide, nous inspectons chaque cloison. Nous découvrons un trou de la taille d'un poing à ras de terre. C'était sans doute par là que passait une canalisation des tuyaux de chauffage arrachés pour être recyclés. Nous accédons à la pièce mitoyenne et dégageons une petite surface près de notre trou pour nous installer à peu près confortablement. Inutile de nous allonger dans la poussière, nous ne verrons rien, à part les pieds des participants. Nous allons donc nous concentrer uniquement sur ce que nous pourrons entendre.

Juste avant onze heures, les premiers membres du Grupp débarquent discrètement dans la salle. On ne perçoit que quelques murmures incompréhensibles. Nous sommes figés dans le noir complet en attendant que ça commence. Après quelques minutes, le silence se fait. Puis une voix de machine commence :

– Quatre parle : D'abord, comme à chaque fois que nous nous réunissons depuis le 23 janvier, ayons une pensée pour Deux, notre ami, notre frère qui nous a inspirés et sans lequel le Grupp n'existerait pas.

– Hourra pour lui, reprennent les autres à l'unisson.

– Quatre parle : J'ai une grande nouvelle à son sujet. Deux sortira de prison le 24 février.

– Seize parle : Comment cela est-il possible ? As-tu finalement rencontré son avocat, comme nous l'avions évoqué lors de la précédente réunion ? Tu as pu voir le juge ?

– Quatre parle : J'ai rencontré l'avocat de Deux qui m'a déconseillé d'intervenir auprès du juge. C'était, d'après lui, dangereux et inutile. Et Deux s'y opposait formellement.

– C'est vraiment un héros !

– Qui parle ?

– Quinze parle : Pardon, je disais, c'est vraiment un héros.

– Quatre parle : Pour revenir à la première question, je ne sais pas à quoi est dû le changement d'attitude du juge à l'égard de Deux, et son avocat non plus.

– Douze parle : Ne pourrions-nous pas organiser une fête en son honneur ? Ce serait possible entre le vol circulaire et le vol stationnaire.

– Quatre parle : Je crois qu'il ne viendra pas. Ce qu'il vit en prison est très dur. Il dit qu'il gère, mais il est très affecté. Laissons-lui du temps. J'ai essayé de vous en parler la fois précédente, avant que nous soyons interrompus. Mais Deux m'a dit clairement vouloir arrêter ses activités avec le Grupp.

– Dix-Neuf parle : Deux est l'âme du Grupp. Sans lui, je serais encore sous perfusion de L6. Il m'a redonné l'envie de vivre.

– Quinze parle : C'est un modèle pour nous tous.

– Quatre parle : Je sais tout ça. Deux est mon meilleur ami et, pour moi, c'était très dur à entendre. Je veux croire qu'il était dans un moment d'abattement et qu'il reviendra sur cette décision. Je pense que... Stop ! J'entends du bruit. Silence demandé !

– Vingt-Deux en retard : Excuses présentées.

– Quarante-Six en retard : Excuses présentées.

– Quatre parle : Compris. Excuses accordées. Je reprends donc. Par rapport à Deux, je pense que ...

– Test de sécurité demandé : incertitude sur nouvel arrivé.

J'imagine qu'un des participants a des doutes sur l'identité d'un des deux retardataires et veut vérifier qu'un intrus ne s'est pas glissé dans cette réunion du Grupp.

– Quatre parle : Accordé ! Rebonsoir.

– Soierie de Lyon.

– Lion d'Afrique.

– Fricadelle.

Je perçois des intonations et des débits différents. J'en déduis que chacun prend la parole à son tour pour reconstituer la chaîne des mots et des expressions. Ce n'est pas celle que nous a procurée Lottie. Il en existe donc plusieurs.

– Délit mineur.

– Neurasthénique.

– Nikita.

– Tas de cailloux.

– Youkaïdi.

– Discipline.

– Pline le Jeune.

– Geu… geu…

– Quatre parle : Alors, Vingt-Deux ? On bugue ?

– Je ne me rappelle plus. Je n'arrive pas à mémoriser ces conne…

– Quatre parle : Mauvaise réponse. Saisissez-vous de lui. Qui est son parrain ?

– Dix-Huit parle : Moi.

– Quatre parle : Identifie-le.

J'entends des piétinements et un cri étouffé.

– Dix-Huit parle : Espion repéré !

Le gars respire difficilement. Il manque d'air. J'imagine qu'ils sont en train de l'étrangler.

– Genêts en fleur, connard. C'est pourtant poétique ! Réunion annulée. Dispersion immédiate. Pour toi, mon gars, la nuit ne fait que commencer.

J'entends un « clac » bien sonore. L'heure du châtiment a sonné pour le pauvre intrus. Le niveau de stress du gars va monter et déclencher l'intervention d'une patrouille qui sera là dans moins de trois minutes. Nous sommes bloqués là en attendant que tous aient quitté l'endroit.

– T'es qui ? demande une voix déformée.

– Le frère de Dan, euh… ce… celui que vous appelez Vingt-Deux, bafouille une voix fluette.

– Qu'est-ce que tu fous là ?

– Je voulais voir… voir ce que vous faisiez… J'ai profité que mon frère était interdit de sortie pour tous les soirs de la semaine. Mes parents lui ont réduit son périmètre d'évolution à la maison. Ce soir, je me suis habillé comme lui et j'ai suivi son pote quand il est passé devant chez nous.

Une nouvelle claque résonne jusqu'à nous.

– Celle-là, reprend la voix modifiée, c'est pour que l'autre joue ne soit pas jalouse. La prochaine fois que tu tentes un coup pareil, on te marque le dos au fer rouge. Casse-toi vite ! Et ne te fais pas repérer par les flics en rentrant. Si on apprend que t'as parlé à quelqu'un, on te pète les dents !

Les gars partent en courant. Nous n'osons pas bouger tout de suite.

– Qu'est-ce qu'on fait maintenant qu'ils sont partis ? chuchote Sol au bout d'une minute.

– Je pense qu'il serait plus prudent de rester là car les flics ne vont pas tarder. En sortant tout de suite, nous sommes sûrs de les croiser.

Nous nous réfugions dans un coin en essayant de contrôler chacun sa respiration pour ne pas déclencher d'alerte de stress sur notre implant. Une voiture s'arrête. Nous les entendons progresser vers nous en silence. Ils sont rapidement dans la salle où s'est tenue la réunion. Ils s'approchent de notre trou. Le faisceau d'une lampe surgit dans la pièce et balaye notre cachette. Nous sommes plaqués contre le mur, le souffle coupé.

– Bon ! Rien à signaler, t'es d'accord ? demande une voix de femme.

– Oui, rentrons nous mettre au chaud, lui répond une voix masculine.

Sur le chemin du retour, ma tension retombe vite. Et je peux bientôt me laisser aller à sourire franchement. Sol en a compris la raison.

– Alors, ça y est, tu connais la date exacte de sa sortie. Dans deux semaines, il sera rentré chez vous. C'est un peu plus tôt que prévu, en plus.

– Apprendre une telle nouvelle, ça valait bien toutes les peurs de ce soir, pas vrai ?

LUNDI 13 FÉVRIER

– Alors, c'était comment ? me demande Lottie juste avant d'entrer dans le bahut.

– C'était court.

– Oui, ça je sais. Maroussia est revenue très tôt. Et vous avez eu la trouille ?

– Tu peux le dire.

– Tu me racontes vite fait ?

Je m'exécute en essayant de ne rien oublier.

– Super, déclare-t-elle lorsque je finis. Ils ont donc annoncé la prochaine fête *entre le vol circulaire et le vol stationnaire*, c'est ça ? Alors… alors, ça veut dire V.C. comme « Vingt-Cinq » et V.S. comme « Vingt-Six », donc dans la nuit du 25 au 26. J'ai bien décrypté, cher Stan ?

– Absolument.

– Pour cette occasion, je vais avoir le temps de monter un super bobard à mes parents. Je ne voudrais rater ça sous aucun prétexte. Tu seras mon cavalier, cher Stan. Tu sais danser, j'espère ?

– Non, et je ne pense pas que ce soit vraiment utile à cette occasion. D'abord, ils ont parlé de fête, mais sans préciser si c'était une soirée dansante. En plus, si nous arrivons à y accéder, nous y serons en qualité d'espions, pas d'invités.

– Dommage !

Je retrouve Sol devant la salle de cours au moment où le prof l'ouvre. Il sourit franchement, ce qui ne lui est pas arrivé depuis que Lise a coupé tout lien avec lui. Je ne peux m'empêcher de lui demander :

– Qu'est-ce qui te rend heureux ce matin ?

– Rien. Enfin, presque rien. Lise m'a dit bonjour et m'a même souri.

– Cette fille va te rendre fou. Il faudrait que tu fasses une croix sur cette relation, une bonne fois pour toutes. Passe à quelqu'un d'autre.

– Non, elle est en train de mûrir. Le fruit sera bientôt prêt à être cueilli.

Je n'insiste pas. Cela ne sert à rien.

À la pause, Sol traîne un peu dans les couloirs avec moi. Je me doute qu'il a l'espoir de recroiser par hasard Lise et de confirmer son impression. Après un quart d'heure d'errance, c'est exactement ce qui arrive. C'est à se demander si elle ne faisait pas le même exercice de son côté. Les deux filles me saluent rapidement. Je ne sais pas ce que Sol en a conclu, mais nous nous dirigeons ensuite directement vers la cantine. Il ne fait aucun commentaire et je me garde bien de lui donner mon sentiment. Je suis pratiquement certain de le décevoir.

Ma mère rentre la première et s'installe bientôt devant l'écran pour regarder un documentaire animalier. Elle semble y trouver de l'intérêt alors que je ne l'ai jamais vue se passionner auparavant pour ce genre de programme. Je ne sais comment interpréter ce comportement. Veut-elle s'empêcher de penser en se concentrant sur des images très éloignées de sa réalité ? En quittant la cuisine où je grignotais du chocolat, je lui demande :

– Ça va, maman ?

– Oui, très bien, Stan. Je n'ai rien le droit de te dire parce qu'il me l'a fait promettre, mais ton père a une bonne nouvelle à nous annoncer.

– À propos de Scott ? Non ? De son boulot, alors ?

– Il ne va pas tarder, répond-elle en détournant le regard.

Je m'apprête à remonter dans ma chambre, vaguement agacé, quand retentit le générique du *Moment LongLife*.

Encore un drame du quotidien évité hier soir à Novobourg. Henri L. est rentré chez lui vers dix-neuf heures, très déprimé à la suite de problèmes à son travail. Pourquoi, sentant le malaise l'envahir, n'a-t-il pas eu le réflexe de se soumettre à une VQ pour le traiter rapidement ? Malheureusement, il a préféré reporter sa frustration sur les siens. Malgré les pleurs de son enfant terrorisé et les paroles apaisantes de son épouse, sa colère n'a fait que croître. Et nous allions droit vers le drame si son implant n'avait pas détecté les premiers signes de son agressivité (afflux sanguin vers le cœur, hyperventilation, libérations d'hormones), premiers signes relayés par ceux provenant de celui de la petite fille en panique. Les équipes de LongLife sont intervenues en moins de trois minutes et ont arrêté Henri L alors qu'il avait entrepris de défoncer, à coups de marteau, la porte de la salle de bains où s'était réfugiée sa petite famille. Heureusement, plus de peur que de mal. Henri va être soigné et, nous l'espérons, l'harmonie reviendra bientôt dans ce foyer.

Je repense à Scott et ses amis qui ont parfois coupé les liaisons entre les implants et le serveur LongLife en sabotant des relais de communication, juste pour s'accorder un peu plus de liberté. Que serait-il arrivé à ces gens hier soir s'il y avait eu une rupture des signaux ? Au début du vingt et unième siècle, rien que sur notre territoire, plus d'une centaine de femmes mouraient chaque année sous les coups de leur conjoint. Aujourd'hui, grâce à LongLife, beaucoup de ces drames sont évités.

Au début du repas, mon père annonce, très ému, que mon frère sortira de prison dans dix jours, le vendredi 24, en milieu d'après-midi.

Je joue le gars surpris, alors que je le sais depuis la veille. Ma mère me prend la main, un grand sourire aux lèvres.

– C'est officiel, insiste mon père. L'avocat m'en avait parlé vendredi mais, comme il n'en était pas certain, j'ai préféré attendre. J'ai reçu la confirmation dans l'après-midi directement du bureau du juge.

– Je vais faire le ménage dans sa chambre pendant le week-end, annonce ma mère.

– Je ne sais pas si c'est une bonne idée, dis-je. Scott déteste qu'on range à sa place. Il te l'a souvent dit, maman.

– Je ne toucherai à rien. J'enlèverai juste la poussière entre les différents tas. Je crois que ça lui fera plaisir.

Je ne vois pas trop pourquoi elle pense ça mais je n'insiste pas.

– Est-ce que tu sais, demande-t-elle à mon père, si son périmètre d'évolution sera réduit à la maison durant la nuit ? Je sais que c'est le cas des prisonniers en sursis, en général.

– Le juge ne m'a rien dit à ce propos.

– Ce serait souhaitable, pour son bien. Cela éviterait qu'il se remette à fréquenter Félix et leur organisation malfaisante.

– Ce n'est pas à nous d'en décider, conclut mon père. On devrait essayer de parler davantage avec lui, dorénavant, pour qu'il ne retombe pas dans les mêmes travers. La dernière fois, tu disais qu'il avait mûri. C'est aussi mon sentiment. Nous n'aurons peut-être pas à intervenir.

Je ne peux pas leur dire que j'ai appris pendant la dernière réunion du Grupp que mon frère a annoncé qu'il n'en ferait plus partie. Cela les rassurerait pour ce qui concerne Scott mais cela les rendrait fous à mon égard.

MERCREDI 15 FÉVRIER

À sa place habituelle, juste à côté de moi, Sol écoute sagement la prof. Ce matin, il m'a accueilli avec un sourire de vainqueur. Je pensais qu'il allait m'annoncer qu'il avait reçu un nouveau message de Lise, que « son affaire progressait ». Je ne lui ai rien demandé parce que leur histoire commence à me lasser et surtout parce que Sol en souffre, même s'il ne le montre pas. Au moment de la pause, il me lance un « À tout de suite ! » et disparaît dans les couloirs, peut-être poussé par une envie physiologique pressante. Je sors à mon tour et croise le regard de Lottie qui visiblement me cherche.

– Bonjour, Stan. Maroussia prépare un truc. Elle réunit du matériel en cachette sous son lit, comme pour une expédition en haute montagne. Elle stocke des cordes de couleur et des accessoires qu'on enfile pour escalader des parois. Je ne sais pas comment ça s'appelle.

– Moi non plus, dis-je. Mais je crois que je vois. J'ai vu des reportages qui montraient des gens pratiquant cette activité extrêmement dangereuse et aujourd'hui totalement interdite.

– Tu comprends pourquoi je m'inquiète. Qu'est-ce que je dois faire ? Lui parler ou essayer de la raisonner ? Elle est chiante, mais je ne veux quand même pas qu'elle se blesse ou qu'elle meure.

Je comprends son angoisse mais je ne sais pas quoi lui conseiller. J'ai l'impression qu'elle a plus besoin de se confier à quelqu'un que de recueillir un avis. Elle reprend :

– Elle ne m'écoutera pas, c'est sûr. Et si j'en parle à mes parents, je vais la perdre à jamais parce qu'elle se sentira trahie. Pourtant, je dois agir, t'es d'accord ? Est-ce que tu pourrais m'aider ?

– Je ne la connais pas, donc elle m'écoutera encore moins. Il n'y a pas de rochers ou de hautes montagnes dans les environs. Je ne vois pas comment elle va s'en servir. Lottie, je peux être là avec toi, si tu veux qu'on la suive. On se rendra vite compte de ce qu'elle fait. Si vraiment elle est en danger de mort, on interviendra. Préviens-moi, et je t'accompagnerai.

Elle me touche le bras pour me remercier mais garde un visage grave quand elle s'éloigne. Je pense à Scott qui a peut-être fait bien pire sans que jamais je n'en sache rien. Me reviennent en mémoire des images de lui, rentrant amoché ou le bras couvert de bleus. Il ne se plaignait jamais, disait que le match avait été rude mais réglo, que « c'était un vrai combat d'hommes ». Mes parents ne cherchaient pas à en savoir davantage, et je les trouve rétrospectivement coupables d'aveuglement. Mais moi, son frère, qu'ai-je vu ? Qu'ai-je dit ?

Tout à mes pensées, je sursaute quand Sol réapparaît. Il tient la main de Lise, dont la peau du visage a rosi. Elle essaye de sourire. Mon ami est radieux.

– Lise a eu un petit malaise, mais elle va mieux.

Il la confie à Blanche qui la prend dans les bras pour la réconforter.

– Merci, Sol, lance Lise. Tu es vraiment adorable.

Les deux filles s'éloignent pour s'asseoir sur un banc. Sol me glisse sur le ton de la confidence :

– Un miracle ! Elle m'est littéralement tombée dans les bras à l'heure exacte de ma naissance. Si ce n'est pas un signe du destin, ça ? Depuis le temps que j'en rêvais.

– Ah oui, c'est vrai que c'est ton anniversaire aujourd'hui ! Désolé, j'avais oublié. Alors, bon anniversaire, Sol.

– Il faut que je prenne l'air quelques minutes tout seul, je suis encore sous le choc.

Mon copain se dirige vers la cour pendant que je m'approche discrètement des filles pour capter leur conversation.

– Et quand je me suis retrouvée seule avec lui, explique Lise, je me suis sentie toute bizarre. Les battements de mon cœur se sont accélérés. J'étais au bord de l'évanouissement. Il l'a vu et m'a soutenue pour m'empêcher de tomber. Le contact de son corps m'a soudain apaisée. Puis il m'a assise par terre et s'est placé à côté de moi. Petit à petit, j'ai repris le dessus et j'ai pu relever la tête. Alors, il m'a souri et a déclaré : « C'est moi qui te fais cet effet ? »

Et là, je n'ai rien trouvé d'autre à répondre que : « Oui. » Je lui ai pris la main et il a passé son bras autour de mon cou. Les drôles de picotements que je ressentais se sont arrêtés. Nos lèvres se sont effleurées. Ensuite, il m'a aidée à me relever.

– Tu parles bien de Sol, là ? Je te cite : « Le gars tout petit et tout maigre, sapé comme un vieux », avec lequel tu avais juré de ne jamais sortir ?

– Oui, je l'avais juré. C'est vrai, mais là, c'était comme une décharge électrique.

– Tu crois que c'est ça qu'on appelle un coup de foudre ?

– Je ne sais pas trop. Cela ne m'était jamais arrivé avant.

– Mais avec Sol, Lise ! insiste sa copine qui n'en revient pas. Avec Sol !

– Avec Sol, confirme l'autre en esquissant un sourire.

Au moment du déjeuner, Lise et Blanche nous invitent à leur table. Sol, d'habitude si volubile, reste muet. Il fixe Lise qui en retour le contemple plus discrètement. Elle détourne parfois la tête, au moins pour manger. Lui n'a visiblement aucun appétit car il ne touche pas à son assiette. Si ce n'était pas mon ami, cette attitude ridicule me ferait sourire. Je me demande si la magie va opérer longtemps. Avec eux, tout est possible. Ce n'est que le nouvel épisode d'un long feuilleton. En attendant, je m'ennuie et je ne suis pas le seul. Blanche essaye de lancer une discussion sur la prof de maths qui note trop sévèrement, mais personne ne lui répond. Je l'interroge discrètement sur un sujet plus essentiel pour moi :

– Comment vous avez su pour mon frère ?

– Par une copine de ma sœur qui a eu une histoire d'amour avec lui il y a quelques mois. Lauréna, ça te dit quelque chose ?

– Non, mais si je voyais sa photo, peut-être.

– Tu as dû croiser un certain nombre de ses copines ces dernières années. D'après elle, ton frère n'est pas mûr pour des relations stables.

– Il ne me parlait jamais de ses relations amoureuses.

– Visiblement, il a du charisme. Malgré sa déception, Lauréna en dit encore du bien et le décrit comme un type courageux, qui n'hésite pas à prendre des risques.

– Oui… Scott cachait bien son jeu. Je t'avoue que je viens à peine de découvrir ses activités secrètes. Depuis qu'il n'est plus à la maison, j'en apprends tous les jours sur lui.

Blanche m'adresse un clin d'œil pour me désigner nos deux copains. Je lève les yeux au ciel pour lui signifier que je n'y comprends rien. Elle sourit. Visiblement, on est sur la même longueur d'onde.

SAMEDI 18 FÉVRIER

Lottie avait raison. Sa sœur préparait bien une sortie. Elle n'a malheureusement pas pu accéder à son portable et savoir précisément où cela devait se dérouler. Elle était tellement inquiète qu'elle a pisté Maroussia sans relâche et écouté toutes ses conversations. Elle nous transmettait au fur et à mesure ce qu'elle découvrait. Ce serait samedi dans la soirée, et le rendez-vous était fixé sur le terrain de sport à l'est de la ville. L'horaire précis, nous ne l'avons connu que lorsque Maroussia est sortie de chez elle. Elle ne savait pas que sa petite sœur la filait à une centaine de mètres derrière.

Il est vingt-deux heures trente. Ils ne sont que huit. Les premiers arrivés se sont lancé un frisbee en attendant d'être au complet. Maintenant, ils marchent à bonne allure le long de rues désertes. Nous sommes très loin derrière. Depuis peu, ils ont enfilé leur passe-montagne et ne cherchent pas à éviter les caméras. Ils se permettent même de les narguer à l'occasion, par des gestes peu « élégants », dirait Sol.

– On se doute bien, explique mon copain, qu'il est complètement impossible de surveiller en même temps des milliers d'écrans, en particulier dans ces zones quasi désertes où il ne se passe jamais rien. Les enregistrements servent plutôt *a posteriori*, quand un délit a été commis, pour retrouver les coupables. Mais on ne sait jamais, si un technicien tombait sur l'image en direct et demandait l'envoi d'une patrouille. Ils pourraient tous se faire embarquer et passer la nuit au poste. Et même se retrouver en prison, comme ton frère.

– Ils ont l'air complètement excités. On les entend d'ici chanter et chahuter.

– Ils ont peut-être pris des substances ? je suggère.

– Non, Stan, c'est peu probable. Ils seraient détectés lors de leur VQ demain. Même s'il ne reste que des traces in... infi... mes, ils risqu...

– Sol, ça ne va pas ? demande Lottie.

Mon copain respire difficilement en se tenant le cœur. Il repart doucement en arrière sur une vingtaine de mètres. Nous le suivons. J'ai compris et ne lui demande que pour confirmation :

– Ton périmètre d'évolution s'arrête là, c'est ça ?

– Oui. Je t'avais dit que je n'allais pas jusqu'aux frontières de la ville. Ah, c'est humiliant de se sentir affaibli comme ça ! Continuez. Ne les perdez pas. Vous me raconterez plus tard.

– OK, dis-je simplement.

Je ne crois pas qu'il ait envie qu'on s'apitoie. Je repense au slogan du Grupp : *Moins de sécurité pour plus de liberté*. Je suis certain qu'à cet instant Sol doit être d'accord avec ça. Le groupe quitte la rue pour longer la clôture métallique qui entoure une ancienne cimenterie. Il la franchit facilement par une brèche. Nous attendons de le voir entrer dans l'ancien bâtiment pour prendre le même chemin. Nous cherchons alors une ouverture en faisant le tour complet de l'édifice, mais n'en trouvons aucune. Ils devaient avoir une clef et ont refermé derrière eux. Nous nous installons dans l'herbe près du trou du grillage. Lottie est très angoissée.

– On est bloqués là-dehors. On ne sait pas ce qu'ils font. On ne sert à rien. J'ai envie de gueuler pour qu'elle sorte de là, quitte à tout faire foirer !

– Calme-toi. Attendons de voir. Aie confiance, elle sait ce qu'elle fait. Enfin, j'espère.

Nous ne les voyons plus pendant près de dix minutes, et mon amie s'agite beaucoup, jusqu'au moment où une voix lointaine nous fait tous les deux sursauter. Nous repérons quelques silhouettes sur le toit de l'édifice, à plus de trente mètres de hauteur.

– Oh mon Dieu ! Ils se jettent dans le vide !

– Pas tout à fait, Lottie. Ils sont attachés à une corde et descendent en rappel, je crois que c'est le terme. Ils font des bonds pour s'éloigner de la paroi, et un système mécanique freine leur descente.

Lottie pleure doucement. Je lui frictionne les épaules en lui parlant doucement :

– Le premier est arrivé en bas. Les autres remontent la corde. Une personne s'y attache. Ils ont l'air très posés par rapport à tout à l'heure. Ils ne ressemblent pas à des gens suicidaires. Mais je pense comme toi : ils prennent des risques totalement inutiles.

Mon amie se serre contre moi. Je passe mon bras autour de son cou. Je sens qu'elle se détend un peu. Elle sèche ses larmes.

– Yahoooo ! crie une fille en s'élançant.

– Ça, c'est ma sœur, déclare Lottie. La discrétion, elle ne connaît pas.

Nous regardons descendre trois autres membres du Grupp. Ils recommencent deux autres fois avant de ranger leur matériel dans leurs sacs. Nous nous cachons derrière un talus et attendons sans bouger qu'ils passent près de nous.

– C'était génial !! s'enthousiasme un gars.

– Comme dit Deux, déclare une fille, ça, c'est la vie !

– Sans lui, ajoute une autre, on n'aurait jamais connu de telles sensations.

Nous nous mettons en route un quart d'heure plus tard et je raccompagne Lottie jusque chez elle. La chambre de sa sœur est allumée. On distingue deux ombres chinoises qui passent devant la fenêtre.

– Je crois qu'elle a ramené son copain. Même si je fais un peu de bruit en rentrant, elle ne le remarquera pas. Elle sera trop occupée.

– Bon, je te laisse.

– Merci, Stan. Tu es vraiment un gars sur qui on peut

compter. Dis, je voulais te demander : qu'est-ce que tu as ressenti en les voyant descendre en rappel ?

– Au début, ça m'a tordu les tripes, tellement j'avais peur pour eux. Ensuite, je t'avouerais que j'avais presque envie d'essayer.

– Moi aussi.

– Il y a quand même un truc que je ne comprends pas. Quand ils descendaient, leur rythme cardiaque devait s'affoler et ils devaient libérer de grandes quantités d'hormones, comme de l'adrénaline. Pourquoi personne n'est intervenu ?

– Des complices ont dû mettre en panne le relais du coin.

– Mettre en danger tout un quartier pour le plaisir de huit ados, est-ce que ce n'est pas un peu irresponsable ?

– Toi, mon Stan, tu es trop raisonnable !

VENDREDI 24 FÉVRIER

Scott rentre aujourd'hui. Pour moi aussi, qui pensais souvent à lui avec inquiétude et le voyais en rêve dans des situations angoissantes, ce sera une libération. Là, il sera près de moi. Je l'entendrai chantonner et marquer le rythme de la musique qu'il écoutera en tapant sur n'importe quoi. Ce sera énervant, souvent, mais aussi rassurant. Mes parents n'ont pas voulu que je les accompagne à la prison pour éviter que je rate des cours. Mon corps est donc présent au collège, mais mon esprit est accaparé par le retour de mon frère. La nuit dernière, j'ai imaginé plusieurs scénarios à nos retrouvailles. D'abord, le plus optimiste. Comme les parents l'ont répété, Scott a changé. Je sais aussi qu'il a coupé avec ses amis du Grupp. Il sera donc théoriquement beaucoup plus disponible pour moi et nous allons redevenir des frères inséparables. L'autre scénario, plus pessimiste, c'est qu'il se soit forgé de nouvelles relations en prison, des codétenus ou leur entourage, et qu'il veuille rompre avec son ancienne vie et donc avec nous, sa famille. Et puis il y a aussi cette mystérieuse Alma que nous ne connaissons pas et avec qui il semble avoir une relation solide, ce qui serait vraiment inédit. En son absence, j'ai beaucoup appris sur lui. J'ai été particulièrement frappé par l'admiration qu'il suscite. Certains le citent en exemple, d'autres prennent des risques en allant la nuit taguer des messages de soutien sur les murs, pour lui. Il y en a même qui disent qu'il a changé leur vie, qu'il les a sauvés. Cela me paraît bien excessif et j'aimerais beaucoup rencontrer une de ces personnes pour qu'elle m'explique ce « miracle ». À l'amour que j'ai toujours eu pour Scott, s'ajoute donc maintenant de la fierté. J'ai aussi très envie de parler avec lui de son engagement car, si je peux comprendre ses motivations, *a priori* je suis en désaccord avec les moyens qu'il emploie. Mais peut-être a-t-il connaissance d'informations que j'ignore ? Ou bien les actions du Grupp sont-elles caricaturées par le pouvoir ? J'aimerais qu'il me convainque que cette cause qu'il a soutenue est vraiment juste.

Ce matin, en arrivant au collège, j'ai croisé Lottie qui m'a lancé :

– Alors, c'est pour aujourd'hui, Stan ! Je suis très contente pour toi.

J'ai vu dans ses yeux qu'elle se réjouissait sincèrement. Sol s'est fait plus discret. Il repère quand j'ai besoin d'être dans ma bulle et que je ne suis pas très disposé à communiquer avec les autres. Je sais qu'il est là mais il ne me demande rien.

Dans l'après-midi, je consulte plusieurs fois l'heure. J'essaye de visualiser les dernières étapes du retour de Scott à la maison. C'est ma façon de me sentir à ses côtés, comme un témoin invisible et muet. Je l'imagine vérifier une dernière fois qu'il n'a rien oublié dans sa cellule, puis attendre sur son lit que les gardiens arrivent. Je le vois parcourir les couloirs, récupérer des affaires, comme son portable ou sa ceinture, rejoindre l'extérieur, embrasser mes parents...

Un peu avant seize heures, mon portable vibre. C'est un message de mon père qui me dit qu'ils sont tous les trois à la maison et qu'ils n'attendent plus que moi. Je respire, soulagé qu'il n'y ait pas eu de problème de dernière minute. Je le relis discrètement plusieurs fois pour m'assurer que je n'ai pas rêvé. En glissant finalement mon téléphone dans ma poche, je ne peux m'empêcher de ressentir une petite pointe de déception. J'avais espéré que ce message émanerait de Scott.

Enfin, le dernier cours se termine. Je souris à mon copain en quittant la salle et presse le pas pour sortir du bahut. Dans la rue, je ralentis car je ne peux me retenir de gamberger. Sera-t-il changé ? Me regardera-t-il toujours comme avant ?

Dès que j'arrive à la maison, je grimpe directement à l'étage et vais frapper à sa porte. Il est allongé sur son lit, son petit sourire ironique accroché aux lèvres. C'est bien lui. Je me penche. Il m'embrasse furtivement sur la joue.

Je perçois comme un malaise. Quand je croise son regard, j'en ai la confirmation.

– Stan, la prison m'a changé, déclare-t-il. Ce ne sera plus pareil entre nous. Je vais avoir besoin de calme, de solitude.

– Si tu veux, dis-je. Je suis super content que tu sois revenu. Tu m'as manqué, Scott.

Je prends sur moi pour ne rien montrer. Je n'insiste pas et quitte sa chambre. Moi, je ne rêvais que d'une chose, qu'il m'ouvre ses bras durant quelques secondes. Je sens comme des larmes qui me submergent à l'intérieur.

SAMEDI 25 FÉVRIER

Ce matin, je suis moins malheureux. Durant la nuit, j'ai essayé de me convaincre que les explications que donnait mon père étaient pertinentes. Mon frère a subi un traumatisme en étant enfermé dans des conditions très difficiles et il faut lui laisser le temps de s'en remettre.

Je retrouve Lottie et Sol dans un parc du centre-ville pour parler de notre future expédition nocturne. Hier, en les quittant, je n'étais pas certain d'avoir envie d'y aller. Dans un monde idéal, j'aurais passé la soirée avec Scott et il m'aurait raconté en détail tous les secrets du Grupp et l'histoire de sa création. J'aurais aimé qu'il écoute mes arguments et entende mes craintes. Aujourd'hui, j'ai besoin de me changer les idées, et rien de tel pour ça que d'être avec des amis et d'avoir la trouille ensemble. Je prends les devants pour éviter les questions :

– Scott est rentré comme prévu. Il n'a rien raconté. Il s'est bouclé dans sa chambre. Je suis donc partant pour une nouvelle aventure nocturne avec vous.

– Ça s'arrangera, me souffle Lottie. La prison, c'est un vrai choc. Enfin, c'est ce qu'on dit. Laisse-le reprendre ses marques.

– J'aimerais qu'on n'en parle plus aujourd'hui.

– OK, Stan. Concentrons-nous sur notre soirée. Je résume les éléments en notre possession : ce sera sans doute une soirée dansante, parce que Lottie a vu Maroussia s'entraîner devant son miroir et essayer différentes tenues. Nous allons être obligés de suivre Ilhan et Maroussia pour déterminer le lieu des réjouissances. Le décryptage du message s'est avéré insuffisant. Il évoquait un *trou au nord*. Nous en avons déduit qu'il s'agissait d'un lieu en sous-sol, voire d'un souterrain au nord de la ville. Nous pensons qu'ils n'ont qu'un choix limité pour leurs fêtes et que les membres du groupe n'ont besoin que de peu d'indications pour l'identifier. Lottie a cru deviner, en écoutant une conversation de sa sœur, que les membres pouvaient y inviter des amis, ce qu'ils appellent des « extras », mais qu'ils devront bien les surveiller. Je ne sais pas s'il sera possible de se mêler au groupe, cela dépendra du nombre de participants et de la configuration des lieux. Cela me semble peu probable.

– On s'habille comment ? demande Lottie.

– On va rester sur le mode espion. C'est plus facile si on doit s'esquiver.

– Je ne suis même pas sûr, dis-je, qu'on puisse accéder au lieu. S'il y a des guetteurs à l'entrée, comme les fois précédentes, on restera dehors. À la réflexion et sans vouloir vous décevoir, je me demande si, finalement, c'est bien utile d'y aller.

– Oh si ! insiste Lottie, on y va. J'en ai très envie. Et puis, j'ai ma soirée de libre et je ne me vois pas retourner chez moi pour la passer avec mes parents. Allez, on va y arriver, les gars. Doués comme vous êtes tous les deux, vous allez trouver une solution.

– J'avoue, annonce Sol, que je suis aussi d'avis d'essayer. En plus, mes parents ont élargi mon PE et je vais pouvoir découvrir des territoires inconnus et sauvages !

– C'est génial. Comment tu as fait ? demande Lottie.

– J'ai demandé à être traité comme les autres ados de mon âge. J'ai uniquement parlé de principe et mes parents ont été d'accord. Enfin, surtout mon père. Il a dit : « Tu as quatorze ans, nous pouvons avoir confiance en toi. » Ma mère était beaucoup moins convaincue. Elle n'est sereine que lorsque je suis bouclé à la maison. Je crois que si elle avait pu, elle n'aurait jamais accepté qu'on coupe mon cordon ombilical. Alors, Stan, on y va ?

Mes deux amis attendent mon verdict.

– D'accord, dis-je, je viens, ne serait-ce que pour veiller sur vous.

Il est une heure du matin, nous sommes planqués derrière un buisson près d'une petite maison délabrée au-delà de la deuxième autoroute circulaire de la ville. Je n'ai jamais été si loin. Sol a suivi Ilhan de loin avec les jumelles et nous a indiqué le lieu quand il est arrivé sur place. De mon côté, j'avais attendu Lottie dont la sœur ne semblait pas pressée.

– D'après moi, explique Sol, c'est la porte d'accès d'un souterrain, le trou auquel faisait référence le message. J'ai compté plus de soixante-dix personnes et elles ne pourraient pas tenir dans un endroit aussi exigu. Il y a forcément un passage vers un autre lieu. Il doit y avoir une trappe sur le sol. Je pense aussi que, s'ils étaient encore tous à l'intérieur, on les entendrait.

– Tu crois qu'on peut s'approcher ? demande Lottie.

– C'est calme depuis un bon quart d'heure, répond mon copain. On peut essayer.

– Si c'est comme la première fois, dis-je, on va se faire prendre en chasse par les guetteurs. Je serais d'avis qu'on prenne le temps de réflé…

– Non, Stan, me coupe notre copine, si on reste là à réfléchir, on n'en saura jamais rien. Alors, moi, j'y vais ! Et si je tombe sur des méchants, je jouerai la fille perdue dans la nuit qui veut aller au bal du prince avec sa grande sœur.

– Non, attends, Lottie !

Elle se lève et se dirige rapidement vers l'entrée de la petite maison. Je la vois ouvrir l'épaisse porte de métal et la refermer derrière elle. Je demande, soudain angoissé :

– Qu'est-ce qu'on fait ? On ne peut pas la laisser se débrouiller toute seule ! Viens !

– Ne bougeons pas tout de suite, tempère Sol. Après tout, c'est elle qui a voulu y aller. Si la voie est libre, elle va nous appeler. Dans le cas contraire, ils vont juste la virer. Ce ne sont pas des sauvages non plus. On se donne deux minutes, Stan, juste deux minutes.

– Non, j'y vais ! dis-je en me redressant.

J'ai juste le temps de faire quelques pas avant d'apercevoir Lottie qui revient, saine et sauve mais grimaçante.

– Bon, le côté positif, c'est qu'ils ne m'ont pas séquestrée en attendant la fin de la fête, comme ils me l'avaient annoncé au départ. Le négatif, c'est que ma sœur va être mise au courant et qu'elle va se déchaîner contre moi en rentrant.

Nous repartons en silence dans la nuit. Lottie accuse le coup. Je lui propose de la raccompagner.

– Je dors chez une cousine à l'autre bout de la ville, alors ce sera avec plaisir.

Sol nous abandonne un quart d'heure plus tard en lançant :

– Ne faites pas de bêtises tous les deux ! Bonne nuit.

Nous lui répondons en chœur :

– Bonne nuit, Sol.

Lottie brise le silence après quelques minutes de marche :

– Tout à l'heure, tu as dit le contraire, mais si tu as envie de me parler de ton frère, je suis là pour t'écouter.

– Pourquoi ça t'intéresserait ? Ce n'est pas un sujet spécialement agréable.

– Parce qu'on est amis maintenant, tous les deux. Alors, tout ce qui t'arrive m'intéresse.

– D’accord, dis-je.

Pendant les trois quarts d’heure du retour, je vide mon sac. Lottie me laisse parler sans m’interrompre. En arrivant, je me sens mieux. Alors que je l’avais prise pour une gamine au début, j’apprécie de plus en plus cette fille.

LUNDI 27 FÉVRIER

Hier, Scott est sorti tout l'après-midi. Il était avec Alma, la fille qui venait le voir en prison. Je l'ai aperçue rapidement depuis ma fenêtre quand elle est montée dans sa voiture. C'est une jolie brune aux cheveux longs. Il a emporté du matériel de pêche. Avant, c'est avec moi qu'il pêchait. À son retour, il est passé me voir.

– Salut, Stan, il faudra qu'on se parle tous les deux. Demain, en rentrant du bahut, avant l'arrivée des parents, c'est possible ?

– Je quitte à dix-sept heures. Tu as cours jusqu'à quelle heure ?

– Seize heures.

Mon père a finalement raison. Les choses vont peut-être évoluer. Je dois garder espoir.

Ce matin, je me sens du coup beaucoup plus léger pour aller au collège. J'aperçois Lottie en arrivant. Nous nous écartons de ses copines pour parler tranquillement.

– Alors, tu as survécu à ta sœur ?

– Comme tu vois. Mais j'ai passé un sale quart d'heure. J'ai pourtant l'habitude de ses crises, mais je ne l'avais jamais vue dans cet état. Le ton est tellement monté qu'on a eu le droit à une visite du groupe d'intervention de LongLife.

– Sans déconner ?

– Je te jure. Heureusement, elle était redescendue en pression quand elle a ouvert la porte. Elle s'est excusée, et les gars ont promis de ne pas signaler l'incident à mes parents. Après, ça nous a presque fait rire. Je crois que ce qui l'a particulièrement mise en rage, c'est qu'elle pensait avoir fait courir un danger au Grupp à cause de sa négligence. Elle ne pouvait imaginer que c'était à cause de mon intelligence. Oui, je n'ai rien dit sur toi.

– Et ce matin, elle t'a reparlé ?

– Faut pas rêver, Stan. J'en ai au moins pour une semaine. Et toi, avec Scott, ça s'arrange ?

– Il m'a donné rendez-vous ce soir pour discuter. C'est plutôt bon signe.

– Stan, si on arrête notre activité d'espions, on ne passera plus de temps ensemble en dehors du collège. Et le matin, c'est toujours en coup de vent. Je me disais que j'aimerais qu'on reste amis.

– Moi aussi, Lottie, ce serait chouette qu'on continue à se voir régulièrement.

La journée défile sans que je m'en rende compte. Je ne me sens pas très présent durant les cours. Je rentre rapidement à la maison. En pénétrant dans l'entrée, je m'aperçois tout de suite que Scott n'est pas rentré car l'alarme est encore activée. J'essaye de travailler tout en gardant la porte ouverte pour guetter son retour. J'imagine qu'il est retenu par tous ses copains de lycée à qui il a dû manquer. Ce sont mes parents qui rentrent en premier. Ils s'arrêtent devant ma chambre pour me demander si je sais où se trouve mon frère. Je sens bien qu'ils sont inquiets. Scott débarque juste avant le repas. Il mange avec nous sans décrocher le moindre mot. Il me demande discrètement de le rejoindre ensuite dans sa chambre. C'est le moment de la journée que j'attendais.

Quand je pousse la porte, je sens de sa part une certaine hostilité. Je n'en comprends pas la cause et cela me met tout de suite très mal à l'aise. Je m'assois dans son fauteuil.

– Tu étais où dans la nuit de samedi à dimanche ? demande-t-il sèchement.

Comment a-t-il pu l'apprendre ? Il dormait profondément lorsque je suis parti et à mon retour également.

– Je sais que tu traînais dans la zone des souterrains, reprend-il en soufflant bruyamment, après la deuxième circulaire, au nord de la ville. Dis-toi un truc, Stan. Je peux savoir tout ce que tu fais. Je connais des gens qui ont le pouvoir de tout contrôler. Alors, tu racontes ou j'appelle les parents !

Je lui déballe tout, ma rencontre avec Félix, les filatures, l'espionnage des réunions, ce que j'ai entendu dire sur lui. Il garde un visage sévère, mais je sens à certains moments qu'il n'est pas tellement fâché. J'entrevois même un sourire au moment où je lui raconte l'épisode de la piscine, de l'étonnement aussi, quand je lui explique comment j'ai décrypté leur code. Lorsque j'ai terminé, il marque un long silence, comme s'il hésitait sur l'attitude à tenir devant moi. Puis il explose, me menace physiquement mais aussi de tout balancer aux parents, et aux flics qui l'obligent désormais à ne rien leur cacher. Il me fait jurer de ne plus sortir la nuit, de ne plus enquêter sur le Grupp, ni d'approcher un de ses membres. Je joue le petit frère impressionné qui regrette ses bêtises. Je sens que c'est ce qu'il veut entendre car il a surtout peur de ce qui pourrait m'arriver. Je le rassure. Je veux croire que cette engueulade est la manifestation de son amour fraternel. Il ne s'en fout pas de moi. Et pour moi, c'est tout ce qui compte.

VENDREDI 10 MARS

Deux semaines que mon frère est sorti de prison, et la vie a repris un cours presque normal. Je n'ai pas eu de nouvelle discussion avec Scott depuis qu'il m'a convoqué dans sa chambre pour m'engueuler. Je sais qu'il n'est pas fâché. Je le remarque aux nombreux clins d'œil et sourires qu'il m'adresse quand nous sommes à table. Je sens qu'il aurait envie de me parler, mais que quelque chose l'en empêche. Et, pour l'instant, je ne sais pas ce que c'est.

Mon frère passe le plus clair de son temps enfermé seul dans sa chambre. Après avoir remonté son disque dur et acheté de nouveaux composants, il s'est remis à fond à l'informatique. Il garde en permanence son casque vissé sur les oreilles, dodelinant parfois de la tête en rythme. Il ne sort que pour aller au lycée et ne traîne jamais à la sortie. Il ne reçoit personne. Je ne l'entends jamais converser au téléphone. Cette attitude rassure mes parents. Pour eux, Scott a mûri et s'est assagi. Moi, je trouve ça plutôt inquiétant. C'est tellement loin de sa personnalité.

Lui qui ne se sentait bien qu'entouré de son groupe d'amis. Ce que j'ai appris sur sa vie secrète avec le Grupp va bien dans le même sens. C'est quelqu'un qui aime la discussion, l'action collective. Là, en ce moment, il se replie sur lui-même et doit en souffrir. Bon, il ne faudrait tout de même pas que j'oublie Alma, qui compte visiblement beaucoup pour lui puisqu'il réserve à elle seule quelques moments de loisir. Ils partent pêcher tous les dimanches assez loin de la ville. Cette nouvelle petite amie est un mystère. Comment l'a-t-il connue ? D'où vient-elle ? Il n'en parle jamais. Le détail qui trouble particulièrement ma mère, c'est qu'ils reviennent de leurs parties champêtres sans jamais rapporter la moindre photo de leurs prises ou le moindre cadavre de poisson.

– Soit il fait semblant, soit il n'est pas doué, a déclaré ma mère un soir.

– Je crois qu'ils les remettent à l'eau tout de suite. C'est l'hypothèse la plus rassurante, a répondu mon père. Et pourquoi feraient-ils autrement ? Ils ne participent à aucune compétition, et plus personne ne consomme de poissons sauvages depuis des décennies à cause de la pollution.

Quand j'ai évoqué cet échange devant Sol, mon ami m'a fait remarquer que cette pratique n'était pas très sympathique pour les poissons.

– Elle est carrément frustrante pour eux. Non seulement il les blesse avec son hameçon et il les stresse en les sortant de leur milieu naturel, mais, en plus, il ne les photographie même pas. Les pauvres poissons, qui se consolaient de toutes leurs souffrances en se disant qu'au moins ils auraient un moment de gloire, que leur image resterait à jamais dans la mémoire d'un ordinateur ou voire qu'ils pourraient trôner dans un cadre au milieu du salon ! Quelle opinion ces poissons doivent-ils avoir des humains à cause de gens comme ton frère ? Surtout que j'imagine qu'ils la transmettent à leur nombreuse progéniture. Est-ce que Scott y a pensé ? Nous passons pour qui, nous, à cause de lui ?

Moi, je vois beaucoup Lottie. D'abord parce qu'elle a besoin de moi. Depuis sa discussion orageuse avec sa sœur, Lottie a l'impression que celle-ci ne l'aime plus et que leurs liens sont brisés à jamais. Maroussia l'évite, ne lui adresse pas la parole, fait mine de ne pas la voir. Mon amie en est terriblement affectée. Le matin où elle m'a raconté ses malheurs, elle était tellement mal qu'elle m'a demandé de lui faire un câlin. J'étais gêné car il y avait du monde autour de nous, mais je n'avais pas le cœur de le lui refuser. Finalement, ça m'a aussi fait beaucoup de bien. J'avais également besoin qu'on me réconforte. Elle passe assez souvent à la maison après le collège. Quand on finit à la même heure, on se donne rendez-vous à la sortie. Elle se débrouille toujours pour partir avant l'arrivée de mes parents, ce qui me convient parce que je ne sais pas comment ceux-ci pourraient interpréter cette situation. Elle remplace un peu Sol, tout accaparé par Lise, qui, à ma grande surprise et ma grande joie, ne souffle plus le chaud et le froid avec mon ami. « Mon copain Sol révise, dans les bras de Lise. » Ça rime. Est-ce que je ne deviendrais pas un peu poète, moi aussi ? Je considère Lottie comme une amie. Le fait que ce soit une fille me trouble parfois, quand nous sommes assis côte à côte et que nos bras se frôlent ou qu'on chahute un peu. Mais souvent, j'ai à peine le temps de m'en rendre compte que tout redevient normal.

Un soir, je l'ai entendue échanger quelques mots avec mon frère alors qu'elle était allée chercher du ravitaillement à la cuisine. Je n'ai pas réussi à comprendre ce qu'ils se disaient, mais le ton ne m'a pas semblé léger. Quand elle est revenue, je l'ai sentie un peu bizarre et je lui ai demandé de me raconter.

– Oh ! a-t-elle déclaré en souriant, rien de spécial. Il se renseignait sur moi. Il connaît ma sœur.

– J'ai rêvé ou il te parlait sévèrement ?

– Non, pas du tout. Il jouait le grand frère sérieux, comme ma sœur parfois. Mais rien de spécial, je te l'ai dit. Promets-moi de ne pas l'embêter avec ça.

Je n'ai pas insisté mais depuis j'ai repensé plusieurs fois à cette scène. Je me fais sans doute des idées.

MERCREDI 29 MARS

Scott a commencé doucement sa série d'écarts. Samedi dernier, il a prévenu mes parents qu'il sortait avec Alma et qu'il resterait sans doute dormir chez elle. Mes parents n'ont jamais rencontré cette fille et, depuis le début, ils se méfient. Je me demande si ma mère n'est pas un peu jalouse d'elle parce que c'est cette inconnue que son fils a vue le plus souvent en prison, avant même ses parents.

Dimanche matin, j'ai surpris une discussion entre ma mère et mon frère. Elle devait le guetter par la fenêtre parce qu'elle connaissait l'heure précise de son retour à la maison, à quoi ressemblait la voiture qui le ramenait et le gars qui la conduisait. Elle, c'est pratique, quand elle est angoissée, elle monte le ton et on n'a aucune difficulté à l'entendre. Mon frère, lui, parlait très doucement, sans doute pour lui montrer qu'il était parfaitement calme et n'avait rien à se reprocher. Jusque-là, j'avoue que je ne comprenais pas pourquoi mes parents s'inquiétaient. Après tout, c'était le week-end, moment où l'on est censés être plus détendus et passer du bon temps.

Hier soir, il a de nouveau découché. Mes parents n'ont pas osé s'y opposer, mais, ensuite, je les ai entendus ruminer dans le salon. Ma mère disait que Scott « filait un mauvais coton » et se demandait s'il ne serait pas sage d'avertir la police pour lui éviter des ennuis plus graves. Mon père essayait de la rassurer en avançant l'idée que Scott était amoureux et avait sans doute du mal à ne voir cette Alma que le dimanche. Ma mère était très remontée et a voulu prouver point par point à mon père qu'elle avait raison :

– D'abord, il n'est pas amoureux. Si c'était le cas, je l'aurais senti. D'ailleurs, il n'est pas du genre à tomber amoureux. Rappelle-toi, avant sa détention, combien on en a vu passer, de filles tombées sous le charme de ton fils.

– Il a le droit de changer, de mûrir. Toi-même tu disais ça quand il est rentré.

– Mais là, je vois la vérité en face. Il nous cache quelque chose et j'ai peur pour lui. Cette fille n'est pas dans sa classe ni même dans son lycée. Je me suis renseignée, aucune fille ne porte ce prénom là-bas. Comment l'a-t-il connue ? Pourquoi ne veut-il pas répondre à cette question pourtant simple ?

– Il a le droit d'être discret, après tout, c'est sa vie privée.

– Tu es toujours à le défendre. Il ne se contente pas d'être discret, comme tu dis naïvement, il nous ment carrément. Il n'est pas parti avec elle ce soir. Quand elle vient, il la guette depuis sa fenêtre. Là, je l'ai vu partir en direction des terrains de sport, et ça, c'était pour éviter qu'on ne voie qui il rejoignait. Je suis quasiment certaine que notre fils a été entraîné dans un trafic par des gars rencontrés en prison. Je crains que la détention n'ait fait de lui un vrai délinquant.

– Tu dramatises tout. Je crois que tu t'es monté la tête et…

Comme d'habitude quand mon père est à court d'arguments ou bien quand il est fatigué de répliquer, il a serré ma mère dans ses bras pendant quelques minutes.

Ce soir, ma mère me convoque carrément dans la cuisine. Elle a reçu un coup de téléphone du lycée parce que le comportement de mon frère a inquiété les professeurs aujourd'hui.

– Il s'est endormi en classe et n'a pas été très correct avec un professeur qui cherchait à l'aider. Là, je viens de passer dans sa chambre, il dort encore ! Quand il va se réveiller dans quelques heures, il sera décalé et ne trouvera pas le sommeil la nuit prochaine. Et demain, il sera encore fatigué !

Je la regarde sans comprendre ce qu'elle attend de moi. Je crois qu'elle me fait jouer le rôle de mon père qui, malheureusement pour moi, doit être retenu à son travail. Elle m'explique aussi que le proviseur a cru bon de lui signaler que Scott était arrivé ce matin en retard au lycée à bord d'une voiture de luxe, ce qui conforte son opinion : mon frère est en train de mal tourner. Et elle désigne la mystérieuse Alma comme la principale responsable de ce désastre. Pourquoi a-t-elle toujours besoin de choisir la pire des hypothèses ? Cette fille est peut-être issue d'une famille riche mais honnête. Les voitures de luxe ne sont pas uniquement réservées aux mafieux. Je n'essaye pas de lui faire entendre mes arguments. Je sais que c'est absolument inutile. Heureusement pour moi, Scott pousse la porte de la cuisine, et je m'éclipse discrètement. Elle va pouvoir lui poser ses questions en direct. Mais, connaissant mon frère, cela m'étonnerait beaucoup qu'elle obtienne des réponses qui lui conviennent.

MARDI 11 AVRIL

Et si ma mère avait raison depuis le début ? Et si mon frère était vraiment lié à une sale affaire ? Au vu de ce qui vient de se dérouler durant les dernières heures, j'ai de moins en moins de doutes. Comme lors de l'épisode précédent, la tempête a été précédée d'une longue période de beau fixe, presque deux semaines sans le moindre problème. Dimanche matin, Scott a présenté Alma à mes parents. Je l'avais juste aperçue depuis la fenêtre. De près, elle est encore mieux. Elle ressemble plutôt à une étudiante d'une vingtaine d'années qu'à une fille de terminale. Son look est impeccable : sobre, simple mais élégant, les cheveux longs sagement peignés. Le sourire accroché aux lèvres, il émane d'elle une autorité tranquille, comme chez ma prof d'anglais de sixième que tous les élèves adoraient. « Bienveillante, sympathique, charmante », disaient mes parents à l'époque. Pour tout dire, elle est très loin des copines de Scott que j'avais croisées auparavant à la maison. Et très loin de la fille de gangsters entraînant mon frère dans la drogue et le vice que décrivait ma mère. Là, ils partaient pique-niquer et pêcher en pleine nature, « comme des jeunes gens sains », avait dit mon père, admiratif. On se serait cru dans un monde idéal. Le matin, Scott et moi étions allés courir ensemble. Il m'avait interrogé sur Lottie :

– Tu devrais passer à la vitesse supérieure avec elle. Je ne te parle pas de l'aimer pour la vie, avait-il précisé, mais de partager des moments encore plus cool avec elle. Vous avez des sentiments l'un pour l'autre, ça crève les yeux. Elle est mignonne, en plus. Encore plus jolie que sa sœur au même âge.

– Non, avais-je dit sans comprendre pourquoi je rougissais, c'est juste une copine. À propos de Lottie, je voulais te demander ce que tu lui as dit la fois où tu as discuté avec elle à la maison. C'était il y a un mois environ.

– Dis donc, ça remonte, ton truc ! Pourquoi tu me demandes ça maintenant ?

– Pour rien... Parce qu'on parle d'elle et que ça me revient.

– Qu'est-ce qu'elle t'a dit ?

– Rien, mais elle semblait troublée.

– Je ne me souviens plus très bien. Je voulais être certain qu'elle avait des sentiments pour toi, qu'elle n'était pas là pour autre chose.

– Pourquoi ?

– Laisse tomber, Stan. Cette fille est sincère et c'est ce qui compte.

Ce matin, c'est le choc. En entrant dans la cuisine, mes parents découvrent qu'une fenêtre a été forcée. Ils pensent d'abord à un cambrioleur qui aurait réussi à s'introduire dans la maison sans réveiller personne. Alors ils vont vérifier leurs objets de valeur et leurs cartes de crédit. Ensuite, ils passent dans nos chambres et constatent que mon frère a disparu. Ma mère veut tout de suite appeler la police, car elle croit à un enlèvement. Mon père essaye de joindre mon frère sur son portable, mais la sonnerie retentit dans sa chambre. Il ne l'a pas emporté. C'est la panique dans leurs yeux. Moi, je suis au bord des larmes. Soudain, le téléphone de la maison sonne. Je descends en courant dans l'entrée, suivi de mes parents. Je décroche et branche le haut-parleur.

– Bonjour. C'est Alma. Je vous appelle pour vous rassurer. Scott a débarqué chez moi vers minuit pour me faire une surprise. Ce matin, il a une forte migraine et se repose. Je vous le ramène vers midi avant d'aller à mes cours.

Ma mère ne peut s'empêcher de demander :

– Vous êtes sûre qu'il va bien ?

– Faites-moi confiance, madame. Il va bien, à part la migraine, bien sûr. Il est en train de dormir. C'est pour cela que c'est moi qui vous appelle. J'arriverai vers midi. Il est parti sans ses clefs. Est-ce que quelqu'un sera là ?

– Oui, dit ma mère, je vais m'arranger avec mon patron.

La voix d'Alma est très calme. Les phrases s'enchaînent et fabriquent une histoire cohérente, en admettant quand même que mon frère soit tellement fou d'amour qu'il soit parti de nuit sans se soucier de pouvoir rentrer ou nous appeler. Cohérente, à part la fenêtre forcée dans la cuisine. Les deux événements sont forcément liés. La jeune fille charmante vient donc de nous inventer un gros bobard. Tous les trois, sans échanger un mot ni un regard, nous sommes d'accord là-dessus. Reste à espérer que Scott sera bien de retour dans quelques heures, comme annoncé. Après quelques secondes d'hésitation, chacun reprend le cours d'une matinée normale. Je fonce sous la douche pendant que ma mère prépare le petit déjeuner. Mon père descend au garage, sans doute pour chercher de quoi rafistoler la fenêtre de la cuisine.

Pendant que nous mangeons, aucun n'ose prendre la parole. Nous pensons tous les trois à Scott, mais chacun est conscient qu'il n'a rien à apprendre aux autres qu'ils ne sachent déjà. Je pars au collège. Heureusement, Sol est seul quand j'arrive et je peux partager mes angoisses avec lui.

– Ça craint, dit-il gravement.

La matinée s'étire sans que je puisse penser à autre chose qu'à Scott. À la pause de midi, je téléphone à ma mère pour prendre des nouvelles. Mon frère est bien revenu. Il n'est pas blessé. Son passage à la VQ ne révèle rien, à part la prise de calmant quelques heures plus tôt. Je suis soulagé mais, au fond de moi, je ne peux m'empêcher de me demander : à quand la suite ?

Je n'ai pas à attendre longtemps. En rentrant, je monte directement à l'étage et frappe doucement à la porte de la chambre de Scott. Comme il ne répond pas, je tourne la poignée et entre. Les volets sont fermés. Je ne le distingue pas précisément, mais je comprends qu'il dort. En m'approchant, je découvre des taches sombres sur ses draps et son oreiller. J'allume la lumière. C'est du sang. Je repère une coupure au niveau de son front, et le dos de sa main droite est écorché. On dirait qu'il s'est battu. Pourtant, l'alarme était branchée quand je suis arrivé, ce qui signifie, *a priori*, qu'il est resté seul durant l'après-midi. Je décide de ne pas déranger mes parents à leur boulot et d'attendre leur retour.

Heureusement, lorsqu'ils rentrent, ils ne perdent pas de temps à me faire des reproches et vont directement s'occuper de Scott. Mon père le désinfecte et lui colle des pansements. Mon frère entrouvre les yeux et murmure : « C'est rien… C'est rien », avant de replonger dans le sommeil. Ma mère repère des traces de sang sur le battant de la porte.

– On dirait, dit-elle, qu'il voulait la casser à coups de poing et de tête. Notre fils devient fou !

Elle se laisse glisser sur le sol, se recroqueville et pleure. Mon père s'assoit près d'elle et la serre contre lui. Je retourne dans ma chambre.

Un peu plus tard, dans la cuisine, je prépare des sandwichs pour le moment où il se réveillera. Je choisis les ingrédients qu'il préfère. Mes parents me regardent faire. Ils ont l'air épuisés.

– On devrait appeler la police, murmure ma mère.

– Pour leur dire quoi ? Que notre fils est au lit avec une migraine ? Qu'il a dormi chez sa copine la nuit dernière ? Qu'il s'est volontairement blessé en tapant violemment sur sa porte ? On ne peut pas les déranger pour ça. Demain, je parlerai à Scott. Et si je n'y arrive pas, on demandera de l'aide. D'accord ?

Je garnis un plateau avec mes sandwichs et un verre de lait que je vais déposer près du lit de mon frère. Puis je vais me coucher sans manger. Moi aussi, je suis inquiet.

MERCREDI 12 AVRIL

Ce matin, je pars à regret au collège. J'aurais aimé rester près de lui pour le surveiller, pour le protéger des autres et de lui-même. C'est le rôle d'un frère ou de parents. Ma mère a essayé de négocier en vain une journée sans solde avec son patron. Elle est partie le dos courbé. On aurait dit qu'elle avait vieilli de dix ans pendant la nuit. Mon père n'a rien tenté. En ce moment, il est en période d'essai et ne peut rien demander. Je suis passé voir Scott au réveil, j'ai constaté avec soulagement qu'il avait mangé mes sandwichs et bu le verre de lait. J'ai quand même vérifié sa corbeille pour voir s'il ne s'en était pas débarrassé.

Cette matinée est pire que la précédente. Sol s'assoit près de moi. Il sait tout de mes préoccupations mais se sent impuissant à m'aider. J'apprécie sa gentillesse mais je préférerais être seul. La journée se termine enfin et je cours jusque chez moi. Mon frère n'est pas là. Je tourne en rond dans ma chambre, totalement incapable de sortir ma tablette pour commencer mes devoirs. Je pense d'ailleurs avoir oublié d'en noter une partie. Durant certains cours, j'étais physiquement là, mais mes pensées erraient ailleurs, élaboraient des images effrayantes de Scott enfermé, mourant dans un cachot ou se débattant au milieu d'une foule qui l'agressait. Je n'ai pas le courage d'appeler Sol pour vérifier le travail à effectuer, surtout que je ne suis pas certain de le faire ensuite, à moins que mon frère ne rentre dans le quart d'heure qui suit et ne me dise enfin ce qui se passe dans sa vie, sans plus rien me cacher. Je m'allonge sur mon lit. Moi qui croyais que son retour allait tout arranger ! Moi qui respectais son besoin d'être seul au point de ne jamais lui avoir demandé s'il allait bien depuis sa sortie de prison. Je refusais surtout de voir la réalité de ce qui se jouait devant moi. Hier, la vision de Scott abîmé et épuisé m'a ouvert les yeux. Je me relève et me claque les joues. Il faut que je me remue, que j'arrête de ruminer de sales idées. J'empoigne mon oreiller et le jette contre le mur. Il faudrait que je sorte, que j'aille courir, que je m'épuise dans l'effort ou bien que j'appelle Sol. En me levant, mon regard est attiré par un papier plié, posé en haut de mon lit. C'est un mot de Scott.

Stan,

Si tu lis cette lettre, c'est parce que je suis mort. Depuis quelques mois, j'ai souvent frôlé la mort et je me doutais qu'un jour prochain je ne lui échapperais pas. Je n'ai pas toujours fait les bons choix dans ma vie, mais je les assume tous. Ne crois pas tout ce qu'on dira sur moi, et surtout pas à l'hypothèse du suicide. Je n'ai pas voulu mourir. Embrasse papa et maman, et dis-leur que je les aime pour toujours et qu'ils n'ont rien à se reprocher.

À bientôt dans un monde meilleur.

Scott

Cette lettre de mon frère dépasse encore de la poche de mon père. C'est moi qui la lui ai donnée quand il est rentré précipitamment du travail. Complètement hébété, il ne cessait de répéter : « Pourquoi ?... Pourquoi ?... Pourquoi ? ». Il a relu vingt fois le message de Scott, puis s'est écroulé sur son fauteuil. Il haletait comme après un effort violent. Ma mère est arrivée peu après, s'est assise sur ses genoux et l'a enveloppé de son corps. Ils sont restés prostrés là un bon moment avant de se décider à rejoindre l'hôpital où, selon l'officier de police qui les avait contactés à leur travail, se trouvait le corps de Scott. Moi, je ne pleurais pas. Je me sentais complètement vidé. Peut-être qu'au fond de moi je refusais encore d'y croire. Il allait réapparaître, sourire aux lèvres, ravi de nous avoir fait cette farce odieuse. Scott n'a pas le droit de m'abandonner comme ça... Il n'a pas le droit. Scott, tu n'as pas le droit !

– Je m'en veux, déclare soudain ma mère. Quand je l'ai soigné hier soir, j'aurais dû appeler la police. Il aurait peut-être eu de nouveaux problèmes, mais au moins il serait vivant.

Nous sommes assis dans un petit salon de l'hôpital, devant un homme d'âge mûr en costume foncé. Il ne s'est pas présenté, mais nous supposons que c'est un inspecteur de police. Il parle lentement, sur un ton monocorde :

– Votre fils s'est noyé dans le lac de Saint-Pierre. On suppose qu'il est tombé accidentellement du ponton sur lequel il était installé pour pêcher. Son implant LongLife a donné l'alerte, et les secours sont intervenus dans les vingt minutes. Il leur a été impossible de réanimer Scott.

– Vingt minutes, c'est beaucoup, non ? fait remarquer ma mère d'une voix incertaine.

– En effet. Votre fils avait choisi de pêcher dans un endroit très difficile d'accès. Le véhicule d'intervention de LongLife a dû s'arrêter à plus d'un kilomètre du lieu du drame, car il n'y avait pas de voie praticable. Les secouristes ont fini à pied.

– Vous parlez d'accident, intervient mon père, mais notre fils savait très bien nager. Vous savez aussi que Scott était sorti récemment de prison. Ne pourrait-il s'agir d'un acte criminel lié à des personnes qu'il aurait pu y fréquenter ?

– On ne peut en être sûr à cent pour cent, mais une première observation minutieuse du corps n'a révélé aucune trace de violence. Votre fils avait une coupure au front et des écorchures sur le dos de la main droite. Mais on a trouvé des traces de pansements qui nous prouvent qu'elles avaient été soignées avant et n'étaient pas liées directement au drame. Pour expliquer qu'il se soit noyé, on peut avancer que l'eau est particulièrement froide en cette saison, que votre fils portait de hautes bottes qui ont dû se remplir d'eau et l'entraîner vers le fond vaseux.

Et ajoutez ses vêtements alourdis par l'eau. Ensuite, on peut imaginer que, pris de panique, il n'a pas su faire les bons choix à temps. Malheureusement.

Après un court silence, ma mère relève la tête et demande d'une toute petite voix :

– Je peux voir mon fils ?

– Bien sûr, madame. Mais avant cela, je suis obligé de vous poser encore quelques questions. Comment se portait-il psychologiquement ces derniers temps ?

– C'est-à-dire ?

– Vous semblait-il préoccupé, inquiet, tenait-il des propos qui auraient pu vous alerter sur un éventuel état dépressif ?

– Est-ce que vous sous-entendez que Scott aurait pu se suicider ?

– C'est une hypothèse que nous ne pouvons écarter d'emblée. Alors ?

– Rien, dit ma mère simplement. Il ne disait rien. Il ne nous disait jamais rien. Il quittait parfois la maison la nuit sans nous prévenir et sans donner la moindre explication à son retour. Mais je ne crois pas que mon petit ait pu nous faire une chose pareille. Georges, montre la lettre qu'il avait placée sous l'oreiller de Stan.

Le gars fixe longuement la feuille avant d'appeler une des employées pour qu'elle la photocopie. Une jeune femme entre dans la pièce sans nous adresser le moindre regard.

– Vous vous doutez bien, reprend le policier, que cette lettre n'est en aucun cas une preuve que Scott n'a pas mis volontairement fin à ses jours. Personne ne peut savoir ce qui s'est passé dans la tête de votre fils un peu avant son décès.

– Moi, je me disais, reprend mon père, que dans cette lettre il nous annonçait un danger. Il nous l'a laissée parce qu'il devait craindre de ne pas revenir. Il s'attendait à tomber dans une sorte de piège, peut-être.

– Peut-être, en effet. Nous creuserons cette piste, je vous le promets.

L'employée revient et pose les deux feuilles sur le bureau. L'homme rend l'original à ma mère, qui lui demande, à bout de patience :

– Est-ce que je peux le voir maintenant ?

Nous suivons l'homme au bout d'un long couloir éclairé par des néons, puis pénétrons dans une petite pièce carrelée de blanc. Mon frère repose sur une large table en inox, le corps recouvert par un drap qui ne laisse voir que son visage. Si ce n'était son teint livide, on pourrait croire qu'il dort profondément. Mes parents l'embrassent brièvement sur le front et me fixent ensuite d'un air embarrassé. Ils s'attendent à ce que je fasse comme eux. Je me baisse en tremblant légèrement, mais j'arrête mon mouvement juste avant que mes lèvres n'effleurent sa peau. Pendant un bref instant, je suis pris de vertige. Deux bras me saisissent et je me retrouve assis sur une chaise métallique.

– Ça va, Stan ?

– Oui, maman. Je veux rentrer.

Ce n'est que dans la voiture que ma mère s'autorise à pleurer. Mon père, qui a retiré ses lunettes, se pince le haut du nez entre le pouce et l'index. Après plusieurs minutes d'hésitation, il appuie sur le démarreur. Recroquevillé à l'arrière, je ne montre rien. Au fond de moi, je n'arrive pas à admettre que ce soit bien réel. Quand je ferme les yeux, je vois mon frère sourire à la morgue, puis se relever et s'habiller pour nous rejoindre.

À la maison, ma mère s'active dans la cuisine. Je m'installe sur le canapé du salon. Je n'ai pas la force de monter jusqu'à ma chambre et surtout de passer devant celle de Scott. Mon père tarde à rentrer du garage. Quand il apparaît enfin, je repère ses mains sales et son blouson couvert de poussière.

– J'ai trébuché sur le skate de Scott, annonce-t-il en s'excusant presque, et je me suis étalé dans l'allée.

– Mais ça va ? demande ma mère d'une voix inquiète.

– Non, ça ne va pas, répond-il en murmurant, puis il se précipite dans ses bras et éclate en sanglots.

Je me lève d'un bond en déclarant :

– Finalement, je n'ai pas faim et je suis fatigué. À demain.

JEUDI 13 AVRIL

Cinq heures plus tard, je suis réveillé. J'allume ma lampe de chevet : quatre heures dix-sept. Il est trop tôt pour me préparer à partir au collège. Est-ce que Scott aurait pu se suicider ? Je revois son visage blessé et ses poings écorchés. De quelle faute voulait-il se punir en s'infligeant cette souffrance ? Aurait-il pu aller jusqu'à vouloir mourir ? Aurait-il pu rédiger cette lettre juste pour éviter qu'on ne lui reproche son abandon ? Et puis, qu'allait vraiment faire mon frère avec Alma le dimanche dans ces endroits isolés ? Pourquoi, précisément ce jour-là, n'était-elle pas près de lui pour le secourir ou donner l'alarme ? Comment s'était-il rendu sur place ?

Lorsque je me réveille à nouveau, quelques heures plus tard, la matinée est déjà bien entamée. Mes parents aussi sont restés à la maison et ont décidé sans me le demander que je devais faire comme eux. J'entends ma mère qui passe l'aspirateur et mon père qui force sa voix pour lui faire la conversation. C'est plus la faim que l'envie de les retrouver qui me pousse à descendre.

– Bonjour, Stan, lance ma mère en me voyant déboucher du couloir. J'ai appelé le collège. J'ai dit que je ne savais pas si tu y retournerais avant lundi. Ils m'ont dit qu'ils comprenaient la situation et que tu ne devais pas te tracasser pour tes absences.

– J'ai envie d'y aller pour onze heures.

– Comme tu veux, mon chéri, déclare ma mère.

– Je t'emmènerai en voiture, propose mon père.

– Merci, papa.

– C'est sur mon chemin. J'ai promis à mon chef que je serai sur le chantier avant midi, explique-t-il, comme s'il avait besoin de se justifier. Après tant d'années à enchaîner les petits boulots, ce serait bien que je puisse garder un emploi stable.

Je me dirige vers la cuisine. Mon père m'interpelle :

– Stan, tu n'as pas oublié de te checker, ce matin ?

– Ah oui, c'est vrai, dis-je en faisant demi-tour en direction de la salle de bains.

Ce matin, pas de surprise, c'est du vert, mais ce n'est pas le *Rien à signaler* habituel.

Bonjour Stan,

Plusieurs montées de tension qui s'expliquent par un stress lié au décès de ton frère. Peu d'heures de sommeil. Pas de traitement à prévoir, mais pense à te coucher plus tôt ce soir. La société LongLife te transmet ses condoléances.

Le message résonne curieusement à cet instant et je me surprends à avoir brusquement envie de donner un coup de poing dans l'écran. Pourquoi n'ont-ils rien pu faire pour sauver Scott ? J'amorce le geste en serrant les dents, lorsque j'entends ma mère qui s'inquiète :

– Stan, tu n'as rien, dis ? Pourquoi es-tu si long ? Il y a une panne de transmission ?

– Non, maman, tout va bien.

Avant de m'attabler pour le petit déjeuner, je sélectionne ce dont j'ai besoin dans le frigo et le placard. Mon regard se pose sur le mug préféré de mon frère, acheté dix ans plus tôt lors d'un séjour à Disneyland. Au moment d'en saisir un autre, ma main hésite. Je ne veux pas ne serait-ce qu'effleurer celui de Scott. Maintenant, ses affaires paraissent sacrées. J'aspire une grande bouffée d'air et ferme les yeux quelques secondes avant d'achever mon mouvement. Un bruit de vaisselle qui se fracasse sur le sol me fait sursauter. Le mug Mickey de mon frère est en morceaux. Je me laisse tomber sur ma chaise. Soudain, mon visage est inondé de larmes. Ma mère m'entoure bientôt de ses bras en me chuchotant que ce n'est pas grave. Rien ne peut arrêter le flot.

Mon père me dépose devant le portail du collège quelques minutes avant la sonnerie. Je rentre ainsi dans les derniers en classe, au milieu des élèves pressés qui remarquent à peine ma présence. Sol m'a gardé une place près de lui. Il me chuchote :

– Alors, ton frère, ça va mieux ?

Je marque un temps avant de répondre :

– Scott… Scott est mort.

Ces trois mots résonnent dans ma tête. C'est la première fois que je les prononce. « Scott est mort. » Il me regarde longuement. Je crois qu'il n'arrive pas à y croire.

Vers la fin des deux heures de cours, il me glisse à l'oreille :

– Je suis là pour toi, tout seul, si tu veux.

– OK. On évite la cantine.

C'est l'heure de sortir. Je prends mon temps pour ranger mes affaires. Les autres se pressent pour avoir les meilleures places dans le réfectoire. La salle se vide très vite. Sol va parler à Lise. Nous sortons quand les couloirs sont quasiment déserts.

– On va où ? demande Sol.

– Où tu veux, mais loin du bahut.

– Le self de la place Rouge ?

– Ça me va.

Le restaurant est quasi désert. Nous nous attablons devant des steaks au soja et de la purée de pommes de terre. Je mange très lentement parce que j'ai du mal à déglutir. Je mâche longtemps et avale beaucoup d'eau. Je renonce assez vite à continuer. Je raconte à Sol ma fin d'après-midi et ma soirée. Il m'écoute sans m'interrompre en gardant un visage grave. Je repère Félix et l'un de ses copains qui pénètrent dans le restaurant. Visiblement, ils me cherchaient car ils se dirigent directement vers nous. Félix s'assoit près de moi et l'autre près de Sol. Il pose son bras autour de mon cou.

– On est désolés pour ton frère, petit, commence Félix. On ne l'oubliera jamais. Qu'est-ce qu'ils vous ont dit, les flics, pour expliquer sa mort ?

– Que c'était un accident.

– On l'aurait pas un peu poussé, des fois ? demande le gars assis en face.

– Ils n'ont pas trouvé de trace de violence sur son corps.

– Est-ce que tu sais s'ils ont analysé son implant ? Je me demande si quelqu'un n'aurait pas pu agir sur son rythme cardiaque.

– C'est possible de faire ça ? je demande.

– Il paraît, déclare Félix.

– Pourquoi êtes-vous si sûrs que ce n'est pas un accident ?

– Parce que ton frère fréquentait des voyous rencontrés en prison, reprend Félix. Des vrais méchants. J'en sais quelque chose parce que j'ai eu affaire à eux juste après sa sortie. Je ne juge pas Scott. Je sais qu'en détention tu dois te trouver des protecteurs pour survivre et qu'ensuite ça te crée des obligations.

Après un court silence, je reprends :

– Et vous les connaissiez, ses nouveaux amis ?

– Non, les mecs avec qui il traînait ne fréquentaient pas le lycée. Si tu veux un conseil, ne t'approche pas d'eux. Stan, on doit beaucoup à ton frère. Alors, si tu as besoin de nous un jour, tu sais où nous trouver.

L'autre gars hoche la tête pour confirmer :

– N'importe quoi, tu peux nous demander n'importe quoi.

Quand je rentre chez moi, dans l'après-midi, je découvre mes parents attablés dans la cuisine avec deux inconnus. Même s'ils sont habillés en civil, je ne mets pas longtemps à comprendre qu'il s'agit de policiers. J'accroche mon manteau et abandonne mon sac sur le sol. Mon père m'invite à les rejoindre en se forçant à sourire.

– Ces messieurs veulent te parler. Tu es d'accord, bien sûr ?

Ce n'est pas vraiment une question.

– Qu'est-ce que j'ai fait ?

– Rien, déclare le plus vieux des deux, d'une voix très douce. Nous sommes là pour éclaircir quelques points sur les activités de ton frère.

– Vous ouvrez une enquête, vous ne croyez plus à la thèse de l'accident, c'est ça ? C'est vrai que sa lettre était bizarre. Comme l'a dit papa à votre collègue, il nous l'a laissée parce qu'il craignait pour sa vie.

– Je t'arrête tout de suite, Stan. Les circonstances de la mort de ton frère ne sont pas remises en cause. Mais nous avons des points à éclaircir sur ses activités de ces derniers mois. Je vais te montrer des photos et tu vas simplement me dire si tu as déjà vu ces individus avec Scott.

– Mon frère ne recevait jamais personne. Je ne vais pas vous être utile.

– Ça vaut quand même la peine d'essayer, insiste-t-il en me présentant sa tablette.

Je découvre le visage de plusieurs hommes plutôt jeunes et d'une femme d'une quarantaine d'années. Je tourne la tête pour confirmer mon ignorance. Je prends néanmoins le temps de mémoriser leurs traits, au cas où nos chemins se croiseraient. Eux en savent sans doute davantage sur la mort de mon frère. Le policier me fixe.

– Tu en reconnais ?

– Non, dis-je.

– Pourtant, je t'ai vu hésiter, non ?

– Non.

Je comprends qu'il a mal interprété mon intérêt pour ses portraits.

– Nous allons vous laisser maintenant. Excusez-nous pour le dérangement. Et encore une fois, nous vous présentons toutes nos condoléances.

Je saisis un échange de regard entre les deux hommes. Le plus vieux ajoute :

– Stan, nous aurions besoin de ton portable.

– Pour quoi faire ?

– Quelques vérifications. Tu n'as rien à nous cacher, j'imagine.

– Euh... non... mais...

– Alors, merci, conclut-il en me tendant la main.

Je sors mon portable et le lui tend. Dommage, je voulais appeler Lottie.

SAMEDI 15 AVRIL

Hier soir, je me suis écroulé comme une masse vers vingt-trois heures pour un sommeil long et sans rêves. Pourtant, ce matin, je me sens fatigué.

C'est aujourd'hui qu'on enterre mon frère. Je voudrais que ce jour soit déjà derrière moi. En prenant mon petit déjeuner, j'observe mes parents qui s'activent fiévreusement. Leur attitude trahit davantage le stress que le chagrin.

– Il faut que tout soit parfait, ne cesse de répéter ma mère, nous le devons à Scott.

Je ne comprends pas cette agitation qui ne sert à rien. Ma mère égrène maintenant devant mon père les noms de ceux qui ont répondu à leur faire-part électronique. Je n'en connais pas la moitié. Elle s'attend à ce que la petite église soit pleine. Pourquoi tous ces gens viendraient-ils ? La grande majorité d'entre eux n'ont jamais croisé Scott au cours de sa vie.

Quand je retourne dans ma chambre, mon lit a été fait et ma mère a déposé dessus un costume noir neuf et une chemise bleu ciel que portait souvent mon frère. Je commence à m'habiller mais refuse de toucher au vêtement de Scott. Je le remplace par ma vieille chemise blanche qui serre un peu au niveau du cou. On sonne à la porte. C'est mon oncle qui débarque avec sa femme et leurs trois enfants, bientôt suivis par mes grands-parents maternels. Quand je descends l'escalier, je croise le regard déçu de ma mère.

– Pourquoi tu ne veux pas la mettre ? demande-t-elle d'une voix blanche.

– Je ne sais pas, maman. Je... je ne peux pas.

Comme prévu par mes parents, l'église est quasiment remplie quelques minutes avant le début du service. Je repère les anciens copains de Scott qui occupent plusieurs rangées. Certains ont posé la main sur l'épaule de leur voisin pour le soutenir ou au contraire pour trouver un appui. Il y a Sol avec ses parents, assis tout au fond, qui tente discrètement de me faire un signe, juste pour me dire qu'il est bien là. Pour une fois, sa façon de s'habiller ne semble pas décalée. Lottie et sa sœur sont là aussi. La cérémonie commence. Le prêtre s'adresse à l'assistance d'une voix posée. Il tente de brosser le portrait de Scott mais n'aligne que des généralités sur l'adolescence. Il n'a aucune idée de qui il s'agissait. Je décroche très vite et ferme les yeux. J'essaye de visualiser mon frère. Son sourire ironique, ses petits rictus complices quand les parents nous faisaient des reproches sur nos notes au bahut ou nos fréquentations. Des larmes coulent doucement sur mes joues alors que le curé élève le ton en parlant de la « mort qui est espérance ». Mais qu'est-ce qu'il raconte ? Qu'il se taise, celui-là ! Qu'il se taise !

Le cercueil est porté hors de l'église par quatre personnes aux costumes noirs usés. Leurs visages sont étrangement inexpressifs. On comprend qu'ils ont l'habitude et que le chagrin des autres ne les atteint plus.

Au cimetière, il y a un peu moins de monde. Le curé parle encore, mais heureusement moins longtemps. Je suis planté entre mes parents. Les gens me serrent la main ou me plaquent contre eux en me pressant le haut du dos. Les femmes effleurent mes joues avec leurs lèvres collantes. Je croise quelques regards, dont celui de Sol, au bord des larmes, et celui d'une enseignante de l'école primaire que nous n'aimions pas.

DIMANCHE 16 AVRIL

J'ai rêvé de Scott cette nuit. Nous marchions tous les deux dans une forêt sans chemins. Le sol spongieux et les branches basses des arbres freinaient notre allure. Nous percevions au loin des cris de bêtes. À mesure que la menace se rapprochait, mon frère ralentissait. Je lui criais de courir et de me rattraper, mais il ne parvenait pas à s'extraire de la boue qui l'aspirait. Je me suis réveillé en larmes, avec des courbatures dans les jambes. J'ai veillé longtemps, résistant au sommeil qui semblait me ramener dans cette forêt de l'horreur.

Ce matin, ma mère s'est lancée dans le rangement de la chambre de Scott. Elle fait des tas avec les vêtements et les objets. Je pressens qu'elle va me proposer de récupérer des affaires de mon frère. Je n'en ai aucune envie. L'idée même me rend malade. Mais je me demande si, dans un premier temps, je ne pourrais pas faire l'effort d'en accepter quelques-unes, juste pour lui faire plaisir et surtout pour qu'elle me laisse tranquille.

Je sors de ma tanière au moment du repas, que j'expédie en moins de dix minutes. J'essaye de faire mes devoirs mais je n'avance pas vite. J'ai peu manqué de cours, pourtant les exercices de maths me semblent incompréhensibles. Sol passe me voir dans l'après-midi.

Après le repas du soir, comme je l'avais prévu, ma mère me demande de faire un tour dans la chambre de Scott et d'y choisir tout ce que je veux. Elle m'explique qu'elle appellera pendant la semaine une association caritative qui récupérera le reste. Je décide de me débarrasser tout de suite de cette épreuve. Quand je pénètre dans sa chambre, la sensation est pire que ce que j'avais imaginé. Le simple fait de pénétrer dans l'antre de mon frère me provoque comme une fièvre. Son odeur est toujours là. Celle de produits ménagers, que ma mère a utilisés depuis, ne parvient pas à la masquer. Mon dos est parcouru de frissons, et des bourdonnements résonnent dans mon crâne. Je m'efforce de respirer profondément pour calmer mon corps qui m'échappe. Après de longues minutes de tétanie, je saisis la casquette de base-ball pendue au-dessus du lit et la vieille montre de Scott léguée par notre arrière-arrière-grand-père. Je ressors aussitôt. Mes parents qui me guettaient depuis le salon m'interpellent d'une même voix :

– Stan !

Je m'approche et leur montre ce que j'ai pris.

– Tu ne veux rien d'autre, tu es sûr ? insiste ma mère.

– Peut-être son ordi et son casque. Ils sont plus récents

et performants que les miens. Ils n'étaient pas sur son bureau.

–Normal, dit mon père. Quand les policiers sont passés, ils les ont embarqués. Il faudra que tu attendes quelques semaines pour qu'on les récupère. Enfin, si on les récupère.

– Pourquoi ont-ils fait ça ?

– C'est la procédure, déclare-t-il, pour ceux qui ont fait de la prison.

J'appelle Sol dans la soirée parce que je n'arrive pas à me sortir de la tête l'hypothèse évoquée par Félix pour expliquer la mort de mon frère.

– Est-ce qu'il est possible d'accélérer les battements du cœur de quelqu'un au point de lui occasionner une crise cardiaque, comme le disait le copain de mon frère mercredi ?

– Cette question m'a aussi perturbé, figure-toi, et j'ai interrogé quelqu'un qui connaît bien le sujet.

– C'est qui ?

– Je ne peux rien te dire. Tu vas comprendre pourquoi ensuite. D'après lui, c'est un pur fantasme colporté par des rumeurs sur le Net.

– Pourtant, chez LongLife, ils peuvent réguler les battements du cœur des gens malades, donc ils agissent bien dessus.

–Oui. Mais d'abord, techniquement, ils n'ont pas la possibilité d'arrêter totalement un cœur, car les commandes ne le permettent pas. Ensuite, les techniciens qui gèrent les implants à distance sont sélectionnés pour leurs capacités, bien sûr, mais plus encore pour leurs qualités morales. Jamais l'un d'entre eux ne jouerait avec la santé ou la vie d'un patient. Ils sont également contrôlés en permanence. Ils sont filmés, et toutes leurs procédures sont systématiquement enregistrées. En cas de plainte émanant d'usagers ou de proches d'usagers, tout peut être vérifié. Si une faute est découverte, ils sont licenciés, et des poursuites judiciaires sont engagées. Enfin, pour qu'ils ne subissent pas de pression de l'extérieur, ils sont tenus au secret sur la nature de leurs activités. Personne ne sait qu'ils travaillent dans ce service ultra-sensible, parfois même pas leurs proches. Ils sont comme des agents secrets en mission.

– Mais si des hackers arrivaient à prendre le contrôle ?

– Le système LongLife est parfaitement inviolable.

– Mais le Grupp a déjà réussi à modifier les périmètres d'évolution, il me semble.

– Ils agissent sur les relais mais ne pénètrent jamais au cœur du système. Je te demande de ne partager ces infos avec personne, même pas Lottie. Stan, tu comprendras que c'est important pour celui qui m'a renseigné. Il ne faut surtout pas qu'on puisse remonter jusqu'à lui.

– Je te le jure. Merci, Sol, et bonne nuit.

Je suis content d'avoir ces renseignements mais je m'interroge au sujet de ce mystérieux informateur. Pourquoi s'est-il confié à mon ami si son métier est si secret ? Il se peut qu'il s'agisse d'un de ses très proches, son père ou sa mère, dont je ne connais pas les professions.

MARDI 18 AVRIL

Hier, en rentrant à la maison, j'ai eu une attitude bizarre : j'ai lancé un « Ohé, y a quelqu'un ? » avant de m'engueuler intérieurement : « Qui voudrais-tu qui soit là ? Ton frère ressuscité ? Imbécile ! » Si j'ai eu ce comportement irrationnel, c'est aussi parce que l'alarme n'était pas branchée. Cela arrive au moins deux fois par mois à l'un d'entre nous. Avec ce que nous traversons en ce moment, on peut comprendre qu'on ait l'esprit ailleurs. Je me suis mis au boulot sans plus attendre. Après quelques minutes, j'ai entendu des bruits qui provenaient du sous-sol. Je me suis dit que, finalement, mon père avait dû rentrer plus tôt. J'ai espéré qu'il ne s'était pas disputé avec un de ses chefs comme la dernière fois. Cela lui avait coûté son boulot. J'ai allumé la lumière et descendu rapidement les marches de béton. J'ai gagné le garage où mon père a aménagé un coin pour bricoler, avec un établi et quelques outils pendus au mur. Il n'était pas là. J'étais sur mes gardes quand j'ai entendu miauler derrière moi. C'était le chat des voisins qui avait encore réussi à s'introduire chez nous, sans doute par l'ancienne chatière. Je pensais pourtant qu'on l'avait bouchée. Il m'a jeté un regard suppliant et s'est approché de moi timidement. J'ai actionné la poignée de la porte du garage qui était mal fermée. L'animal s'est faufilé entre mes jambes pour déguerpir dans le jardin. J'ai hésité à parler du problème à mes parents. Ma mère est déjà tellement à cran. Et surtout, j'avais peur que cela ne les inquiète inutilement.

Cette nuit, j'ai été réveillé par des chuchotements qui venaient de la chambre de Scott. Dans un demi-sommeil, je me suis d'abord persuadé que mon frère était là, qu'il était revenu. Puis, un peu plus tard, alors que je n'entendais plus rien et que j'étais complètement sorti du sommeil, j'ai été gagné par la peur. Qui pouvait être dans sa chambre en pleine nuit ? Un cambrioleur ? Peut-être celui qui avait ouvert la porte du garage plus tôt dans la journée ? Alors, contrairement à ce que j'avais voulu croire, quelqu'un s'était bien introduit chez nous ? Je me suis tout de même décidé à bouger après quelques minutes. J'ai allumé la lumière de ma chambre puis celle du couloir. J'allais faire de même en pénétrant chez Scott quand j'ai reconnu, recroquevillée sur le lit, ma mère qui dormait.

D'habitude, ma mère me réveille avant de partir à son boulot, s'assure seulement que je suis bien levé avant de quitter la maison. Nous n'échangeons jamais plus de quelques mots convenus comme « Bonjour » ou « Bonne journée », parfois un « Ça va ? ». Ce matin, elle me parle longuement. Je mets quelques secondes à comprendre où elle veut en venir. Elle est contente que je me sois décidé à conserver d'autres souvenirs de Scott, mais elle a été un peu chagrinée de voir que j'avais fouillé dans les tiroirs sans replier proprement le linge.

– C'est vrai qu'on va tout donner, déclare-t-elle, mais quand même ! Je ne veux pas que les gens de l'association croient que je ne les respecte pas en leur donnant des vêtements mal repassés.

Je m'apprête à lui dire que je ne comprends pas de quoi elle parle et que je ne suis pas retourné dans la chambre de Scott depuis le week-end, quand elle enchaîne sur un ton radouci :

– Ce n'est pas grave, Stan. Excuse-moi de t'en avoir parlé. Au fond, tu sais que ça me fait plaisir que tu veuilles garder des souvenirs de Scott. Allez, je te laisse. Oublie ça et passe une bonne journée.

Sur le chemin du collège, je ne peux m'empêcher de repenser aux propos de ma mère. J'aurais tendance à mettre sa réaction sur le compte de son stress et de son chagrin. Elle perd peut-être un peu la boule et ne se souvient plus trop de ce qu'elle a fait. Je raconte à Sol cet épisode et celui de la veille. Il m'écoute attentivement puis déclare :

– Tu as tendance à interpréter la réalité pour qu'elle ne te dérange pas trop. C'est une façon de ne pas l'affronter.

– Qu'est-ce que tu veux dire ?

– Tu préfères penser que ta mère délire, plutôt que de reconnaître qu'il y avait probablement quelqu'un chez toi au moment où tu es rentré et que cette personne était venue chercher quelque chose dans la chambre de ton frère. Ça t'arrange parce que, comme ça, tu n'auras pas peur en rentrant ce soir, alors que tu devrais peut-être.

– Tu veux me faire flipper, c'est ça ?

– Non, juste te faire réfléchir.

– Tu plaisantes, ou quoi ?

– Non, dit-il en me fixant dans les yeux.

À cet instant, je perçois qu'il est vraiment sérieux. Je ne sais plus quoi dire et me contente d'une grimace qui trahit mon embarras. Il ajoute sur le même ton :

– Si tu veux, ce soir, je te raccompagnerai. Et s'il y a quelqu'un qui menace ta sécurité, je lui lancerai le cri qui tue en même temps que mon pied en pleine figure. Je ne te fais pas de démonstration maintenant parce que je tiens à garder secrète cette autre face de ma personnalité. Oui, mon cher Stan, je suis aussi un dieu des arts martiaux.

Cette dernière phrase me fait sourire. Je retrouve le Sol que je connais.

Lottie m'attend à la sortie du cours juste avant la cantine. Je suis très content de la voir car je dois reconnaître qu'elle m'a manqué ces derniers jours.

– Stan, commence-t-elle, hésitante, je pense très fort à toi depuis que... j'ai appris pour Scott. Jeudi et vendredi, j'étais malade et je ne suis pas venue au collège. J'ai essayé de t'appeler plusieurs fois sur ton portable mais tu...

– Les flics me l'ont pris jeudi soir. Ils en ont besoin pour leur enquête, paraît-il. Si tu n'as pas peur d'affronter mon chagrin, tu peux venir après les cours à la maison.

– Ce soir, c'est impossible, mais demain on pourrait passer l'après-midi ensemble, si tu veux.

– Oui, j'aimerais beaucoup. Appelle-moi dans la soirée.

Elle me tend ses bras et nous restons enlacés quelques secondes. Heureusement qu'elle existe.

En quittant le collège, Sol me propose à nouveau de m'accompagner jusque chez moi pour voir si tout va bien. Même si je ne crois pas que ce soit nécessaire, j'accepte volontiers.

Quand nous arrivons sur place, il improvise un sketch où il joue un agent de sécurité zélé, vérifiant chaque pièce de la maison en braquant une arme imaginaire et en criant des ordres à des équipiers tout aussi invisibles. Il visite même le sous-sol et observe la porte du garage.

– Bizarre, bizarre, elle n'a pas été forcée. Qu'en pensez-vous, mon cher Watson ? Bon, OK, OK, j'arrête mon délire. Cher ami, sers-moi un truc fort, que je me remette de mes émotions. Un double whisky sans glace par exemple ou… du jus d'orange bien frais.

MERCREDI 19 AVRIL

La matinée se déroule selon la routine habituelle, sans rien de particulier si ce n'est la venue de deux policiers en uniforme durant la pause. Des petits de sixième ont été dénoncés pour une bagarre la veille au soir dans une rue proche du collège, non équipée de caméras de surveillance. La vérification de leurs enregistrements cardiaques a dû corroborer la version des témoins. Ils vont sans doute subir un rappel à l'ordre qui leur fera passer l'envie de recommencer. C'est à ce prix-là qu'on ne connaît plus d'agressions ou de faits de racket comme il pouvait en exister au début du vingt et unième siècle. C'est ce qui rend les rues si tranquilles.

Vers quinze heures, je retrouve Lottie près des terrains de sport de l'est, à l'endroit où nous avions regardé de loin sa sœur jouer au frisbee avant notre expédition à la cimenterie. Le seul fait d'être avec Lottie me fait du bien. Elle parle beaucoup, s'en aperçoit, s'en excuse, reste silencieuse un moment mais, comme je continue à me taire, elle recommence. Elle évoque encore et toujours Maroussia avec laquelle elle ne s'est pas réconciliée. Elle en souffre mais a décidé de ne pas le lui montrer.

– Finalement, déclare-t-elle, je pense que ça aurait été plus simple si j'avais eu un frère, un frère comme toi. Je n'aurais pas essayé de lui ressembler à tout prix. Enfin, j'imagine qu'il y a aussi des frères très chiants ou distants, ou d'autres qui veulent te contrôler parce que tu es leur sœur. Toi, qu'est-ce que tu en penses ?

– Pardon ?

– Tu ne m'écoutes pas ! Je te saoule, c'est ça ? demande-t-elle en souriant.

– Pas du tout... Je t'aime beaucoup et ça m'aurait plu de t'avoir comme sœur. Sincèrement.

Elle me fait face et me gratifie d'un sourire radieux.

Je ramène mon amie chez elle vers dix-sept heures. Un gars portant un bonnet noir et cachant ses yeux sous des lunettes de soleil circule à la même vitesse que nous sur le trottoir d'en face. Il a jeté plusieurs fois un regard dans notre direction. Je n'ose pas trop l'observer. Est-ce qu'il nous suivrait ? Lottie et moi nous embrassons sur les joues en nous promettant de nous revoir demain. Je rebrousse chemin. Le gars aux lunettes a disparu de mon champ de vision. Je me suis fait des idées. Je marche le plus vite possible, pas parce que je suis pressé de rentrer chez moi, mais parce que, en me concentrant sur mes pas, je pense moins à mon frère qui ne sera plus jamais là pour m'accueillir, même avec une vanne un peu cinglante. En arrivant dans ma rue, je repère le gars aux lunettes, adossé contre un mur à une cinquantaine de mètres. Je vais passer tout près de lui. Il a relevé la tête et me fixe. Même si je ne peux distinguer ses yeux, je pressens qu'il va m'adresser la parole. Il a dû attendre que je sois seul pour le faire.

– Salut, Stan !

Je m'arrête et lui fais face. Il retire ses lunettes et essaye de sourire, mais son regard n'est pas bienveillant. Je suis pratiquement sûr de reconnaître un des gars que m'ont montrés les policiers il y a quelques jours. Il reprend sur un ton particulièrement bas, ce qui m'oblige à m'approcher très près pour l'entendre :

– Je m'appelle Nestor. Je suis un copain de ton frère. On s'est connus en prison.

– Tu veux quoi ? je lui demande, en essayant de cacher à quel point il m'impressionne.

– Rien. Voir un peu à quoi tu ressembles.

– OK, alors, c'est bon comme ça ? je demande en m'apprêtant à repartir.

– Attends, un truc, d'abord, ordonne-t-il en agrippant la manche de mon blouson. Tu l'as vu après sa mort ?

– De quoi tu parles ?

– Le cadavre de Scott, tu l'as vu ?

C'est quoi son problème, à ce con ? Et que me veut-il ? Me replonger dans le cauchemar ? Je me contrôle pour ne pas l'insulter ou le frapper. Il reprend, plus pressant :

– Tes parents et toi, ils vous ont convoqués pour reconnaître le corps ?

– Bah oui ! Laisse-moi maintenant, dis-je, à bout.

Il me barre le passage et élève la voix :

– Je te demande si tu es absolument sûr que c'était lui… et… s'il était vraiment mort.

Cette discussion m'est insupportable. Je sens monter en moi une sorte de nausée. J'essaye de forcer le passage, mais il me retient toujours par la manche.

– T'es sûr ? T'es vraiment sûr ? répète-t-il.

– Oui ! je hurle presque. Lâche-moi !

– OK. Si tu croises les flics, tu dis pas que tu m'as vu, sinon j'te crève, toi, tes parents et ta petite copine ! Compris ?

– Compris.

Il me lâche enfin et j'en profite pour m'éloigner en pressant le pas. Comment mon frère a-t-il pu supporter des brutes pareilles ? Et ce gars ose dire qu'il était un de ses amis ! Je comprends mieux pourquoi Scott ne voulait rien me raconter.

Au moment où j'introduis la clef dans la serrure, j'entends une portière de voiture s'ouvrir.

– Stan, ça va ? m'interpelle une voix grave.

Je me retourne pour faire face à deux hommes qui ressemblent à des policiers. Avant que je ne demande qui ils sont, l'un des deux sort sa plaque. Ils s'approchent.

– Ça va, Stan ? répète le gars plus doucement.

– Oui, pourquoi ?

– On t'a vu presque courir. Et on vient de nous transmettre un rapport d'alarme faisant état d'une montée de stress remontant à quatre minutes. Alors, on s'inquiète.

– Tout va bien, dis-je en me forçant à sourire. C'est juste

un… chien qui m'a fait sursauter quand je passais. S'il n'y avait pas eu la barrière, je crois qu'il m'aurait mordu.

L'homme me fixe pendant plusieurs secondes avant de lancer :

– Comme tu veux, Stan, comme tu veux.

À la grimace qu'il adresse à son collègue, je comprends que je ne l'ai pas convaincu. Peut-être aurais-je dû lui parler. Je n'ai pas pu parce que je voyais le visage de Lottie et ceux de mes parents, et que je ne voulais pas qu'on leur fasse du mal. En tout cas, une chose est certaine, les flics contrôlent en permanence mon implant et connaissent tout de mes émotions et de mes déplacements.

À table, je reste muet. Mes parents se forcent à échanger quelques banalités parce que le silence les angoisse. Je suis encore sous le choc de ma rencontre avec Nestor, le codétenu de Scott. Rien que d'y penser, j'en ai la chair de poule. J'essaye de faire le vide, puis de penser à des gens qui me font du bien, à mon copain Sol, à Lottie aussi. Je suis heureux qu'elle soit là. Soudain, mon père se tourne vers moi :

– Qu'est-ce que tu as ce soir, Stan ?

– Moi ? Rien.

– Tu as l'air ailleurs. S'il y a quelque chose qui te tracasse, n'hésite pas à nous en parler. Tu ne dois rien faire qui puisse nous…

– Non, il n'y a rien ! dis-je, agacé.

– Sinon, tu nous raconterais ? insiste ma mère. On doit se faire confiance, on est une famille.

– Bien sûr, maman.

JEUDI 20 AVRIL

La nuit a été calme. Si j'ai rêvé de mon frère, je n'en garde aucun souvenir. Je ferme les yeux pour le visualiser durant quelques secondes. Je nous revois plus jeunes, jouant au badminton dans le jardin. Il s'amusait à me faire courir d'avant en arrière et de droite à gauche jusqu'à l'épuisement. Il aimait montrer qu'il était le grand frère et qu'il serait toujours plus fort que moi. Je ne lui en voulais pas. C'était sa place.

Pendant le cours, je pense à Lottie, ma « petite sœur », que j'attendrai ce soir à la sortie. Je ne peux m'empêcher d'être troublé par le tour que prend notre relation. Est-ce que je ne suis pas déjà en train de remplacer Scott, mon « ancien frère », par une presque inconnue ? Cette idée me rend malheureux et honteux. Sol a senti mon changement d'attitude car il me glisse tout bas :

– Ça ne va pas, Stan ?

– C'est rien, ça va passer.

Je cache mon visage dans mes mains et essaye de me reprendre. Le prof intervient :

– Stan, vous pouvez sortir si ça ne va pas. Ne vous gênez pas. Je connais votre situation.

Je me lève et gagne le couloir. En arrivant près des toilettes, j'entends le pas rapide d'un retardataire. Je me plaque contre le mur pour ne pas croiser son regard. Il est passé. Je marche le long des couloirs pendant une dizaine de minutes en me parlant à voix basse. Mon frère sera toujours dans mon cœur et jamais personne ne pourra le remplacer. Mais je peux accepter le réconfort de Lottie sans me sentir coupable. Quand je rejoins la classe, je crois que je me sens un peu mieux.

À la sortie, mon amie m'invite à venir goûter chez elle. Sa sœur est déjà installée dans la cuisine avec ses deux copines que j'ai aperçues à la piscine, il y a plus d'un mois. Mon amie entre la première. Les autres se taisent instantanément. Je m'approche et leur souris timidement tandis que Lottie garnit un plateau avec deux verres de jus d'orange et un paquet de gâteaux au chocolat.

– Tu es Stan, le frère de Scott ? demande Maroussia d'une voix étonnamment douce.

Je hoche la tête pour confirmer.

– Nous aimions beaucoup ton frère, déclare-t-elle, soudain très émue. Nous... nous l'aimons toujours. C'est bien que tu sois ami avec ma sœur.

Ses copines se penchent sur elle pour l'entourer de leurs bras. Nous en profitons pour nous échapper.

Quand j'arrive à la maison, mon père me tend un paquet.

– C'est sans doute ton portable, précise-t-il. Mais toujours pas de nouvelles du matériel de Scott.

Je déchire l'emballage et y trouve bien mon appareil avec une lettre très courte.

Évaluation du portable 12-233-0036

L'exploration des mémoires de la carte et du téléphone n'a pas détecté de propos tombant sous le coup des lois sur la sécurité. Les autorités de police vous remercient pour votre confiance et votre collaboration volontaire, et s'excusent pour la gêne occasionnée.

Mon père la lit rapidement. Un sourire discret se dessine sur ses lèvres.

– Voilà une affaire réglée. Stan, continue à rester dans le droit chemin et il ne t'arrivera rien de fâcheux.

Ce soir, mes parents ont allumé le grand écran du salon pendant que nous mangeons, sans doute pour tenter de meubler le silence. Mes yeux se posent par instants sur les images, mais je serais incapable de dire de quoi parle l'émission diffusée. Soudain, le son est plus fort, c'est le *Moment LongLife*. Mes parents arrêtent de manger.

– Liona a fait une bêtise ce matin, commence une dame d'un air sérieux. N'est-ce pas, Liona ? (La caméra fait un gros plan sur le visage fermé d'une petite fille de cinq ou six ans.) Qu'est-ce que tu as fait ?

– J'ai sauté dans la piscine, raconte-t-elle. Maman m'avait dit non parce qu'elle ne pouvait pas me surveiller. Elle avait trop de travail. Et, après, j'avais trop d'eau

dans ma bouche et dans mon ventre. Ça me faisait mal là (elle montre sa poitrine) et dans mon nez. Je pouvais plus respirer et je me noyais et...

–Et ensuite, la coupe l'adulte, l'alarme LongLife a résonné dans la maison pour prévenir Maman qui a sauté dans l'eau pour te sauver. Et les secours sont arrivés très, très vite pour vérifier que tu allais bien. Alors, Liona, tu promets de ne plus désobéir à Maman ?

–Oui, c'est promis, assure la petite fille.

–Et que dis-tu à LongLife ?

–Merci LongLife !

Je scrute les réactions de mes parents. Mon père s'est pincé les lèvres, grimace qu'il fait quand il ne veut pas montrer qu'il est contrarié. Ma mère essuie une larme sur sa joue. Mon père éteint l'écran. Après plusieurs minutes, il annonce :

–Tu sais, chérie, que Stan a récupéré son portable ! Il était parfaitement clean, mais ça, on le savait.

Ma mère hoche la tête en signe d'approbation mais ne trouve rien à ajouter. Nous terminons vite le repas, sans plus échanger la moindre parole.

J'entends frapper à la porte de ma chambre. C'est ma mère qui passe juste pour m'embrasser. Je suis un peu surpris mais je la laisse faire. Elle n'a pas eu cette attention depuis mes premières années au primaire. Je sens qu'elle aimerait me parler mais ne sait pas comment s'y prendre. J'en profite pour lui poser une question qui me taraude depuis quelques jours :

– Vous avez parlé de quoi avec les flics l'autre jour, avant que j'arrive ?

– De ton frère, de ses fréquentations, comme avec toi après. On n'a rien pu leur dire. Moi, je leur ai parlé d'Alma que je n'ai jamais trouvée très claire. Je voudrais qu'ils enquêtent sur elle, qu'ils recherchent si cette fille n'était pas en lien avec des criminels que ton frère fréquentait en prison.

– Tu ne trouves pas bizarre que, pour une mort accidentelle, ils aient pris tout son matériel informatique et même mon portable ?

– Il paraît que c'est normal quand les circonstances de la mort d'un individu ne sont pas habituelles. Et, vu l'âge de ton frère, c'est le cas. En plus, il était surveillé de près depuis la fin de sa détention. Il semblerait qu'il ait été mêlé à des affaires très graves.

– Comme quoi ?

– Un meurtre.

– Il aurait tué quelqu'un ?

– Pas exactement, mais il en aurait été complice.

– Et tu y crois, toi, à ça ? Scott avait changé mais pas au point de devenir un assassin.

– Je ne sais pas, je ne sais plus.

Je la sens au bord des larmes quand elle sort brutalement de ma chambre.

Mon frère, coupable d'un meurtre ? Comment y croire ? Et puis, les infos n'ont fait état d'aucun meurtre récemment. Les autorités mentiraient-elles sur le nombre de crimes commis ? Pourquoi le feraient-elles ?

SAMEDI 22 AVRIL

Je n'ai pas de projet précis pour ce week-end. Avant, cela ne me pesait pas. Je voyais un peu Sol, j'allais courir avec mon père, je faisais mon travail scolaire, et le dimanche soir arrivait vite. Maintenant, c'est différent. Depuis la mort de Scott, la douleur rôde au fond de moi tout le temps. Elle s'impose violemment quand mon cerveau n'est mobilisé sur aucune tâche précise. J'hésite à appeler Lottie. Je ne veux pas avoir l'air de l'accaparer. Il faut aussi qu'elle voie ses copines. Dans l'après-midi, mes parents m'annoncent qu'ils se rendent au cimetière.

– Si tu en as envie, propose ma mère, tu peux venir avec nous.

– D'accord, dis-je sans hésiter.

– C'est bien, déclare-t-elle. C'est bien qu'on y soit tous les trois.

L'endroit a beaucoup évolué en une semaine. Les ouvriers ont fixé la dalle et repositionné par-dessus, à la va-vite, les fleurs offertes pour l'enterrement. La plupart sont très défraîchies. Mes parents les enlèvent délicatement. Moi, je suis chargé de les évacuer jusqu'aux poubelles, distantes d'une centaine de mètres. L'odeur forte de certaines plantes, mélangée à celle de leur décomposition, me porte sur le cœur. J'ai hâte d'avoir fini. Sur place, je trie ce qui se recycle dans trois containers : la terre, le végétal et le reste. J'enlève les feuilles de papier transparent qui entourent les bouquets et retire les rubans composés en hommage à mon frère. Comment jeter le nom de Scott ? Pour l'instant, je les pose sur le côté et me débarrasse des autres tâches. Je sens progressivement la tristesse me gagner. J'aspire beaucoup d'air, comme lorsqu'on sort de l'eau après une longue plongée. Quand je parviens à redresser la tête, j'aperçois Lottie qui pédale dans ma direction à une trentaine de mètres. Elle saute de son vélo et le laisse tomber à ses pieds. Elle m'enlace tendrement en me relevant. Moi, j'ai les mains sales et n'ose pas la toucher. Mon corps est soudain parcouru d'un flux d'énergie qui m'irradie entièrement. C'est comme un miracle. Je m'abandonne. C'est elle qui se dégage soudain un peu brutalement.

– Une dame là-bas semble choquée. Je crois qu'elle nous a pris pour des amoureux un peu bizarres qui ont choisi de s'étreindre au milieu des tombes.

J'ai envie de lui dire qu'on n'en a rien à faire de cette bonne femme, quand je pense à mes parents qui nous observent peut-être de loin. Je jette un œil dans leur direction et ne parviens pas à les repérer. Nous sommes donc hors de leur portée.

– Merci. Je suis tellement content de te voir. J'étais à deux doigts de...

– J'ai vu. Mais laisse tomber les mercis. J'en avais aussi envie.

– Comment m'as-tu trouvé ?

– J'ai essayé de t'appeler, mais ton portable était encore sur messagerie. Tu ne m'avais pas dit que la police te l'avait rendu.

– Si, je l'ai récupéré jeudi. Je l'avais coupé pour la nuit et j'ai oublié de le rallumer. Excuse-moi.

– Alors, j'ai pris mon vélo et je suis allée chez toi. Comme il n'y avait personne, j'ai un peu tourné dans le quartier. J'ai attendu aussi que tu reviennes et enfin j'ai eu l'idée de passer par le cimetière en repartant chez moi. Tu veux que je t'aide, peut-être ?

– Oui, je n'arrive pas à tout jeter...

– Je comprends, je m'en occupe.

– Tu n'avais pas prévu de sortir avec tes copines ?

– Si, mais je me suis dit que c'était mieux d'être avec toi, que tu aurais peut-être besoin de quelqu'un. Je sais que Sol passe tout son temps avec Lise, et que les parents, ce n'est pas l'idéal. Et puis, je ne sais pas toi, mais moi, quand je ne te vois pas une journée, tu me manques.

– Moi aussi, dis-je en rougissant malgré moi.

Tout en discutant, elle évacue discrètement les rubans que je ne voulais pas toucher.

– Tu es venu avec tes parents ?

– Oui, ils m'attendent près de la tombe.

– Je vais te laisser en famille, alors.

– Si tu veux, tu peux passer un peu plus tard à la maison.

– Pourquoi pas ? Dans une heure, chez toi.

Elle repart vers la sortie en pédalant vivement. Je vais rejoindre mes parents.

– Ça va, Stan ? On commençait à se demander ce que tu faisais.

– Rien de spécial, dis-je simplement.

– Tu veux rester un peu ? demande mon père.

– Non, on peut y aller.

Mes parents embrassent le bout de leurs doigts de la main droite qu'ils viennent ensuite poser sur la pierre tombale. Je les imite. Je n'ai pas besoin d'être ici pour penser à mon frère. Scott est tellement présent en moi depuis qu'il n'est plus.

Dans la voiture, mes parents me rapportent qu'ils ont aperçu Félix dans le cimetière. Il les a salués de loin mais ne s'est pas approché de la tombe de Scott.

– J'ai eu l'impression, a commenté ma mère, qu'il attendait que nous soyons partis pour le faire.

– Il a été bien inspiré de ne pas s'approcher, ajoute mon père sèchement. Je ne l'apprécie pas, celui-là. C'est lui qui a entraîné notre fils chez les marginaux et, après, c'est Scott qui a payé pour leurs conneries. Toi, Stan, tu restes bien à l'écart de cet individu !

Devant mon absence de réaction, il insiste :

– Tu le connais ? Tu lui as déjà parlé ? Il est venu te voir ?

– Non, papa, je ne le fréquente pas. Ne t'inquiète pas.

En rentrant à la maison, je me rends directement dans la chambre de mon frère, sans trop savoir ce que je vais y faire. Je veux être là, au milieu de ses affaires. Je voudrais lui demander pourquoi sa vie s'est terminée ainsi. Il ne me répondra jamais et je suis condamné pour toujours à vivre dans l'ignorance. Si je pouvais trouver des informations sur ses activités cachées, des éléments qui me permettraient de comprendre ce qu'il s'est réellement passé depuis son retour de prison, je crois que j'irais mieux. Mais je rêve. Les flics sont déjà passés par là et eux ont l'habitude de ce genre de fouille. En plus, ma mère a refait le ménage derrière. Et puis il y a peut-être eu un mystérieux cambrioleur quelques jours après sa mort. Je ne vois donc pas par quel miracle je pourrais trouver quelque chose.

Je retourne dans ma chambre et m'allonge sur mon lit.

« À quoi pouvais-tu bien penser, mon frère ? Quels étaient tes secrets ? Que nous cachais-tu ? Pourquoi es-tu mort ? »

Je me suis endormi une vingtaine de minutes. Au réveil, mon bras gauche est endolori. Il avait glissé le long du mur et s'était sans doute figé dans une mauvaise position. Je me masse doucement le poignet pour favoriser la circulation sanguine. Pourquoi le lit n'est-il pas plaqué au mur ? Est-ce ma mère qui l'a replacé ainsi en faisant le ménage ? C'est curieux que je ne m'en aperçoive que maintenant. Je replonge ma main à l'aveugle dans le vide. Mes doigts effleurent la moquette à la limite de la plinthe, là où elle n'est pas collée sur une vingtaine de centimètres. Je glisse ma main dessous et sens un papier plié. Je le remonte doucement pour l'observer. C'est un petit texte écrit à la main par Scott.

Je serai toujours là pour toi, mon frère.
Tu ne dois jamais arrêter de croire à l'incroyable.
Scott

J'entends du bruit dans le couloir. Je planque mon papier sous le matelas, au moment où l'on frappe à ma porte.

– C'est moi, lance Lottie.

Je me lève pour lui ouvrir.

– J'ai dit à ta mère, reprend mon amie, que je connaissais le chemin et qu'il ne fallait pas qu'elle se dérange pour m'accompagner. Elle a fait une grimace qui m'a montré qu'elle n'appréciait pas mes manières.

Nous nous asseyons côte à côte sur le lit. Lottie me fixe.

– Qu'est-ce qu'il y a ? Tu as l'air contrarié. C'est à cause de moi avec ta mère ?

– Non. Ce n'est pas ça. Il faut que je te montre ce que je viens de trouver sous mon lit.

Lottie lit plusieurs fois le message avant de commenter :

– Ça, c'est étrange. Tu devrais peut-être en parler à Félix.

– Pourquoi Félix ?

– Il connaissait très bien ton frère. Peut-être que lui, il comprendrait.

– Je vais y réfléchir. J'irai peut-être le voir lundi. Lottie, c'est bien que tu sois venue.

DIMANCHE 23 AVRIL

J'ai dormi plus longtemps que d'habitude. Mon père m'a attendu pour le jogging dominical. Il a bien fait, j'ai besoin de bouger et surtout de m'aérer. Nous courons côte à côte sans nous parler. J'ai repensé toute la soirée au message de mon frère qui soulève tant de questions. Qu'y a-t-il à comprendre à cette formule contradictoire : « croire à l'incroyable » ? Dans quel but a-t-il écrit ce mot ? Quand l'a-t-il placé là ? Était-ce en même temps que l'autre ? Comment pouvait-il savoir que j'irais chercher dans un endroit pareil ? Cette cachette, je l'ai utilisée quand j'étais à l'école élémentaire. Moi, j'y stockais les bonbons dont je me délectais clandestinement la nuit. Ma faute avait été détectée par l'implant LongLife au bout de deux jours. Mes parents avaient alors retourné toute ma chambre pour découvrir ma planque. J'hésite à leur parler de ce message. D'abord parce qu'il m'est destiné et qu'il n'y est pas fait mention d'eux. De plus, je ne vois pas ce qu'il pourrait leur apporter, à part, comme à moi, un peu plus de mystère et de confusion.

À la fin de chacune de nos sorties sportives, mon père me défie sur les deux cents derniers mètres. Je ne me laisse pas surprendre et le rattrape assez vite. Nous échangeons un bref sourire avant que j'accélère et contrôle ma course sur la fin du parcours.

– Bien joué, fils, me lance-t-il en ouvrant la porte. Ça fait du bien de se dépenser !

– Toujours. Dis, j'ai envie d'appeler Sol pour qu'il passe cet après-midi à la maison. On avancera notre travail de la semaine ensemble.

– Bonne idée.

Sol accepte tout de suite mon invitation. Il ne fait aucune allusion à Lise avec laquelle, pourtant, il passe maintenant la plus grande partie de ses week-ends. Mon ami arrive vers quatorze heures. Mes parents lui proposent une part de gâteau.

– Il est fameux, commence-t-il dès la première bouchée. Il a la légèreté d'un nuage, la fraîcheur de l'herbe couverte de rosée et la douceur du velours. Pourtant, et heureusement, aucun de ces trois ingrédients n'entre dans sa composition.

Mes parents lui sourient poliment. Je n'ai pas le sentiment qu'ils goûtent beaucoup l'humour absurde de mon ami. Et moi, qui d'habitude l'apprécie, j'ai l'impression qu'il se force un peu pour paraître jovial. Quand nous sommes seuls, je risque une question :

– Quelque chose ne va pas, Sol ?

– Si... si, ça va. À côté de ce que tu vis, toi, mes problèmes sont un peu ridicules.

– J’aimerais quand même que tu m’en parles. Je suis là pour toi, moi aussi. Et puis tes problèmes me feront oublier provisoirement le reste. Alors, c’est Lise ? Elle t’a dit quelque chose qui...

– Non, Lise ne m’a rien dit. Lise ne sait rien. Mais quand elle saura...

– Quand elle saura quoi ?

– Que j’ai triché !

– De quoi tu parles ?

– OK, OK, je me calme, dit-il en prenant plusieurs grandes inspirations. Hier après-midi, mon père est passé dans ma chambre pour me dire qu’il m’avait aperçu donnant la main à une fille dans le square de la Paix. « C’est elle, Lise ? » m’a-t-il demandé. Je le lui ai confirmé. Il m’a promis de ne pas en parler à ma mère et m’a déclaré qu’il était content pour moi et fier de son fils aussi. C’est ensuite qu’il a lâché une phrase qui a tout fait basculer : « Je parie qu’elle t’est tombée dans les bras à dix heures dix-sept, le jour de ton anniversaire. » J’ai tout de suite été troublé et il l’a senti. Alors il a essayé de se rattraper : « Oui, j’ai dit ça, a-t-il repris, car j’imagine que tu lui as fait ta demande à ce moment précis parce que, depuis que tu es tout petit, tu dis que c’est l’“instant magique de l’année”, le moment où les vœux se réalisent. » Moi, je me répétais ses paroles : « Elle t’est tombée dans les bras. » Connaissant mon père, cela ne pouvait être des mots prononcés par hasard. Il m’a alors fixé et a compris que j’avais compris.

– Compris quoi ?

– Il a volontairement accéléré le rythme des battements du cœur de Lise à cette heure-là pour lui faire croire à un coup de foudre. Il a forcé le destin. Parce qu'il travaille chez LongLife !

Mon copain est bouleversé et doit reprendre son souffle avant de continuer. Soudain, je comprends enfin ce qu'il m'explique. C'est Félix qui nous avait parlé de cette manipulation au moment de la mort de mon frère. Et, ensuite, Sol m'avait dit que seuls les techniciens assermentés de chez LongLife pouvaient effectuer ce genre d'opération. J'avais bien deviné la dernière fois que c'était d'un de ses parents qu'il parlait. Son histoire est quand même incroyable.

– Il ne croyait pas, reprend-il, très ému, que je pouvais réussir sans lui.

– Toi, tu n'y es pour rien, dis-je. Et, de toute façon, qu'est-ce que ça change ? Il voulait seulement t'aider. Ton père a vu dans quel état désespéré tu étais le matin où Lise t'a envoyé cet horrible message. Cela a sans doute ravivé chez lui des blessures de sa propre adolescence. Il s'est senti obligé d'agir. Il a pris pour toi un risque énorme qui pourrait lui coûter la prison si ça se savait. C'est parce qu'il place ton bonheur au-dessus de tout, de sa carrière, de sa liberté. Il l'a fait parce qu'il t'aime.

Mon copain se renferme soudain, il n'a plus envie de parler. Il sort sa tablette. Je l'imite et nous nous concentrons sur nos maths. Vers dix-sept heures, j'entends de l'agitation dans le salon. Ma mère pousse un cri qui nous fait sursauter tous les deux. Je sors de ma chambre et aperçois mes parents dans les bras l'un de l'autre. Mon père me fait signe de descendre d'un geste discret de la tête. Lorsque je suis assez près, il me lance, énervé :

– Dis à ton copain de partir. Il faut que je t'annonce quelque chose.

Sol a décrypté la situation depuis là-haut et descend rapidement avec sa tablette à la main. Il salue mes parents et disparaît dans la rue. Moi, je n'ai pas bougé d'un centimètre. Mon père relève la tête vers moi et déclare :

– Des gens ont descellé la tombe de ton frère cette nuit. Ils ont forcé son cercueil et… et ils ont emporté son corps.

Je suis mes parents durant toute la fin d'après-midi dans leurs démarches. Nous allons d'abord au cimetière pour rencontrer son responsable et voir par nous-mêmes l'étendue des dégâts. L'homme informe mes parents que la police est en train d'effectuer des relevés d'empreintes et des moulages de pas sur les lieux du forfait, et que la zone est donc provisoirement inaccessible. Il s'engage à ce que son équipe remette provisoirement tout en place en attendant le retour du corps. Ma mère garde les yeux fermés, mon père essaye de suivre. Moi, je m'efforce de rester concentré, je veux à tout prix comprendre. L'homme nous explique que le délit a été découvert par une personne venue se recueillir sur une tombe voisine en début d'après-midi et qui s'est étonnée de voir des outils abandonnés à cet endroit. En repartant, elle en a averti le gardien qui, en venant récupérer le matériel, s'est rendu compte que la sépulture avait été forcée. C'est à ce moment-là que la police a été prévenue. À son arrivée, il lui a été remis tous les enregistrements des caméras de surveillance du cimetière. Il est probable que le délit ait été commis la nuit dernière car un ouvrier a travaillé dans cette zone la veille en toute fin d'après-midi et il n'a rien remarqué. Les images permettront de préciser l'heure de l'acte et certainement d'identifier ses auteurs.

Nous nous rendons ensuite au poste de police pour déposer plainte. Nous avons affaire à un officier différent de la fois précédente, plus vieux et habillé de façon négligée. Curieusement, il nous demande d'abord de préciser le lieu où nous étions et la nature de nos activités au moment des faits. Peut-il croire que nous soyons à l'origine de cette action criminelle et répugnante ? Mon père le fait répéter en élevant la voix. Le policier tente de se justifier en déclarant :

– Cette question figure dans le protocole d'interrogatoire et doit être systématiquement posée.

– Peut-être que nous dormions, lâche mon père.

– Pourquoi peut-être ? demande l'autre.

– En ce moment, avec tous nos soucis, le sommeil est difficile à trouver, mais je vous confirme que nous étions tous les trois à la maison.

– Quand êtes-vous allés sur la tombe de votre fils pour la dernière fois ?

– Hier après-midi entre quatorze et quinze heures.

– Vous n'y êtes restés qu'une heure. Pourquoi ?

Ma mère relève la tête et adresse à l'homme une grimace de souffrance. Elle est à deux doigts de craquer.

Moi, j'ai envie d'insulter le policier. Pourquoi tant de bêtise et de maladresse ? A-t-il une idée en tête ?

– Bon, ce n'est pas tellement important, déclare finalement le gars.

Mon père se décide heureusement à prendre l'initiative et demande :

– Alors les enregistrements vous ont permis d'identifier quelqu'un ?

– Pas encore. Il y en a plusieurs à visionner, ça va nous prendre toute la nuit. Mais grâce aux programmes de reconnaissance faciale, on pourra identifier à coup sûr les profanateurs et ensuite les localiser grâce à leur implant. Demain matin, on aura de nouveaux éléments et on vous appellera.

– Pour retrouver le corps de Scott, suggère mon père, ne serait-il pas possible de se servir de son propre implant ? Je crois qu'il continue à émettre plusieurs semaines après la mort.

L'homme ne répond pas tout de suite, il interroge son ordinateur avant de déclarer :

– C'est impossible. Je lis dans le dossier de votre fils qu'il lui a été retiré douze heures après son arrivée à la morgue pour les besoins de l'enquête. Madame et monsieur, je pense que vous devriez rentrer chez vous maintenant, juste après avoir signé la plainte. Il faut aller vous reposer et nous laisser travailler.

– Comment pouvons-nous nous reposer ? murmure ma mère avec colère.

– Prenez donc un L6 en rentrant et, demain, vous serez prêts à affronter une nouvelle journée. Et je vous rappelle que vous ne devez pas ébruiter cette affaire, dans l'intérêt de l'enquête, bien entendu.

Mes parents ont tourné les talons et ne l'écoutent plus. Ce type est un vrai con.

De retour à la maison, nous grignotons dans la cuisine ce qui nous tombe sous la dent. C'est très rapide. Tant mieux, j'ai envie d'être seul. J'essaye d'analyser froidement ce qui nous arrive, comme si je n'avais aucun lien avec cette histoire. Parce que, si je me mets à visualiser mon frère tel que je l'ai vu la dernière fois sur la table métallique de la morgue et que s'ajoutent à cette image des mains étrangères et malveillantes qui le manipulent, je m'évanouis dans la minute ou bien je vomis tripes et boyaux. Qu'est-ce qui peut pousser quelqu'un à ouvrir une tombe? Je me souviens d'histoires de pilleurs de sarcophages dans l'Égypte ancienne, mais ils laissaient les corps et ne prenaient que les objets de valeur qu'on plaçait près du mort pour l'accompagner dans l'au-delà. Au dix-neuvième siècle, des savants faisaient déterrer des cadavres pour récupérer les crânes et les étudier. Des gens pleins de haine ont parfois voulu punir quelqu'un après sa mort en lui refusant le repos éternel. Mon frère ne susciterait jamais autant de violence! Scott était quelqu'un de bien. C'était mon grand frère. Quel intérêt pourraient avoir ces gens-là à commettre un tel crime? Aucun. Il n'y a rien à réfléchir, rien à comprendre.

Il est plus de vingt-trois heures, mais je décide d'appeler Sol pour partager avec lui un peu de ma douleur. Il me répond dans la seconde. Après mon récit, il reste sans voix plusieurs secondes.

– Comment peut-on s'acharner ainsi sur votre famille ? Tu as raison, c'est à peine croyable.

Pour changer de sujet, je lui demande :

– Et tu as reparlé avec ton père ?

– Non. Je ne sais pas d'ailleurs si j'en avais envie. Mais même si j'avais voulu, il n'est pas là. Il est réquisitionné pour une urgence et risque d'y passer une partie de la nuit. Toi, tu devrais prendre un L6 pour être sûr de dormir. Demain ne pourra t'apporter que de meilleures nouvelles.

– Tu as raison. Je ne vois pas ce qui pourrait m'arriver de pire.

LUNDI 24 AVRIL

Grâce au produit de LongLife, j'ai bien dormi, tellement bien que le sommeil a généré une amnésie passagère. Ce n'est que sous la douche que les souvenirs de la journée précédente me reviennent d'un coup. J'en perds presque l'équilibre et m'accroche au porte-savon. Je mets quelques secondes à reprendre la maîtrise de mon corps. Ma VQ matinale me prescrit une nouvelle dose d'anxiolytique pour la journée. Je l'avale sans états d'âme. Je ne crois pas être capable de tenir la journée sans.

Je croise mes parents dans la cuisine. Ils vont mieux. Comme ils se sont levés avant moi, le médicament a commencé à agir sur eux. Je demande après les avoir salués :

– Vous avez eu des nouvelles de la police ?

– Ils ont repéré des gens sur les caméras de surveillance, explique ma mère, mais il n'a pas été possible de les identifier car la géolocalisation de leur implant n'a rien donné !

– Comment ça ?

– Ils ne savent pas. C'est comme si ces gars-là n'avaient pas d'implant ou l'avaient rendu inopérant.

– Et l'identification en scannant les visages ?

– Ils portaient des passe-montagnes noirs.

Lottie m'attendait devant le collège. Elle m'ouvre ses bras sans me parler. Je dois vraiment afficher une tête de désespéré. Son contact me soulage et je m'abandonne quelques secondes à sa chaleur et à son odeur. Je parviens difficilement à retenir mes larmes. Je lui raconte ensuite mon dimanche dans un endroit isolé du hall. Les larmes coulent alors pour de bon.

Je retrouve Sol que je mets au courant des dernières nouvelles. Il ne fait aucun commentaire mais quelque chose me dit qu'il en parlera à son père et que demain j'en saurai plus.

À midi, j'abandonne Sol qui, de toute façon, devait parler avec Lise de ce qui s'est passé le 15 février dernier à dix heures dix-sept. Je vais me rendre au lycée. Ce matin, pendant le cours, il m'a paru évident que je devais parler à Félix. D'abord, parce que je ne comprends rien aux derniers événements, ni à la signification du message de Scott ni à l'intérêt pour quelqu'un d'ouvrir le cercueil de mon frère et de déplacer son corps. Et, surtout, je voudrais qu'il m'explique la présence de membres du Grupp dans le cimetière cette nuit-là. Je me faufile dans la foule des externes et marche à grandes enjambées jusqu'au lycée. Sur place, je ne reconnais personne, ni Félix, bien sûr, ni ses copains. Comme je ne souhaite pas renoncer, j'aborde une fille qui me paraît parmi les plus âgées. Quand elle voit que je m'approche, elle me tourne ostensiblement le dos pour me signifier qu'en tant que collégien je n'existe pas pour elle. Elle s'apprête à regagner l'intérieur de l'établissement.

– Je suis le frère de Scott. Attends, s'il te plaît.

Le nom de mon frère la fait réagir tout de suite. Elle se fige un instant avant de pivoter vers moi.

– J'ai besoin de voir Félix très vite. Dis-lui que je reste là encore un quart d'heure.

– Je m'en occupe, répond la fille en me souriant gentiment. Ne bouge pas.

Félix arrive deux minutes plus tard en courant. Nous nous écartons des autres. Il m'écoute avec grand intérêt, puis me déclare :

– Des gens utilisent notre déguisement pour nous faire porter la responsabilité de leurs délits. C'est la deuxième fois en deux semaines. Tu as bien fait de venir. Pour le message de Scott, je ne sais pas. Il n'y a pas de cryptage, en tout cas pas de ceux que nous avons mis au point avec ton frère. Je suis désolé. En attendant, retourne en cours. Je te promets de te contacter si j'ai du nouveau.

En arrivant devant le portail du collège, je suis intercepté par deux femmes qui me barrent le passage.

– Nous sommes de la police. Nous avons quelques questions à te poser.

– Mais je vais être en retard en classe...

– Ça ne va pas être long. Suis-nous jusqu'à notre voiture.

Je m'assois à l'arrière près d'une des policières. L'autre s'agenouille sur le siège passager à l'avant pour me faire face. Je demande sans attendre :

– Vous avez des nouvelles de l'enquête ?

Je les sens surprises par mon initiative. Elles pensaient sans doute que je serais davantage impressionné.

– Non. Rien à te communiquer, répond sèchement celle installée sur le siège avant.

C'est elle qui mène l'interrogatoire :

– Tu étais où pendant la dernière heure ?

Comme je sais qu'elles me suivent à la trace grâce à mon implant, je trouve inutile de leur mentir :

– J'étais devant l'ancien lycée de mon frère.

– Pour quoi faire ?

– Pour parler à Félix.

Ça aussi, elles doivent le savoir. Ce qui les intéresse éventuellement, c'est ce qui va suivre.

– Qu'est-ce que tu avais à lui dire ?

– Je lui ai raconté qu'on avait profané la tombe de Scott.

– Pourquoi ? Tu sais que tu n'as pas le droit d'en parler.

– Félix était le meilleur ami de mon frère et je trouvais normal de le tenir au courant. Sinon, il ne l'aurait jamais su.

– Qu'attends-tu de lui ?

– Rien.

– Vraiment ?

– Je peux y aller maintenant ? je demande tout en ouvrant déjà la porte.

Je fais quelques pas en direction du portail. Comme je ne les entends pas réagir, j'accélère l'allure. J'entre dans la salle de classe à la dernière seconde. Sol m'accueille avec son sourire crispé des mauvais jours. Je fais des efforts tout le reste de l'après-midi pour me concentrer sur les cours, mais je n'arrive qu'à prendre quelques notes inutiles. J'ai hâte d'être chez moi, alors que je sais pertinemment que je ne serai pas mieux qu'ici. J'ai surtout envie que le temps passe vite, que les choses évoluent et finissent par s'arranger, au moins un peu.

Lottie m'attend à la sortie. C'est une agréable surprise parce que d'habitude, le lundi, elle termine plus tard. Sur le chemin du retour, nous sommes littéralement escortés par la voiture des deux policières qui roule au pas près de nous. Je pourrais tenir une conversation avec elles si j'en avais envie. Ce qui n'est pas le cas. Je sais que je suis surveillé, mais pourquoi me suivent-elles si ostensiblement ? Elles seraient aussi efficaces en traçant mon implant à distance, et beaucoup moins ridicules. Heureusement pour elles, peu de gens circulent dans ce secteur à cette heure-là. Nous arrivons enfin chez moi et montons nous réfugier dans ma chambre. Je jette un œil par la fenêtre. Leur voiture est garée devant l'accès de notre garage. Elles sont adossées à leur véhicule et discutent en promenant discrètement leur regard sur la façade de la maison. Je tire les rideaux pour récupérer un peu d'intimité. L'attente va être longue avant le retour de mes parents, qui en sauront peut-être davantage sur les avancées de l'enquête. Heureusement, Lottie va me tenir compagnie. En posant ma tablette sur mon bureau, j'y découvre une feuille pliée en deux. Ce n'est pas l'écriture de Scott. Comment serait-ce possible, d'ailleurs ? Je me sens stupide de l'avoir envisagé, ne serait-ce qu'une seconde.

Si tu veux retrouver ton frère, passe par le jardin
et rejoins-moi rue Montargent devant le n° 5.

Dans ton intérêt et celui de ta famille, ne préviens personne.

– C'est quoi ? demande mon amie.

Je lui tends le message. Des frissons me parcourent le dos. Comment cette personne a-t-elle pu pénétrer chez nous sans déclencher l'alarme ? Mais surtout, comment peut-elle être aussi bête ? Elle devrait savoir que je suis étroitement surveillé depuis la mort de Scott et même semble-t-il depuis sa sortie de prison. Même si je réussis à ne pas me faire repérer par les deux policières en sortant par-derrière, elles seront averties dans les secondes qui suivent que j'ai quitté la maison. Les risques étant minimes et ma curiosité maximale, je décide d'aller faire arrêter les fous qui s'en sont pris au corps de Scott. J'enfile mon blouson. Lottie m'attrape le bras.

– Tu fais quoi, là, Stan ?

– J'en ai marre de ne rien comprendre. Je n'en peux plus ! Je vais au rendez-vous. Il faut que cette histoire se termine !

– Non, n'y va pas, c'est trop dangereux. Tu ne sais pas sur qui tu peux tomber !

– Je suis pisté en permanence à cause de mon implant. Je ne risque rien.

Lottie s'est levée et me tient les bras pour me retenir. Je me dégage sèchement et quitte la chambre. Je suis déjà en bas de l'escalier quand je l'entends qui me crie :

– Stan, attends, j'ai des trucs à te dire ! Attends !! Il faut que tu saches !

Je ne l'écoute plus. Je sais qu'elle est prête à inventer n'importe quoi pour m'empêcher de sortir. Je gagne le jardin par la porte de l'arrière-cuisine. Le grillage du fond est mal fixé et on peut le soulever pour se faufiler en dessous. Je me retrouve dans la voie privée du voisin qui débouche sur une rue parallèle à la mienne. Je marche vite jusqu'au lieu du rendez-vous. La rue Montargent est complètement déserte. Une voiture aux vitres teintées est garée devant l'entrée du cinq. La porte avant, côté passager, s'ouvre subitement lorsque je suis à quelques mètres. Je me baisse et découvre le conducteur, un gars d'une vingtaine d'années aux cheveux courts et sombres.

– Assieds-toi, dit-il.

Avant de m'exécuter, je lance un dernier regard aux alentours, car je m'attends à voir surgir les voitures de police d'une seconde à l'autre. Que font-elles ?

– Assieds-toi, répète-t-il.

J'obtempère à regret. Le gars se penche sur moi pour refermer ma portière. Soudain deux mains jaillissent de l'arrière du véhicule et me plaquent contre le siège. On m'écrase un tissu puant sur le nez. J'ai juste le temps d'apercevoir dans le rétroviseur le visage de Nestor, le gars qui m'a abordé dans la rue mercredi et que la police recherche. Il me sourit, satisfait. Mes yeux se ferment.

SCOTT

LUNDI 23 JANVIER

Nous sommes en avance au tribunal. Mes parents m'ont obligé à mettre un costume. J'ai quand même réussi à éviter la cravate. J'ai peur d'avoir chaud. À l'intérieur des bâtiments administratifs, c'est toujours trop chauffé. L'idée de suer devant tout le monde m'angoisse carrément. Vivement que ça soit fini. J'ai été arrêté hier en milieu d'après-midi, alors que je discutais tranquillement sur une place du centre-ville. Quand j'ai vu les gars débarquer de leur car, équipés pour affronter une bande de dangereux criminels, j'étais loin de penser qu'ils venaient pour moi. Moi, Scott Quiévrain, un adolescent de dix-sept ans, geek et pacifique, qui aime la politique, les filles et la fête, j'ai été traité comme l'ennemi public numéro un. Après mon arrestation musclée et spectaculaire, ils m'ont conduit au commissariat central où j'ai été interrogé plusieurs heures sans la présence d'un avocat. Ils disposaient d'un témoignage me mettant en cause, mais ils ont refusé de me dire de qui il émanait. Après avoir décliné mon identité, j'ai refusé de répondre à toutes leurs questions. Ils m'ont alors déclaré que le témoignage était fiable et que je pouvais être condamné sans avouer. Mais qu'ils me conseillaient vivement de parler et particulièrement d'indiquer les complicités dont j'avais bénéficié. « Un accusé qui coopère est toujours bien vu par le juge », ont-ils affirmé. Je n'ai pas desserré les dents et ils m'ont gardé jusqu'à vingt heures trente dans leurs locaux, avant de me remettre une convocation pour le lendemain au tribunal. J'ai pu ensuite m'entretenir avec un avocat pendant près d'une heure. Il a parcouru les éléments de mon dossier devant moi et essayé de me rassurer. En rentrant à la maison, j'ai réussi à cacher mon anxiété à mes parents. Mais, en vrai, j'ai la trouille, la trouille de la prison et des gens qu'on y croise. La plupart des détenus sont issus des ghettos qui se sont développés dans les banlieues. On raconte que ces gens-là sont très différents de nous, que leurs conditions de vie les endurcissent. On dit aussi qu'ils sont très agressifs et résistent davantage aux décharges électriques générées par l'implant LongLife. Je crains la violence des autres mais aussi la mienne. Je me suis déjà battu par jeu, pour éprouver ma résistance à la douleur, mais jamais pour sauver ma peau. Je sais que j'ai pris du plaisir à faire mal parfois. J'imagine aussi que si je survis à la prison, j'en garderai la trace toute ma vie et pas seulement psychologiquement. Une condamnation fera tache sur mon CV, au sein d'une société aussi bien organisée et fliquée que la nôtre. Peut-être serai-je obligé de partir loin de ceux que j'aime. La prison plus l'exil, comme une double peine.

– Tu joues à te faire peur, m'a lancé Félix au téléphone, plus tard dans la soirée. Où est passé ton humour ? Ce procès, c'est pour t'effrayer, tu ne seras pas condamné.

– C'est ce que tu dis. Mais tu n'es pas à ma place.

Assis sur un banc du hall d'entrée, nous regardons les gens s'agiter autour de nous. Ils sont là pour d'autres affaires. Sur beaucoup de visages, on peut lire de l'angoisse, de la gêne, peut-être même de la honte d'être dans un endroit pareil. Un petit groupe est moins discret. Ce sont sans doute des habitués qui ne craignent plus rien. Mon père se pince les lèvres, selon son habitude quand il est angoissé. Ma mère est perdue dans ses pensées et son regard est fixe. C'est la première fois qu'ils vont assister à un procès et c'est celui de leur fils. Stan est au collège. Ça m'enlève un poids. Je n'aurais pas supporté qu'il me voie dans une position si humiliante.

Mon avocat nous rejoint. Il me serre la main énergiquement. Avec un petit sourire aux lèvres, il me déclare :

– Ne stressez pas trop, Scott. Vous n'avez jamais été condamné, vous ne risquez pas grand-chose. Un rappel à l'ordre. Du sursis, tout au plus.

– D'accord.

– Votre tenue est très bien. C'est sobre. Tout à fait approprié. Je vais vous donner quelques conseils avant d'entrer dans la salle. Essayez de rester attentif aux débats. Quand on vous interrogera, répondez précisément et tenez-vous-en aux faits. Ne minimisez pas vos actes et ne faites surtout pas de commentaires. Laissez-moi vous défendre. C'est mon job, OK ?

– J'ai compris.

– Autre chose : évitez de sourire. Hier, j'ai vu que ça vous arrivait quand vous êtiez stressé. Essayez de garder un visage neutre, le plus neutre possible.

– Entendu, dis-je, alors que je sais bien que je ne contrôle pas ce tic qui m'a déjà joué des tours dans le passé.

Mes parents s'installent sur un banc à l'écart, tandis que je suis mon avocat vers la tribune. Le procès se déroule à huis clos. Les autorités ne veulent pas donner de visibilité à notre organisation et susciter d'éventuelles vocations. Si la presse était présente, j'en aurais profité pour parler des revendications du Grupp. Nous ne sommes pas que des adolescents en quête de sensations fortes et de moments festifs. Nous avons aussi des convictions, nous sommes en lutte contre LongLife qui, sous prétexte de sécurité, limite nos libertés. Nous avons une conscience aiguë de l'énorme pouvoir que détient LongLife sur nos vies, le pouvoir de les rendre meilleures, mais aussi celui de les dégrader ou de les interrompre. Et puis, ce n'est jamais arrivé, mais que se passerait-il si des mafieux hackaient leur système ? Nous serions tous en très grand danger. Le juge entre dans la salle et tout le monde se lève. Il est alors rappelé ce qu'on me reproche : « mise en danger de la vie d'autrui et dégradation de matériel privé », et les peines encourues, « jusqu'à deux ans de prison ferme ». Mon avocat se tourne alors vers moi et pose sa main sur mon poignet. Il pense me rassurer mais ce contact est plus qu'embarrassant. Au début, tout se passe comme prévu. Le procureur évoque longuement un drame qui s'est déroulé en marge de notre dernière fête. Un lycéen fortement alcoolisé a chuté d'une passerelle en rentrant chez lui au petit matin. Ses parents ont essayé de nous incriminer en laissant croire que nous l'avions encouragé à se saouler. Mais il a été établi par la suite que le gars avait fabriqué et consommé son cocktail chez lui avant de se rendre au rendez-vous. Dans notre immense majorité, nous venons pour la musique et la danse, mais pas pour la défonce. Ceux qui perturbent les fêtes ne sont d'ailleurs jamais réinvités. Je ne comprends pas pourquoi le procureur revient sur cet événement. Il aborde aussi les dégradations des installations techniques qui, d'après lui, « ruinent les contribuables ». C'est très exagéré. D'abord, parce que ces faits appartiennent au passé. Depuis plus d'un an, nous avons d'autres moyens plus simples et plus sûrs de neutraliser certaines applications LongLife. De plus, lorsque nous avons pratiqué ce type d'opérations, nous avons toujours veillé à démonter proprement les pièces et à les laisser sur place pour ne pas être accusés de vol. Celui qui m'interroge est précis dans ses questions, mais se montre aussi très agressif. Il me fait passer pour un « dangereux irresponsable ». Je me sens de plus en plus mal.

– Je constate, déclare-t-il soudain, que l'accusé Scott Quiévrain sourit. Vous ne prenez pas ce procès au sérieux, c'est cela ? Vous ne respectez pas les membres de ce tribu… ?

– Monsieur le juge, le coupe mon avocat, l'accusation caricature mon client de façon malhonnête !

Notre adversaire évoque maintenant une prétendue « obstruction à la bonne marche de la justice », car j'ai refusé de donner les noms de mes complices. C'est un engagement que j'ai pris, comme tous mes amis, quand nous avons créé le Grupp et je n'ai pas le droit d'y déroger. Le gars insiste, me fait miroiter, comme les flics la veille, la « compréhension du tribunal » si j'accepte de balancer mes amis. Je baisse la tête et refuse de répondre. Le ton monte, menaçant. Je ne contrôle plus ma jambe gauche, prise soudainement de tremblements.

Lors d'une pause, mon avocat me glisse :

– Ne vous inquiétez pas, Scott. Tout se passe normalement. Le procureur est dans son rôle.

Pourtant, au fur et à mesure que la séance avance, je sens que tout ne va pas se passer comme prévu. Alors que le juge écoute les conclusions des deux parties, il montre clairement de quel côté il se situe. Il hoche la tête quand l'accusation s'exprime, mais je le vois grimacer et lever les yeux au ciel quand vient le tour de mon défenseur. Ce dernier insiste sur le fait que mon dossier est mince et ne repose que sur le témoignage d'une personne qu'il ne peut lui-même interroger. De plus, il est avéré que mes délits ont été « commis en réunion ». Dès lors, comment expliquer que je sois le seul mis en cause ? Il conclut en disant que mon dossier devrait être davantage documenté avant qu'on envisage un jugement et éventuellement une condamnation.

Pendant la pause qui suit, je comprends que mon avocat est contrarié. Il ne se départ pas de son sourire mais il partage maintenant mon malaise. Lorsque le juge revient et que je me lève, je suis pris de vertige, et ma jambe s'agite de nouveau. Je m'accroche à la rambarde et aspire une grande goulée d'air.

– Scott Quiévrain, le tribunal vous condamne à un an de détention, dont six mois avec sursis.

Je m'écroule sur mon banc et bredouille en direction de mon défenseur :

– Qu'est-ce que ça veut dire ?

– Vous êtes condamné à six mois ferme.

– Et ça commence quand ?

– Ce soir. Vous dormez dès ce soir en prison. Scott, je suis désolé. Je ne comprends pas. Je vais faire appel rapidement. Je crois que le tribunal a clairement décidé de faire un exemple avec vous.

Les magistrats quittent la salle. Mes parents m'enlacent en pleurant. Des policiers s'approchent. On me passe les menottes. J'ai l'impression d'assister à une scène mille fois vue et revue sur les écrans, sauf que, là, on est dans la réalité et que c'est moi qu'on emmène.

MARDI 24 JANVIER

Je viens de passer ma première nuit en prison et je n'ai pratiquement pas dormi. Des cris, des coups dans les cloisons et même dans la porte de ma cellule m'ont tenu éveillé jusqu'à quatre ou cinq heures du matin. Qui sont ces gens qui se sont ligués pour m'empêcher de trouver le sommeil ? Est-ce une sorte d'épreuve qu'on réserve aux nouveaux, ou bien est-ce l'ambiance nocturne habituelle ? Ce matin, je suis épuisé et j'en oublie presque, pendant quelques instants, l'enfer où j'ai échoué.

J'ouvre un œil et découvre qu'on m'a livré mon petit déjeuner qui se compose d'une demi-baguette, d'une minuscule portion de confiture d'abricot conditionnée dans du plastique et d'une petite brique de lait. J'ai très faim parce qu'on ne m'a rien servi hier soir à mon arrivée. J'essaye de mâcher lentement pour mieux en profiter. Une inscription sur le plateau rappelle qu'il faut effectuer sa VQ chaque jour avant midi sous peine de ne pas recevoir de nourriture ensuite. Il est indiqué également que la distribution éventuelle de médicaments est assurée par un gardien tous les soirs vers dix-neuf heures.

Un gardien me livre un carton en provenance de chez moi rempli de linge. Je quitte le costume sombre pour un jogging un peu ancien avec lequel j'aime traîner à la maison. La matinée est plutôt calme. J'imagine que beaucoup récupèrent de leur nuit.

Vers seize heures, la porte s'ouvre, et le gardien m'invite à sortir en promenade. C'est le moment que je redoute le plus et j'ai un instant pensé à demander si je pouvais m'y soustraire. Mais j'y ai renoncé. Il faudra bien que j'affronte mes codétenus un jour ou l'autre. Quand j'observe les gars dans les couloirs, je me rends compte que je suis un des plus vieux du quartier pour mineurs. Certains essayent d'accrocher mon regard. Ils me sourient, plus pour me défier que pour me témoigner leur sympathie. Certains profitent que nous passions la porte qui ouvre sur la cour pour me frôler ou me bousculer. Je contracte mes muscles et fais mine de ne rien ressentir. Je perçois soudain comme une brûlure dans le bas de mon dos. Je passe ma main sous le tee-shirt. C'est un peu mouillé. C'est du sang. J'effleure la plaie et repère au toucher une coupure de trois ou quatre centimètres, sur laquelle je plaque un mouchoir jetable. Je me colle contre un grillage à l'écart pour observer mes ennemis répartis en deux groupes bien distincts. Aucun de ces gars ne m'impressionne individuellement, mais je n'aurai jamais à les affronter en combat singulier. Ces mecs-là chassent en meute. Trois ou quatre individus jouent les solitaires. L'un d'eux me paraît vraiment bizarre et grimace sans arrêt. Je reste sur mes gardes, avec l'impression d'être fixé par presque tous. Au bout de quelques secondes, un ado plutôt frêle se détache des autres pour venir me parler. Il lève brièvement les deux mains, sans doute pour me montrer qu'il n'est pas armé et qu'il vient en paix.

– T'es qui ?

– Scott.

– Moi, c'est Nils. T'as pas l'air impressionné. C'est bien. T'es cool !

– Pourquoi tu dis ça ?

– Parce que t'as le sourire, mec. D'habitude, les mecs, ils chient dans leur froc tellement ils ont la trouille. Pourquoi t'es là ?

– Je suis un des leaders du Grupp.

– Ah oui, les bourges qui bombent les murs et organisent des fêtes dans les caves, mais ne veulent pas qu'on s'incruste pour y faire notre commerce. T'as pris combien, Scott ?

– Six mois ferme.

– Pas mal pour un débutant ! Tes parents ont du fric, j'espère.

– Non, pas vraiment. Mon père vient à peine de retrouver un boulot.

– C'est embêtant. En taule, on a toujours besoin d'argent pour acheter des trucs qui aident à faire passer le temps plus vite et surtout pour s'assurer une protection.

Tu as peut-être senti qu'ici certains avaient des comportements un peu brutaux. Tu ne connais personne ?

– Non.

– On a pourtant quelques représentants du centre-ville, mais ce ne sont pas les plus costauds. Pour le fric, tu vas devoir emprunter. Tu rembourseras dans six mois en bossant un peu pour nous après ta sortie.

– C'est qui « nous » ?

– Les mecs sous le panneau de basket. On est les maîtres ici et au-dehors.

Un grand surgit sur le côté et vient se placer entre Nils et moi. Ce dernier tourne rapidement les talons et va faire son rapport à ses copains. Un nouvel interrogatoire commence, presque semblable au précédent. L'attitude se veut détendue, mais on sent poindre les menaces à chacune des phrases. Je découvre que les deux bandes qui tiennent le quartier des mineurs sont issues des deux coins les plus pauvres de la mégapole. Les quatre gars isolés sont appelés les zombies parce qu'ils ont de gros problèmes psychiatriques et sont shootés en permanence aux calmants.

J'entends avec plaisir sonner le signal de la fin de l'heure de promenade. Comme les autres ne se pressent pas pour regagner les couloirs, j'accélère le pas pour me rapprocher du surveillant. Tandis que nous avançons, je l'entends demander à Nils :

– Alors il sera avec qui, le nouveau ?

– Il sait pas. Demain, s'il n'a pas choisi, avec les autres, on a prévu d'en faire l'enjeu d'une partie de basket.

– Bonne idée, commente le gardien. Ça vous fera bouger un peu.

Au moment où je vais rentrer dans ma cellule, le maton m'interpelle :

– C'est quoi, ce sang sur ton tee-shirt ?

– Je ne sais pas. J'ai dû me frotter contre un mur.

– Je vais t'emmener à l'infirmerie.

– Non, ça va aller.

– C'est pas toi qui décides. Allez, suis-moi.

Une infirmière d'une cinquantaine d'années au visage peu amène me fait allonger à plat ventre sur une table d'examen. Elle me désinfecte à l'alcool avant de me faire quatre points de suture. Je serre les dents.

– Ce n'est pas très profond. Je parierais pour un tesson de bouteille.

– Il ne s'est pas égratigné contre un mur ? demande le gardien.

La dame lève les yeux au ciel et soupire bruyamment pour lui signifier qu'elle le considère comme un parfait idiot. De retour dans ma cellule, je me laisse aller à pleurer. Mon corps est parcouru de tremblements. J'ai peur de crever ici, entre ces quatre murs ! Après plus d'une heure à ruminer mon désespoir, je m'endors.

Je me réveille quelques heures plus tard. Ma situation n'a pas évolué, pourtant je me sens mieux. Je suis calmé et parviens enfin à réfléchir. À quoi ressemblera demain ? Si je dois choisir un camp, ceux que j'ai écartés me le feront-ils payer ? Que vaut cette protection dont ils m'ont parlé ? Et, surtout, combien me coûtera-t-elle finalement ? Comment vais-je rembourser ? En volant des gens, en leur faisant du mal ? Ai-je raison de m'engager dans cette voie ? Ai-je le choix ?

Si cette pratique existe dans les autres prisons, je comprends mieux pourquoi ceux qui en sortent replongent rapidement dans la délinquance. Certains y sont clairement contraints.

Je ne sais pas à qui je pourrais confier mes angoisses et mes doutes. Les surveillants semblent cautionner cette organisation qui leur assure une paix relative. En parler à mes parents serait la pire des solutions. Les connaissant, ils seraient capables de s'endetter pour que je sois préservé de la violence. Sans compter qu'on ne peut pas faire confiance à ces types. Qui nous dit que, une fois la somme perçue, on ne nous en demandera pas une nouvelle encore plus conséquente. Ce genre de chantage peut ne jamais avoir de fin.

L'agitation nocturne démarre vers vingt-trois heures. Cela apporte une réponse plutôt rassurante à l'une de mes questions : non, on n'avait pas organisé le tapage de la veille pour « célébrer » mon arrivée.

Je fais des boules avec du papier toilette que je fourre dans mes oreilles. Cela n'est pas très efficace. Si un maton me regarde par l'œilleton, je pense qu'il trouvera ça comique.

Je ne crois pas être parano quand j'entends à plusieurs reprises prononcer mon prénom par des voix plus ou moins lointaines. Je dois m'occuper l'esprit pour ne pas trop stresser et espérer dormir. Si j'avais mon casque comme à la maison, je m'abrutirais de musique jusqu'à me sentir décoller loin de cette cellule sinistre. Pourquoi n'ai-je pas récupéré mon matériel ? Je suis certain que mes parents l'avaient joint à mes fringues. Ils connaissent ma passion et me traitent même parfois de « musico-dépendant ». Je pense que ce sont les surveillants qui le gardent pour une raison que je ne m'explique pas encore.

MERCREDI 25 JANVIER

Ce matin, je me réveille avec l'idée d'affirmer mon choix de protecteurs au moment de la promenade. Je ne dois pas passer pour un faible en me montrant incapable de prendre une décision, mais je n'ai aucun critère objectif pour me forger une opinion. Je pense que, la veille, aucun d'eux n'a joué franc jeu. Leurs discours oscillaient tous entre le chantage et la séduction. Que sais-je de leur force et de leur influence dans la prison et en dehors ? Si j'avais été sûr que j'allais me retrouver en détention, je me serais renseigné avant. Un séjour ici, ça se prépare, surtout pour un gars comme moi qui n'a aucune relation dans la pègre. Je vais choisir le premier groupe, celui de Nils. J'imagine que le fait qu'il m'ait abordé en premier atteste un rang plus élevé dans la hiérarchie, mais je peux me tromper. Peut-être les groupes ont-ils joué leur ordre de passage à pile ou face. Ce serait bien dans l'esprit des lieux.

Je reçois une grosse enveloppe marron en même temps que mon petit déjeuner. C'est mon lecteur, mes écouteurs et mon chargeur. Je vais mieux respirer. Une petite carte de mes parents accompagne le colis. C'est la première qu'ils m'écrivent de toute ma vie.

Scott,

Nous espérons que tu vas bien. Nous serons autorisés à passer un quart d'heure avec toi jeudi. Nous t'embrassons bien fort.

Je m'allonge sur mon lit et branche la musique. Je ne peux pas m'empêcher de sourire à l'avance du bien que cela va me procurer. C'est la première fois que j'en ai été privé aussi longtemps. Je m'endors en moins d'une demi-heure.

Quand il m'ouvre la porte pour la promenade, le garde m'interroge :

– Tu veux vraiment sortir ?

Je hoche la tête pour lui signifier que c'est bien mon intention. Il fronce brièvement les sourcils. Pourquoi m'a-t-il posé la question aujourd'hui ? Hier, j'aurais sans doute accepté de rester. J'étais tellement anxieux que ça m'étonnerait qu'il ne l'ait pas remarqué.

– Tu ne devrais pas, insiste-t-il.

Je fais mine de ne pas entendre et me glisse furtivement à l'extérieur de ma cellule. Il semble surpris par mon entêtement car il me fixe quelques secondes. Puis il se détourne pour aller ouvrir une autre porte.

À peine ai-je posé un pied dans le couloir que je sens une tension entre les autres détenus qui forment le rang.

Personne ne parle ni ne sourit. Certains serrent les poings, prêts à en découdre au plus vite. Je profite d'un arrêt devant un sas de sécurité pour m'approcher de Nils.

– Il faut que…

– Qu'est-ce que tu fous là, bordel !? coupe-t-il sèchement.

– Je voulais te dire que j'ai choisi de rejoindre ton…

– C'est trop tard ! L'issue du combat le déterminera. Maintenant, casse-toi !

Je n'insiste pas et me laisse dépasser par les autres au moment où nous pénétrons dans la cour. J'évalue qu'il manque environ un tiers de l'effectif. Les gars se répartissent en deux groupes qui vont se placer chacun sous un panneau de basket. Le match peut commencer, mais il n'y a pas de ballon. Deux gars de chaque équipe s'avancent vers le rond central. Ils remontent leurs manches et le bas de leur pantalon. Sans doute pour montrer qu'ils ne cachent pas d'armes. Les autres se sont rapprochés pour former un cercle qui délimite l'aire du combat. Ils masquent aussi le spectacle aux caméras fixées sur les murs. Je m'avance timidement et me poste derrière un ado de petite taille. Sans que personne n'ait donné de signal, les gars s'empoignent brutalement et essayent de se déséquilibrer mutuellement. Les combats se poursuivent assez vite au sol où les coups sont donnés sans retenue avec toutes les parties du corps. Je me tourne vers un des miradors et me demande pourquoi les matons n'interviennent pas. Progressivement, les autres gars rentrent dans la bagarre. Je suis bousculé et rejeté en arrière. Cela tombe bien, je n'ai aucune envie de participer. Je me cale dans un coin à l'écart. Il m'est impossible de me rendre compte si l'un des clans a le dessus. Je détourne bientôt le regard car cette violence sauvage me met mal à l'aise. J'ai déjà été mêlé à des bagarres mais, heureusement, des policiers ou mes amis sont toujours intervenus pour empêcher que les conséquences physiques ne soient trop graves pour mon adversaire ou pour moi. Vais-je devoir participer à ces carnages dès que je serai admis dans une bande ?

Soudain, quelqu'un me saute sur le dos, tord mon bras droit en arrière et, avec l'autre main, me plaque une lame sur la gorge. Je n'essaye pas de me débattre. J'ai rarement eu aussi peur et me sens au bord du malaise. Mon agresseur crie aux autres :

– Si vous lâchez pas l'affaire, je l'abîme.

Les combattants s'arrêtent instantanément et s'approchent de nous.

– C'est pas les règles, ça ! lance Nils.

– C'est mes nouvelles règles. Ça t'emmerde ?

– Oui, mec, ça m'emmerde carrément.

– Je m'en fous. Fais-toi une raison. J'explique : celui-là, vous nous le laissez et on dit que le prochain il est pour vous. Le petit Scott, tu comprends qu'il est bien trop précieux pour qu'on le laisse passer. Et puis tu ne voudrais pas mettre en rogne le patron ?

– OK, lâche Nils entre ses dents. Mais un jour prochain, tu sais que ça se paiera ?

– Je prends le risque. Ça en vaut la peine.

Les gars ont reformé leur groupe. Certains ont la peau griffée ou rougie par les coups. Leurs vêtements sont tachés de poussière et de sang. Des sourires réapparaissent assez vite sur les visages. Ces types-là ne sont pas du genre à se plaindre. Mon agresseur a relâché sa pression, il me sourit en rangeant sa lame dans sa chaussette.

– Moi, c'est Vasco. Ça va ? Visiblement, je ne t'ai pas trop impressionné. Le patron m'a demandé de veiller sur toi comme sur un trésor.

– Ah bon ? Et il t'a dit pourquoi ?

– Il paraît que tu détiens des secrets très importants. Tu as l'air surpris ? Tu ne devrais pas, le patron ne se trompe jamais.

– Si tu le dis… Pourquoi les matons vous laissent vous battre comme ça ?

– Ils savent que ça nous détend et que ça fait redescendre la pression entre nous. Et puis, je sais qu'ils aiment parier de l'argent sur nos combats.

– Pourquoi vous ne vous affrontez pas en jouant vraiment au basket ? Ça laisserait moins de traces et ça vous ferait passer un bon moment.

– On est nuls en sports collectifs. Depuis qu'on est petits, on n'a appris que la baston. La dernière fois qu'un maton nous a filé une vraie balle, il y en a un qui l'a crevée en mordant dedans.

– Dans un ballon de basket ? C'est impossible !

– Toi, tu as toujours vécu avec des privilégiés. Tu n'imagines pas de quoi on est capables ici.

– Mais la violence est réprimée par les autorités ! On ne vous envoie pas des décharges quand ça dégénère ?

– Tu parles des P3 ou même des P4 ? Nos corps ont pris l'habitude de les encaisser. Certains gars, on peut pas les arrêter.

– Alors, comment font-ils pour les mater, ceux à qui ça ne fait plus rien ?

– Ils les gavent de cachetons ou bien ils les envoient au pénitencier 4 près de la frontière. C'est un endroit dont on revient pas.

JEUDI 26 JANVIER

Hier soir, avec la musique dans les oreilles, j'ai réussi à faire le calme en moi et à m'endormir assez tôt. Et ce matin, je me suis réveillé aux aurores, en meilleure forme que les jours précédents. J'ai le temps de cogiter sur ma journée de la veille. La bagarre à laquelle j'ai assisté m'a quand même impressionné. C'est la première fois que je côtoie de près ces gars des banlieues. Extérieurement, rien ne les distingue de nous, mais ils ont tous dans le regard une haine viscérale qui ne demande qu'à exploser. Ma différence sociale pourrait être un sacré handicap, mais mon statut de « trésor » semble devoir me préserver. Qu'attend-on de moi ? De quels secrets parlent-ils ? Et si celui qu'ils appellent le patron m'avait confondu avec un autre ? Je n'ose pas envisager une seconde cette hypothèse.

J'apprends au moment où on m'apporte mon petit déjeuner que je vais avoir deux visites aujourd'hui : mes parents et mon avocat. Je ne dois pas attendre grand-chose de ce dernier. Je ne le croirai que lorsque je serai réellement et définitivement dehors. Et je crains un peu la visite de mes parents, qui ne savent pas cacher leur souffrance. Je ne trouverai rien à leur dire.

– Bonjour, Scott, commence mon défenseur en me serrant la main, vous semblez bien aller. Tant mieux. D'autant plus que je ne vous apporte rien de concret concernant votre éventuelle remise en liberté. Le recours en appel que j'ai déposé ne sera pas examiné avant plusieurs semaines, voire plusieurs mois. On m'a fait comprendre qu'il y avait d'autres urgences. Mais ne vous résignez pas, je suis sur le coup.

– Je sais. Je vais survivre.

– J'y compte bien. Comment se sont passés vos premiers jours ? Pas de problèmes avec vos codétenus ?

– Non. Pour l'instant, ça va.

– Vous savez sans doute que vos parents doivent passer juste après moi. Rassurez-les. Ils sont dans un sale état. Est-ce qu'il y a des gens que vous souhaiteriez que je contacte pour les inviter à venir vous voir ? Votre frère ? Vos amis ?

– Je ne veux pas que Stan vienne dans un endroit pareil. Mes amis, je ne veux rien leur demander. Mais s'ils ont envie de passer, je les accepterai.

– Entendu. Je vous laisse. Je repasserai dès que j'aurai du nouveau.

Quand il se lève et me salue, je pense qu'il est soulagé de partir. Peut-être s'attendait-il à ce que je lui fasse une scène en le traitant de menteur et d'incapable. Après tout, il m'avait juré que je n'irais jamais en prison. Mon attitude résignée doit le réconforter. Mais ce n'est pas pour le préserver que je me comporte ainsi. Je ne vois tout simplement pas à quoi cela me servirait de me mettre en colère.

Mon père arrive juste après. Il me serre dans ses bras sans prononcer le moindre mot. J'ai à peine eu le temps de croiser son visage ravagé par la fatigue. Il ressemble à un vieil homme triste. Nous restons ainsi longtemps. Je sens dans les soubresauts de son corps qu'il pleure. Je me dégage doucement et le vois s'essuyer les yeux d'un revers de manche.

– Papa, ne te mets pas dans des états pareils ! Ce n'est pas toi qui es derrière les barreaux.

– Tu sais que je préférerais être à ta place. Là, je me sens coupable et inutile, et je m'angoisse sans arrêt pour toi.

– Papa, tu vois que je vais bien. Je vais m'en sortir et peut-être plus tôt que prévu. L'avocat espère que son appel sera entendu. Où est maman ?

– Elle m'attend dans la voiture. Elle essayera de venir la prochaine fois. Pour l'instant, elle n'en a pas la force.

– Dis-lui que je vais bien, que je l'aime mais qu'elle n'a pas besoin de venir si ça lui fait mal. Qu'elle s'imagine que je suis parti faire des études à l'étranger et que je rentre bientôt.

Mon père me regarde un long moment avant d'esquisser ce qui pourrait ressembler à un sourire.

– Scott, ça faisait longtemps que tu n'avais pas parlé comme ça.

– Comment ?

– Comme ce que tu es vraiment, un bon petit gars, un gentil.

– Ne t'habitue pas trop. C'est juste parce que la situation est exceptionnelle. Quand je reviendrai, vous retrouverez votre fils bruyant, paresseux, égoïste, menteur, et j'en passe.

– Nous l'espérons bien.

J'ai envie qu'il parte maintenant et qu'il aille tranquilliser ma mère. Alors, je réponds à peine à ses questions sur l'organisation de ma journée ou la bouffe qu'on nous sert. Il devine mon besoin de solitude et appelle le maton avant la fin du temps autorisé.

À la promenade, aujourd'hui, tous les détenus sont présents. Des gars font de la musculation en se servant du banc, principalement des pompes et des abdos. D'autres discutent ou s'échangent discrètement de petits objets, dos aux caméras. Vasco m'a pris à part. Je vais savoir enfin ce que son patron veut de moi.

– Le patron aurait besoin de tes lumières pour reprogrammer des implants.

– Il voudrait venir à nos fêtes ? Si c'est juste ça, je peux l'inviter.

– Arrête de déconner. On n'a pas toute la nuit. Tu te doutes bien à quoi ça pourrait lui servir.

– Élargir les PE des gens en sursis ? Neutraliser la fonction de géolocalisation pour ne pas être repéré par la police ?

– Tu sais faire tout ça ?

– Oui, quand je suis à l'extérieur. Ici, je n'ai pas d'ordi et...

– T'inquiète pas ! me coupe Vasco. Tu sais faire. C'est juste ça que je devais vérifier. Pour les détails matériels, on trouve toujours des solutions.

Je suis un peu surpris que celui qu'il appelle le patron et qui semble être un truand de haut vol n'ait pas déjà trouvé quelqu'un capable de réaliser ce genre de bidouillage. Dans le Grupp, nous le pratiquons depuis plus d'un an pour organiser nos activités. Mais c'est vrai aussi que nous bénéficions d'une complicité chez LongLife.

– Tu sais, ajoute Vasco, tu as tout à gagner à travailler pour lui. C'est un mec très généreux, qui adore faire des cadeaux aux gens qui bossent bien pour lui.

– Quel genre de cadeaux ?

– Tu verras bientôt.

VENDREDI 27 JANVIER

« J'ai de la chance » ou « Je m'en tire bien » ou, plus exactement, « Ça aurait pu être pire ». En les formulant dans ma tête, ces phrases me paraissent déplacées car je suis en prison, privé de liberté et entouré de mecs dangereux. Mais comment pourrais-je le dire autrement ? Je suis maintenant convaincu que je vais survivre. Ce qu'on va me demander est uniquement d'ordre technique. Je ne vais ni blesser ni tuer qui que ce soit de mes propres mains. Je suis un peu comme un avocat d'affaires qui conseille un mafieux pour investir son argent dans des paradis fiscaux. Moralement douteux mais pas illégal.

Pour le petit déjeuner, je constate avec plaisir que mon plateau est mieux garni. Une brique de jus d'orange et deux portions de pâte à tartiner s'y sont miraculeusement ajoutées. Sans doute le début des petits cadeaux du patron dont parlait Vasco.

– Toi, tu as compris comment fonctionnait le système, me lance le maton en venant récupérer le plateau.

Rappelle-toi quand même que, dans la vie, rien n'est jamais gratuit.

Je fais mine de ne pas entendre. Je n'ai pas envie que ce gars me gâche ma bonne humeur matinale. Je branche mes écouteurs et me laisse emporter par la musique.

Je suis réveillé par un garde qui tambourine à la porte avant d'introduire sa clef. C'est celui que j'ai croisé le premier jour.

– Quiévrain, votre visite est arrivée, lance-t-il d'un air entendu. Suivez-moi. Ce serait dommage de la faire attendre, c'est quand même un sacré… un sacré…

– Un sacré quoi ?

– Laissez tomber, Quiévrain. Mais je suis certain que vous voyez ce que je veux dire.

Non, grand connard, je ne vois pas du tout de qui tu parles. Mais je ne vais pas te le montrer.

Quand j'entre dans la salle du parloir, je comprends soudain les allusions de l'autre balourd. La jeune femme qui se tient debout près de la porte est impressionnante de beauté. Ses vêtements très ajustés mettent en valeur une silhouette parfaite. Je n'ai pas le loisir de la contempler car elle se jette à mon cou et m'embrasse brièvement sur les lèvres. Se pourrait-il que ce soit un nouveau « cadeau » de la part du patron ? La situation me paralyse complètement. Une fille offerte comme une barre de chocolat, c'est dégueulasse !

– Jouez le jeu, s'il vous plaît, Scott, me chuchote-t-elle à l'oreille sur un ton impérieux.

– Quel jeu ?

– Je suis censée être votre petite amie. Enlacez-moi. Je vous explique après.

Je m'exécute. Son contact me trouble bien au-delà de ce que j'aurais pu imaginer. J'ai pourtant déjà eu l'occasion de me trouver dans cette agréable position, surtout pendant nos fêtes clandestines. C'est peut-être le fait que ce soit une inconnue. Et aussi qu'elle me vouvoie. J'entends la porte se refermer. Nous sommes seuls. Elle se détache doucement et m'indique une chaise où je m'assois sans réfléchir. Je vois sur son visage un rictus qui traduit également sa gêne. Elle prend place en face de moi de l'autre côté de la table. Elle me tend les mains pour que je les saisisse. Qu'est-ce qu'elle me veut ? Elle approche son visage et me parle très bas :

– Je m'appelle Alma. Je suis envoyée par le procureur. Je serai votre contact durant votre détention et sans doute ensuite. Il est capital que personne ne puisse se douter de ma mission ici. Je ne dispose pas de beaucoup de temps et je vais donc être très directe. Nous savons que celui qui se fait appeler le patron a pris contact avec vous *via* certains détenus. Vous confirmez ?

– Oui.

– J'imagine que vous avez accepté de travailler pour lui ?

– Je n'avais pas vraiment le choix.

– Bien sûr. Vous avez bien fait. Nous avons besoin de votre aide. En échange, le procureur s'engage à écourter au maximum votre détention.

– Je pourrai sortir quand ?

– Dans un mois environ.

– Qu'est-ce que je devrai faire ?

– Répondre à mes questions quand je passerai vous voir.

– Jouer les espions ? Balancer des tuyaux sur leurs magouilles ? Mais vous ne les connaissez pas, ma parole ! Ces mecs sont de véritables tarés ! Pour moi, c'est hyper risqué !

– Je ne minimise pas les dangers, Scott. Mais sachez que nous prendrons toutes les précautions pour que vous ne soyez jamais découvert. Nous vous exfiltrerons afin de vous mettre à l'abri si vous nous en faites la demande ou si nos informateurs nous indiquent que c'est nécessaire. Si vous refusez notre offre, c'est que vous choisissez le mauvais camp. Ce sera plus confortable à très court terme, mais vous pourrez faire une croix sur toutes vos perspectives d'avenir. Si vous nous rendez service, vous sortirez très vite et votre condamnation sera effacée de votre dossier. Pensez-y.

– Je crois que je ne peux avoir confiance en personne, pas même en la justice qui m'a condamné sans réelle preuve.

– Je vois en vous un être bon, sensible, intègre, fidèle en amitié, intelligent. Vous avez des atouts. Ne les gâchez pas.

– Pourquoi le juge et votre chef m'ont-ils condamné à de la prison ferme s'ils sont, comme vous, persuadés que j'ai toutes ces qualités ?

– Les circonstances, Scott, les circonstances. Et en particulier la mort du lycéen au sortir d'une de vos fêtes. Les services de la justice ne voulaient pas être suspectés de complaisance envers les jeunes bourgeois. C'est tombé sur vous, et je reconnais que vous n'avez pas eu de chance. Prenez le temps de réfléchir à ma proposition. Je passerai après le week-end pour avoir votre réponse. En attendant, vous allez mémoriser « notre histoire », au cas où vos codétenus chercheraient à se renseigner sur moi. Ne vous plantez pas, ou vous me feriez courir un grave danger.

Elle me chuchote à l'oreille les infos en me tenant les mains. Quand le maton ouvre la porte pour sonner la fin de l'entrevue, elle dépose un baiser sur ma bouche et se lève en m'adressant un clin d'œil complice. Puis elle quitte tranquillement la salle. Le gardien l'observe d'un œil égrillard.

– Quand je t'ai amené tout à l'heure, t'avais l'air tellement empoté, Scott ! Tu faisais pitié ! Heureusement qu'elle sait prendre des initiatives, ta copine.

– C'est pas facile d'être naturel entre ces quatre murs, quand on sait qu'on nous surveille.

– Tu vas t'habituer. Elle, t'as vu, elle est drôlement à l'aise. Dis, elle n'aurait pas une sœur un peu plus vieille, je serais preneur.

– Non, elle est fille unique.

– Dommage !

Je retourne dans ma cellule, un peu chamboulé. J'ai deux images qui s'affrontent dans mon esprit, celle, effrayante, de la bande de sauvages prenant plaisir à faire mal et celle, séduisante, d'Alma qui tient dans ses mains la clef qui pourrait me faire retrouver une vie normale plus tôt que prévu. Quand elle parle, on a envie de la croire. Tout paraît rassurant, maîtrisé et d'une logique implacable. Elle donnerait l'illusion qu'avec elle il ne peut plus rien m'arriver. Je dois garder la tête froide et ne pas me laisser envoûter.

Pendant la promenade, je repère tout de suite l'absence d'Vasco qui est censé me protéger. Je choisis de rester à l'écart et sur mes gardes. Je regrette déjà mon optimisme lors de mon réveil. Ici, tout peut évoluer très vite, le meilleur comme le pire. Un copain d'Vasco qui doit dépasser le quintal se dirige vers moi d'un air décidé. Difficile, tant le regard est fermé, de décrypter ses intentions.

– Vasco est sur la touche pour quelque temps. En attendant, je le remplace. On m'appelle Tilman.

– Qu'est-ce qui lui est arrivé ?

– Tu t'en fous, non ? Scott, tu ne regardes pas vers le bas, mais je vais glisser un téléphone dans ta poche. Voilà, c'est fait. Tu ne t'en sers pas pour appeler maman ou le canon qui est venu te faire des câlins ce matin. Tu n'y touches pas. Tu attends qu'il vibre et tu réponds. Demain, tu me le rapportes. Compris ?

– Compris. Mais si les matons me prennent avec ça sur moi ou qu'ils le découvrent dans ma cellule, je serai sanctionné. J'encourrai une prolongation de ma peine ou une privation de parloir. On m'a lu le règlement le soir de mon arrivée.

– Personne ne va te fouiller.
– Comment peux-tu en être certain ?
– Fais-moi confiance, je te dis.
– OK. Et Vasco, il est malade ?
– Tu t'en fous, non ?

De retour dans ma cellule, je pose l'appareil sur mon lit. C'est un très vieux modèle de petite taille, avec un clapet. Je n'en avais jamais vu en vrai. Je n'ose pas le manipuler par peur de le dérégler ou de le faire tomber. Je repense aux regards échangés par les deux groupes rivaux quand ils regagnaient leurs quartiers. Je crois que la bande de Nils a pris sa revanche en faisant payer à Vasco son affront de mercredi après-midi. Si c'est le cas, cela signifierait que ses copains n'ont pas pu le protéger, lui, leur chef. Ce n'est pas rassurant. Dans les prochains jours, je m'attends à un combat réglé au cours d'une promenade, histoire d'arbitrer cette querelle. J'espère que je ne serai pas obligé d'y participer. Après tout, je suis un « trésor », non ?

SAMEDI 28 JANVIER

Ma poche vibre depuis quelques secondes déjà. C'est la nuit et je dormais profondément. Je saisis le téléphone, relève le clapet avant de le plaquer contre mon oreille.

– Allô ?

– Scott ? demande une voix grave.

– Oui.

– Bouge pas.

Je me redresse sur le lit. Au silence qui règne ici, je peux évaluer qu'il est plus de quatre heures mais moins de sept, car je n'entends aucun déplacement de gardiens dans les couloirs. Cela fait plus d'une minute que j'attends, lorsqu'une voix nasillarde me parvient. Mon correspondant utilise un synthétiseur pour la déformer, comme au sein du Grupp, mais le sien est plus perfectionné. Le ton se veut bienveillant, comme celui qu'adoptent certains profs en début d'année.

– Bonjour, Scott. Je suis ravi de te parler enfin. On m'a

dit beaucoup de bien de toi. Je suis sûr que nous allons faire de grandes choses ensemble, n'est-ce pas ?

– Oui.

– Je connais quelqu'un que la laisse électronique de LongLife gêne terriblement. Il est comme un lion en cage, le pauvre, et il déprime. La chasse, les grands espaces lui manquent terriblement. En fait, il voudrait devenir transparent. Tu peux faire ça pour moi ? Ça me ferait très plaisir.

– Transparent provisoirement ?

– Non, définitivement.

– Si on le fait disparaître totalement des fichiers, c'est irrémédiable. Cette personne n'aura plus d'existence légale et ne bénéficiera plus de la protection de LongLife. Elle en est consciente ?

– C'est quoi cette question, Scott ? Tu crois que je peux donner un ordre sans en avoir pesé les conséquences. Tu mets déjà en doute mes décisions, c'est ça ?

– Non, je voulais juste...

– Contente-toi d'obéir. Dis-toi que ce type de remarque m'agace terriblement. Et Dieu sait comme l'agacement peut me rendre violent !

Je suis tétanisé dans ma cellule et n'ose plus rien dire. Je pense à ce qu'il pourrait faire subir à ma famille, si je le déçois. C'est lui qui reprend après de longues secondes de silence :

– Quand tu auras effacé les fichiers, LongLife et les services de police vont-ils forcément s'en apercevoir ?

– Pas tout de suite. Je vais leurrer la machine. L'implant de votre ami continuera à être localisé chez lui. Alors qu'en fait il ne sera plus relié à l'ordinateur central. Mais, si un technicien de LongLife interroge spécifiquement l'implant de votre ami, il ne pourra recueillir aucune info sur son état physique. C'est là qu'il découvrira la manipulation et préviendra la police.

– Donc, ça peut prendre un certain temps avant qu'ils ne comprennent. Plusieurs heures ?

– Même plusieurs jours.

– Parfait. Tu es précieux, Scott. Comment vas-tu t'y prendre pour accéder au *back office* du serveur de LongLife ? C'est ultrasécurisé. Nous butons sur cet obstacle depuis des mois.

– Je vais joindre mon contact sur place, qui me donnera un code à treize chiffres et lettres que je pourrai utiliser pendant trente minutes.

– C'est qui, ce contact ?

– Je ne sais pas.

– Donne-moi son numéro.

– Ce n'est pas comme ça qu'il faut s'y prendre.

– Tu ne m'as pas bien compris, Scott. Tu n'as pas à discuter mes ordres. Si tu étais devant moi, tu aurais déjà goûté à mes poings et tu cracherais ton sang et tes tripes !

– Monsieur, je... je vous en prie... J'ai... j'ai compris et je ne cherche pas à vous énerver... mais laissez-moi vous expliquer. C'est lui qui m'a approché la première fois. Il a enregistré ma voix pour la scanner. Ensuite, il m'a posé une cinquantaine de questions très personnelles. Chaque fois que je l'appelle, il contrôle ma voix, puis il me teste sur un de mes souvenirs ou un détail de ma vie privée. Et il ne reprend jamais la même question. Si je suis trop long à répondre, il coupe la communication au minimum pendant vingt-quatre heures. Si vous l'appelez directement, je suis certain que nous le perdrons à jamais.

– Tu ne me prends pas pour un con, là ? Tu sais que je suis capable de te faire exécuter sur un claquement de doigts et qu'après je m'en prendrai à ta petite famille, à commencer par ton petit frère Stan que tu aimes tant ?

– Non, je vous assure. Je n'essaye ni de vous tromper ni de vous cacher quoi que ce soit.

Pendant plus de vingt secondes, j'entends juste le bruit de sa respiration, curieusement modifié par le synthétiseur.

– Continue, lance-t-il finalement.

– Dès que j'ai récupéré le code, je vous rap…

– Non, c'est moi qui t'appelle.

– OK, d'ici cinq minutes. Ne tardez pas. Je vous l'ai dit : le code devient non valide après trente minutes.

Il a raccroché. Je compose le numéro de mon contact, qui met moins d'une vingtaine de secondes pour répondre. Ce gars ne dort jamais vraiment.

– C'est Scott, dis-je, car je sais qu'il ne pourra pas reconnaître mon numéro de portable.

– Tu es sorti de prison ?

– Bientôt.

– Tu continues les bidouillages de là-bas ?

– Je rends service.

– Que mange ton petit frère au petit déj' ?

– Du pain de mie avec de la compote de pommes.

– 7-6-4-A-3-7-Z-4-7-5-6-U-9.

– Merci.

Quelques minutes plus tard, ce n'est pas le patron qui me recontacte mais le mec à la voix grave qui m'a appelé avant de me le passer. Je le guide pas à pas dans sa navigation. J'essaye de visualiser les différents écrans, ce qui représente un effort pour moi qui effectue ce genre de manipulation de façon quasi automatique, presque les yeux fermés et souvent pour plusieurs personnes en même temps. Là, pour sa première fois, le gars utilise la quasi-totalité du temps prévu. Il raccroche après m'avoir lancé :

– Merci. Je te rappelle seulement si ça ne marche pas.

Ça y est, j'ai sauté le pas. Je suis devenu le complice d'un gang. Je ne crois pas que l'argument qui consiste à dire que j'y étais contraint me disculpera devant la loi. Les juges pourront dire que j'ai cédé trop facilement. Ces gars-là, comme toujours, évalueront la situation d'une façon uniquement théorique, car jamais eux ou leurs proches n'y ont été confrontés personnellement. Je repense aux menaces à peine voilées que le patron a fait peser sur ma famille quand, pendant quelques secondes, il a semblé douter de moi. Ai-je le droit en acceptant la proposition du procureur de leur faire courir de tels risques ? Pour l'instant, je ne peux pas m'y résoudre. Je tente de me rendormir en écoutant de la musique, mais cela prend beaucoup plus de temps que prévu.

Je suis réveillé en sursaut quand on me livre mon plateau de petit déjeuner mais je me rendors juste après.

Je retrouve Tilman à la promenade. Je suis soulagé de me débarrasser du portable.

– Alors, t'as libéré la bête ?

– Tu le connais ?

– C'est une fille. Je l'ai croisée une fois. Une tueuse redoutable et cruelle, avec un visage d'ange. Elle était assignée chez elle par mesure de précaution. La police n'a jamais réussi à trouver de preuves formelles pour la mettre directement en cause. Elle ne manifeste aucun stress quand elle exécute quelqu'un.

– Elle va quitter le pays ?

– On s'en fout, non ? Mais si tu veux mon avis, elle va rester dans les parages. Si le patron l'a fait libérer, ce n'est pas pour lui faire plaisir, c'est parce qu'il a besoin d'elle. Elle va flinguer quelqu'un dans les heures qui viennent. Peut-être qu'elle l'a déjà fait. Sans doute un juge, un proc ou un richard qui ne veut pas cracher sa monnaie.

– Tu en es sûr ?

– Lundi, quand on aura accès aux infos, tu verras que j'avais raison. Je suis même prêt à parier du fric.

– Je n'ai pas d'argent, tu le sais bien.

– Juste un pari d'amis, alors, Scott, propose-t-il en me tendant la main.

Nous nous tapons les mains. Il s'éloigne avec un petit air satisfait. Moi, je le suis beaucoup moins : je viens de parier sur la vie d'un homme.

LUNDI 30 JANVIER

J'ai passé presque tout mon dimanche à réfléchir, à envisager tous les aspects de ma situation parce qu'il n'y a pas que moi qui suis concerné par celle-ci. Si je refuse l'offre du procureur et obéis docilement au patron, je ne cours aucun risque à court terme et je garantis provisoirement la sécurité de mes proches. Mais puis-je faire confiance à mes voisins de cellule ou à leurs complices à l'extérieur ? Rien n'est moins sûr. J'ai tout de même été à deux doigts de mourir ce week-end, alors que je ne faisais qu'agir au mieux de leurs intérêts. Mais, en refusant le marché du procureur, je me condamne à appartenir à la pègre pour un temps indéterminé. Je gâche peut-être ma vie à jamais. Si j'évoquais avec mes parents les termes du contrat proposé par Alma, je suis certain qu'ils m'encourageraient à l'accepter. Ils ne prendraient en compte que ma future existence, mais pas les risques pour eux. Peut-être hésiteraient-ils quand même pour Stan.

Je dois absolument arrêter ma décision avant de revoir Alma. Cette fille sait manipuler les gens et obtenir ce qu'elle veut. Quand on la voit, on a du mal à lui dire non.

Je m'isole en m'abrutissant de musique. Je flotte dans un demi-sommeil jusqu'à l'heure du parloir. Je suis content à l'idée de la retrouver. Je la serre contre moi autant pour jouer la comédie devant le maton que pour le plaisir furtif de l'enlacer. Nous nous asseyons côte à côte.

– On pourrait se tutoyer ? Ça paraîtrait plus naturel si quelqu'un...

– Comme tu préfères, Stan.

– J'ai réfléchi depuis ton départ et j'ai pris ma décision. Je ne vais pas collaborer avec ton chef parce que j'ai trop peur, pour moi mais surtout pour les miens. Si quelqu'un apprenait notre accord, ma famille encourrait des représailles.

– On gardera discrètement un œil sur eux. On peut te l'assurer.

– Vingt-quatre heures sur vingt-quatre, trois personnes, tu sais que c'est impossible.

– Fais-nous confiance. Nous avons les moyens d'une telle surveillance.

– Non. Je suis désolé. Je ne veux prendre aucun risque pour eux.

Elle me prend la main. Je la laisse faire. Elle se penche sur moi et me chuchote à l'oreille :

– C'est normal que tu aies peur. Le contraire serait inquiétant. Si tu veux, je reviens dans une semaine et nous en reparlerons calmement. Je pourrai te donner des détails concrets sur ce qu'on pourrait mettre en place pour garantir la sécurité de ta famille. Tu veux bien que je revienne ?

– Oui, dis-je en sachant pourtant que ce n'est pas ce que je devrais répondre.

Car je vais repartir pour une semaine de doutes et d'interrogations, de nuits blanches à cogiter. Je m'étais juré de trancher la question pour ne plus y penser et aller de l'avant. Mais là, la chaleur de sa peau, sa voix douce si rassurante, si amicale me font tellement de bien. La perspective de vivre à nouveau un tel moment m'aidera à tenir la semaine.

– Je peux te poser une question, Scott ?

– Oui.

– Tu as été en contact avec le patron depuis la dernière fois, n'est-ce pas ?

– Oui.

– Tu as commencé le boulot, alors. Je m'en doutais. Si tu as fait ce que je crois savoir, dis-toi que ce n'était pas anodin. Dis-toi aussi que si nous arrivons à coincer le patron et sa bande sans toi, je suis certaine qu'il n'aura aucun scrupule à te mettre en cause pour complicité. Coopérer avec la justice, ce qui revient à « trahir ses partenaires », est un bon moyen pour ce genre d'individus de réduire leur peine. Je sais qu'on t'a proposé un deal semblable lors de ton procès. Toi, tu es resté loyal. Choisis le bon camp, Scott. Eux, ce sont les méchants. Et toi, tu n'es pas comme eux, du moins pas encore.

Je suis complètement perdu et ne sais plus quoi dire. Elle serre ma main un peu plus fort et plonge son regard dans le mien de manière intense :

– Si tu collabores avec nous, tu ne seras plus seul. Je serai toujours avec toi.

– J'aimerais y croire.

– Je te le promets, Scott. Si nous marchons ensemble, jamais je ne t'abandonnerai.

Elle a exactement prononcé les mots que je souhaitais entendre. Je n'en peux plus d'être seul. J'en crève. Après un long silence, je lui annonce :

– Dis à ton chef que c'est d'accord.

– Tu fais le bon choix. J'en suis très heureuse.

Lorsque le maton me raccompagne, j'ai droit à une réflexion moqueuse :

– Alors, comme ça, tu es un grand sentimental, Scott ? T'as peur qu'elle te quitte pendant ta détention ? T'as raison de t'inquiéter. En plus, gaulée comme elle est, elle n'aura que l'embarras du choix. Tu peux me croire : une fille comme elle ne restera pas longtemps sur le marché.

J'ai juste envie de lui dire de fermer sa grande gueule, à ce con. Mais je sais que ce genre d'écart de langage se paye cher en prison. Je ne fantasme pas sur cette fille. J'aimerais bien mais je n'ai pas la tête à ça. Elle me fait du bien, comme une maman qui consolerait son enfant qui vient de tomber de vélo. Et je ne suis pas dupe, elle joue un rôle, et c'est tout à fait clair pour elle comme pour moi. Je me demande d'où elle vient. Elle ne paraît pas beaucoup plus âgée que moi et je n'imagine pas qu'elle ait déjà pu terminer ses études, à moins d'avoir affaire à une surdouée. Sa mission est particulièrement risquée, mais aussi très dérangeante, et je me demande comment le procureur a pu la convaincre de l'accomplir.

En déambulant dans les couloirs pour rejoindre la promenade, je ne ressens aucune tension. Cela signifie qu'aujourd'hui non plus je n'aurai pas à assister à une de leurs bagarres sauvages. Ça me rappelle qu'Vasco n'est toujours pas réapparu. Dans la cour, les deux bandes s'organisent pour jouer au foot sur le terrain de basket. Comme pendant les récréations à l'école, certains se délestent de leurs vêtements pour faire les poteaux des buts. L'un d'eux sort de sa poche un morceau de béton que j'évalue à un poids de cinq cents grammes. C'est pour remplacer le ballon qu'on ne veut plus leur donner. Là, on penserait davantage au palet utilisé pour les matchs de hockey. Le match s'engage avec frénésie. J'imagine la douleur qu'ils ressentent chaque fois qu'ils shootent dans leur « ballon ». Malgré le danger que ça représente, deux gars se sont proposés pour jouer dans les buts. Tilman s'est rapproché de moi.

– Le spectacle risque de ne pas durer longtemps. Au premier blessé, ça va dégénérer. Je te propose de t'écarter un peu.

– Avec plaisir.

– Alors, parle-moi de cette fille qui vient te voir. Tu l'as connue comment ?

– Nous nous sommes croisés la première fois pendant les grandes vacances au bord du lac Saint-Pierre.

– Il paraît que c'est pas mal comme coin.

– Oui, c'est un bel endroit, sauvage et tranquille. Ensuite, je l'ai revue dans une des fêtes que j'ai organisées.

– Il paraît que t'es complètement amoureux d'elle !

– Qui t'a dit ça ?

– Devine.

– Le maton t'a raconté ? Tu sais s'il peut entendre nos conversations ?

– Théoriquement, non.

– Pourquoi il t'a raconté ?

– Ces gars ne sont pas très bien payés. Alors, parfois, ils nous rendent de petits services. Et elle s'appelle comment, cette beauté ?

– Alma.

– Alma comment ?

– On s'en fout, non ? dis-je en souriant.

Tilman me regarde fixement. Il doit penser que je me moque de lui en reprenant son expression fétiche. Ce gars n'a pas d'humour et je dois me reprendre :

– Pardon, pardon, Tilman... Elle s'appelle Alma Pirson.

Il enregistre les infos, sans doute en vue de son futur rapport au patron. Son visage s'est détendu. Il ne m'en veut pas.

– Au début, elles viennent souvent, déclare-t-il, un peu gêné de se laisser aller à une confidence. Puis elles se lassent. Profite, Stan. Sans elles, le temps paraît très long, et on passe ses journées et ses nuits à les imaginer dans les bras de nos ennemis ou, pire encore, dans ceux de nos meilleurs potes.

Nous jetons un œil sur le match. Je remarque que certains utilisent le dessous du pied pour tirer. C'est moins précis mais sans doute moins douloureux. D'autres réussissent à hisser le caillou sur le bout de leur chaussure pour le propulser en hauteur. Cela ne semble pas interdit, malgré les dégâts que cela pourrait occasionner sur les autres joueurs. Tilman reprend la conversation sur un ton plus enjoué :

– Au fait, j'avais raison. La bête a fait des siennes dès ce week-end. Elle a étranglé un banquier dans sa belle villa de Newville avec un fil à couper le beurre. Super invention, ce truc ! Très efficace.

– Comment tu peux être sûr que c'est la tueuse du patron ?

– Il me l'a confirmé ce matin. Je suis d'ailleurs chargé de te remercier de sa part.

– Tu sais pourquoi il a commandité cet assassinat ?

– Le gars a dû faire preuve d'un manque évident de coopération. En clair, il n'a pas cédé à son chantage.

– Et tu connais son nom ?

– On s'en fout, non ?

Le soir, je ne trouve pas le sommeil, et pas seulement à cause du bruit ambiant. Je suis complice d'un meurtre. J'ai aidé à tuer quelqu'un. Mais avais-je le choix ? Félix répète qu'on a toujours le choix. Mais Félix n'est pas à ma place. Et moi, je ne veux pas mourir.

MERCREDI 1er FÉVRIER

C'est ma mère qui sera au parloir cet après-midi. Je m'en réjouis pour elle car c'est le signe qu'elle va un peu mieux. En même temps, je m'attends à ce qu'elle pleure parce qu'elle a la larme facile, comme tout le monde dans la famille, d'ailleurs. Et là, très égoïstement, c'est à moi que je pense. En ce moment, mon moral est au plus bas, et ses sanglots ne vont rien arranger. Je ne vais pas pouvoir partager avec elle mon quotidien de prisonnier. Tout risque de l'effrayer ou de la bouleverser, même des détails qui peuvent m'apparaître insignifiants. Il faudra pourtant que je trouve des mots pour la rassurer. Je dois lui donner la force de vivre normalement à l'extérieur, de penser à elle et de bien s'occuper de Stan. Félix est annoncé aussi. Lui est capable de rendre l'entrevue presque agréable. Enfin, je l'espère.

J'écoute la même musique depuis plus d'une semaine et je commence à saturer. J'ai exposé le problème à Tilman qui m'a d'entrée proposé des cachets pour « faire avancer le temps plus vite », comme des « voyages épuisants mais joyeux ».

– C'est pas cher, a-t-il précisé, mais ça embrouille un peu le cerveau au début. Après, c'est comme tout, on s'habitue. Et c'est indétectable à la VQ.

J'ai décliné son offre. Il n'a pas insisté. Pour la musique, il peut me faire passer une tablette. Certaines nuits, des gars de l'extérieur stationnent dans une voiture munie d'un relais de transmission. On peut s'y connecter et accéder à tous les sites de vidéos et de musique qu'on désire.

– Ça, c'est plus cher, mais je pourrais t'avoir des bons prix, Scott.

Je n'ai pratiquement pas dormi ces dernières nuits. Pourtant, je me suis habitué au bruit et je n'ai plus peur. Mon corps, condamné à une certaine passivité, ne semble plus éprouver le besoin de se reposer. Je vais bientôt prendre le rythme de mes codétenus. Au-delà, je risque même de leur ressembler de plus en plus. Hier, durant la promenade, certains se sont battus violemment, jusqu'au moment où les décharges qu'ils ont subies les ont paralysés sur place. Puis leurs corps se sont amollis avant de s'affaisser sur le sol. Ils ont été sortis sur des brancards. « P5, sans doute, a expliqué Tilman. Là, on est hors graduation. À ma connaissance, c'est la première fois qu'ils l'utilisent ici. Si les gars survivent, les matons recommenceront sur d'autres. » J'ai regardé le spectacle comme tout le monde, sans dégoût ni peur. Je m'habitue.

C'est Félix qui se présente en premier dans la salle réservée aux visites. Il essaye de me sourire mais il est impressionné par l'endroit.

– Comment tu vas, Scott ?

– Ça va.

– Nous, de l'autre côté, on est complètement traumatisés par ce qui t'arrive. On a essayé d'aller voir le juge pour qu'il nous dise ce qu'on pouvait faire. Sa secrétaire nous a envoyés chez ton avocat qui nous a expliqué qu'il avait fait appel. Phi lui a demandé si dans le cas où l'on se dénonçait cela pouvait raccourcir ta peine… Parce qu'on se sent aussi responsables que toi. Mais il paraît que ça ne marche pas comme ça.

– Ne vous en faites pas. Et ne gâchez pas vos vies pour moi. Je commence à m'y faire.

– Et les autres, ils ne te cherchent pas trop, comme tu ne viens pas de leur milieu ?

– De ce côté-là, c'est bon. Je ne peux pas t'expliquer ici, mais on a trouvé une sorte d'arrangement. Non, c'est surtout que je m'emmerde vingt-trois heures par jour seul dans ma cellule.

– Y a pas d'écran ?

– Si, mais c'est cher et puis je ne veux pas devenir un abruti scotché devant pendant des heures alors que rien ne m'intéresse.

– Tu veux quoi ?

– De la musique. Si tu pouvais me remplir une ou deux cartes mémoire, ça me ferait plaisir.

– Je te fais ça en rentrant.

– Merci. Et au lycée, qu'est-ce qui se dit sur moi ?

– La direction a essayé d'imposer, par l'intermédiaire des profs, une version plus convenable que l'incarcération d'un de ses plus brillants élèves. Tu étais officiellement en congé maladie avec un truc très contagieux. Mais ce mensonge n'a pas tenu deux jours. Pratiquement tous savent que tu es en prison. Mais, à part les membres du Grupp, peu d'entre eux en connaissent la vraie raison.

– À propos, vous avez repris les activités ?

– On s'est réunis pour parler de toi et des démarches qu'on pouvait entreprendre pour te venir en aide. Et puis, en sortant, on a tagué quelques murs à ta gloire.

– Merci, c'est sympa. Faudrait calmer le jeu avec les fêtes au moins pendant quelques semaines, tu ne penses pas ?

– Je suis d'accord. Et quand on recommencera, on renforcera la sécurité. On triera davantage les invités, comme on le faisait au début.

– Vous savez qui m'a balancé aux flics ?

– Non, pas encore. Mais je vais forcément trouver. Je pense que c'est quelqu'un d'extérieur au Grupp mais qui est très bien renseigné.

– Vous avez cherché qui avait invité ce Bruno ? On pourrait comprendre que, face à la mort de cet ami, la personne ait craqué.

– C'est Phi qui l'a invité et depuis il en est malade. Mais tu le connais aussi bien que moi, ce n'est pas le genre de type qui pourrait...

– Non, tu as raison. Phi est un gars sûr. Arrête ton enquête, Félix. Le mal est fait et ça ne changera plus rien maintenant.

Mon copain regarde sa montre et grimace. C'est bientôt l'heure. Il a encore un truc à me dire, mais je comprends que ça le gêne.

– Dis, tu as été récemment en contact avec le gars de chez qui tu sais. Je pensais que c'était impossible d'ici.

– Ici, je l'ai vite découvert, rien n'est impossible. Pourquoi tu me parles de ça ?

– Notre ami m'a dit qu'il allait remettre en cause notre collaboration parce que ton dernier bidouillage s'est soldé par un meurtre. Qu'est-ce que t'as fait comme connerie, Scott ?

– Laisse tomber. Je gère. La prochaine fois, je lui expliquerai que je ne suis plus avec vous. Je ne veux pas vous mêler à mes affaires.

– Tu n'es plus avec nous ? C'est ça que tu es en train de m'annoncer ?

– Disons que je fais une pause. Je réfléchis à un moyen de faire avancer notre cause différemment. Je ne peux rien te révéler de plus.

Au moment de me quitter, quand il me serre les mains énergiquement, il lâche :

– Scott, fais attention à toi. Et si tu as besoin de moi, tu sais que je suis là.

– OK. Garde un œil sur Stan, s'il te plaît. Je le connais. Il risque de fouiner du côté du Grupp et de prendre des risques inutiles.

– Promis. Tu veux que je revienne ?

– Non, ce serait mieux qu'on ne nous voie pas trop ensemble.

Je le regarde s'éloigner avec un pincement au cœur. C'est mon meilleur ami depuis toujours. Nous avons tellement partagé de joies, de peurs, de remontrances de la police. Nous étions inséparables. Et c'est lui qui est à l'origine du Grupp. Tout a commencé grâce au père de Félix, sans qu'il s'en doute d'ailleurs. Il avait l'habitude d'emmener son fils sur des chantiers pendant les week-ends quand il était d'astreinte. À l'époque, il était en charge de l'entretien et de la maintenance des émetteurs relais de la zone nord de la société LongLife. Petit à petit, en aidant son père, Félix a appris à repérer les différentes pannes et à les réparer. Il a aussi assez vite imaginé tous les bénéfices que l'on pourrait en tirer. Je me souviens de la première fois où nous sommes entrés clandestinement dans un relais. Mon copain savait par son paternel que les caméras qui surveillaient le secteur étaient exceptionnellement inactives. Le système ne serait pas rétabli du week-end, car les pièces de rechange n'avaient pas été envoyées. Nous nous étions faufilés sous la clôture, avions ouvert la porte blindée grâce à un code mémorisé par mon copain. À l'intérieur, nous avions « proprement » débranché quelques composants afin de suspendre la fonction « périmètre d'évolution restreint » et nous les avions planqués pour que les réparateurs ne puissent pas les remettre trop rapidement en place. Plus tard dans l'après-midi, nous avions invité deux filles pour une balade le long de la zone permise. Et là, devant leurs yeux subjugués, nous avions traversé la frontière invisible. Je me rappelle leurs cris :

– Non, non, n'y allez pas, les mecs ! C'est trop dangereux ! Ça fait trop mal !

Félix et moi avancions à reculons en les fixant. Nous grimacions comme si nous devions résister à une douleur intense et fournir un effort héroïque. Elles avaient continué à hurler jusqu'à ce qu'on éclate de rire. Elles n'en revenaient pas. Après quelques minutes d'hésitation et des explications, elles avaient consenti à franchir le pas. Il n'y avait rien à découvrir de ce côté-là, mais le seul fait de savoir que nous reprenions possession de notre liberté suffisait à notre bonheur. C'est en les voyant danser toutes les deux sur un tas de gravats, au son d'un musique sortie de leur enceinte de poche, que l'idée avait germé d'organiser des fêtes clandestines et puis ensuite d'autres activités.

Ma révolte contre LongLife remonte à loin, à mon enfance, bien avant que je prenne connaissance de l'existence de cette société. Lorsque j'avais cinq ou six ans, je croyais qu'un être tout-puissant et invisible me surveillait en permanence, perché sur un nuage. C'est lui qui m'envoyait une P1 quand je courais sur le trottoir. C'est le même qui m'empêchait d'aller rechercher mon ballon tombé de l'autre côté de la clôture quand mon périmètre d'évolution se limitait certains jours à notre jardin. Je levais alors un poing rageur vers le ciel et le traitais de monstre méchant ou de lâche parce qu'il ne voulait pas se montrer. Après quoi, à l'école et au sein de ma famille, on m'a expliqué les bonnes raisons qui avaient conduit des gens, comme mes parents, à adopter le système LongLife. J'ai fait semblant d'admettre son bien-fondé mais, au fond de moi-même, je le trouvais toujours injuste. Le premier graffiti que j'ai écrit au feutre sur un mur de ma classe, c'était : *On est des enfants gentils, pas des chiens méchants*. J'avais déjà compris que le PE était une laisse toujours trop courte, et les décharges d'électricité même légères une manière de dresser les animaux. Quand j'ai été dénoncé, tous les adultes me sont tombés dessus. S'ils ont cru me décourager, ils se sont bien plantés. En grandissant encore, j'ai pris conscience que c'était des lois votées par des adultes, qu'ils imposaient à nous les plus jeunes, pour notre bien, mais sans se soucier de savoir si nous avions la même vision du Bien. Pour moi, le Grupp, c'est d'abord un mouvement politique qui essaye d'alerter la population sur l'hyperpuissance de LongLife et sur les libertés qu'on abandonne pour un peu plus de sécurité. Nos graffitis ont une durée de vie de quelques heures, mais tous les habitants de la ville les ont vus au moins une fois ces deux dernières années. Nous plantons des graines qui, avec le temps, fleuriront sans doute. C'est ce que je veux croire.

Ma mère arrive juste après Félix. J'imagine même qu'ils ont dû se croiser. Je vois d'ici les deux tout faire pour s'éviter. Mes parents ont toujours détesté mes amis, qu'ils accusaient de m'entraîner sur le mauvais chemin. Le fait que je paye pour eux a dû empirer la piètre opinion qu'ils en avaient déjà. Maman semble fatiguée mais pas vraiment plus que d'habitude. Elle n'ose pas me serrer contre elle, comme elle a pu le faire fugitivement à la fin du procès, juste au moment où l'on nous séparait. Elle est plantée devant moi. Il n'y a pas de témoins, ni Stan, ni mon père, ni un de mes copains. Je pourrais lui offrir ce réconfort. Si je suis honnête avec moi-même, je dois reconnaître que j'en ai aussi envie. Je fais un pas vers elle et entrouvre mes bras. Elle s'y pelotonne sans attendre. Elle a toujours la même odeur, celle qui imprègne les murs de sa chambre, que je ne saurais pas caractériser. Je ne tiens pas longtemps ainsi mais, lorsque je me recule, elle m'adresse un vrai sourire. Depuis combien de temps n'avions-nous pas eu ce genre d'intimité ? Elle m'a vite trouvé trop grand. Je décide de prendre l'initiative du dialogue et l'interroge sur la vie à la maison sans moi, à propos de Stan surtout. Comme j'aurais pu le deviner, mon frère reste mutique sur ses sentiments. Il a quand même glissé à ma mère qu'il était un peu passé pour un héros auprès d'une fille parce que son frère était en prison. J'imagine que c'est un de mes copains de lycée qui a envoyé sa sœur pour réconforter Stan. Cette attention me touche profondément. J'apprends que mon père a beaucoup de boulot en ce moment, ce qui lui occupe bien l'esprit mais l'empêche de venir me voir. Quand je l'interroge sur elle, ma mère me regarde un long moment avant de déclarer :

– Moi, je n'ai rien à raconter. C'est la vie qui continue.

Elle s'arrête pour sortir un mouchoir. Elle n'a pas besoin de se moucher, juste de cacher ses larmes. Je fais celui qui ne s'aperçoit de rien. Elle m'émeut, ma mère, avec ses cheveux mal coiffés et ses yeux rougis. Cela faisait longtemps que je ne l'avais pas regardée. Je crois que la prison est en train de m'attendrir.

DIMANCHE 5 FÉVRIER

Félix a été efficace. Il m'a fait parvenir de la musique le lendemain de sa venue. Exactement ce que je voulais, c'est-à-dire n'importe quoi. Des vieux trucs comme des nouveautés, des styles que je n'aurais jamais écoutés autrement. Les matons en ont contrôlé le contenu avant de me permettre de l'écouter.

– T'as bon goût, dis donc ! a lâché le plus gradé en me tendant les cartes mémoire.

Je ne sais pas si, venant de lui, je peux prendre ça pour un compliment. C'est aussi lui qui fait des commentaires déplacés quand Alma me rend visite.

Vendredi, après le repas du soir, un maton accompagné d'un technicien a pénétré dans ma cellule sans s'annoncer. Ils sont venus brancher l'écran en me précisant que l'abonnement avait été payé. Je leur ai demandé si c'était par mes parents.

– Non, par ton bienfaiteur, a précisé le surveillant en

m'adressant un sourire mauvais. Fais pas semblant d'être étonné.

Ils m'ont laissé la télécommande et sont sortis en échangeant des regards entendus. J'ai zappé une vingtaine de minutes avant de m'arrêter sur une chaîne musicale qui diffuse des clips en continu. Je les ai regardés défiler, sans m'y intéresser réellement, pendant presque une heure. Soudain, l'image s'est brouillée et le son s'est coupé brutalement. Puis est apparue la photo d'un homme d'âge mûr, avec un bandeau déroulant au bas de l'écran sur lequel on pouvait lire : *Newville : un homme étranglé dans sa villa. Newville : un homme étranglé dans sa villa. Newville, un…* C'était la chaîne pirate d'information Realife qui émet quelques minutes par jour à des horaires fluctuants et sur des canaux toujours différents. Une voix *off* monocorde a ensuite expliqué : *Richard Babel, quarante-cinq ans, propriétaire de la banque d'affaires Babel & Babel, a été étranglé avec un fil d'acier dimanche 29 janvier au cours de l'après-midi, dans sa villa de Newville. Il était divorcé et père de deux adolescents, âgés de quatorze et dix-sept ans, vivant chez leur mère. Sa meurtrière, pourtant identifiée grâce aux caméras de surveillance, est toujours en fuite. Voici encore une information que les réseaux officiels ne vous divulgueront pas. Stop à la censure. Regardons la réalité en face. Soutenez Realife.* L'image s'est brouillée de nouveau et le précédent programme a repris son cours normal. La vision de cet homme enjoué posant entre ses deux garçons m'a transpercé le cœur. J'en ai eu le souffle coupé pendant quelques secondes.

Cette victime aurait pu être mon père. J'ai pensé à ses fils, qui ont le même âge que nous et voient en ce moment leur monde s'écrouler. Comment vont-ils survivre à un tel drame ?

J'étais recroquevillé sur mon lit, incapable du moindre geste. La douleur s'est calmée progressivement, mais une envie de vomir l'a remplacée. La nuit suivante, je n'ai pas fermé l'œil. Je n'ai pas réussi non plus à m'alimenter correctement.

Samedi, j'ai supplié le gardien de me dispenser de promenade. Il m'a précisé qu'il accédait à ma demande exceptionnellement mais que, le lendemain, je serais obligé de passer par l'infirmerie. Et si on ne constatait aucun symptôme, je serais contraint de sortir avec les autres. Il a précisé :

– Ta VQ indique seulement que tu fais ton difficile pour manger et que tu ne dors pas assez. Finis ton assiette et éteins l'écran la nuit, et demain ça sera réglé !

La nuit a encore été longue, mais je suis parvenu à dormir quelques heures. Ce matin, j'angoisse aussi à l'idée de croiser Tilman. Il va peut-être me glisser dans la poche un nouveau portable afin que je participe à un nouveau crime. À midi, je suis incapable d'ingurgiter la moindre nourriture. En essayant de me forcer, j'ai aggravé mon malaise et je suis allé vomir le peu de liquide que j'avais pu absorber au petit déjeuner. Je renonce à me doucher. Je m'écroule sur mon lit une heure à peine avant la promenade. Le maton me secoue pour me faire sortir. Je marche comme un zombie dans les couloirs. Un gars, que je n'ai pas pu identifier, profite de mon état de faiblesse pour me projeter contre un mur, ce qui fait bien rire ses copains. Tilman m'aide à me remettre sur mes jambes et m'accompagne jusqu'à la cour.

– T'as une tête de déterré, ma parole ! Hier, ton absence, c'était pas du chiqué, alors ?

– Non, dis-je. J'ai la nausée et je n'arrive pas à dormir.

– L'autre disait que tu n'avais rien, juste la trouille.

– La trouille de quoi ?

– Je sais pas. C'est ce qu'il m'a dit. Tiens, je crois que tu vas avoir un peu de taf la semaine prochaine.

– Pourquoi ?

– On me l'a dit, c'est tout. D'ici là, il faut que tu te retapes un peu. Écoute les conseils de Tilman. Te force pas à bouffer. Pense à boire seulement. L'appétit va revenir. Mais pour roupiller, il faut que tu prennes des trucs.

– Non, je préfère éviter les drogues.

Il ne m'écoute pas et fouille les poches de son blouson pour en extraire un sac en plastique qui renferme une dizaine de cachets colorés. Il en extrait deux jaunes.

– Ouvre le bec ! ordonne-t-il fermement.

Je ne réagis pas, alors il les enfonce dans ma bouche.

– Avale ! Les laisse pas fondre, c'est carrément dégueulasse comme goût.

J'obéis, ne sachant que faire d'autre. Après tout, dormir, c'est ce que je recherche.

LUNDI 6 FÉVRIER

Je me réveille un peu avant midi. Je n'ai pas de souvenirs de ce que j'ai pu faire depuis que Tilman m'a filé ses cachets durant la promenade. Je ne me souviens même pas d'être revenu de la cour ou de m'être couché. J'ai très soif et très faim. Je me lève et, contre toute attente, je tiens sur mes jambes sans m'appuyer contre un mur. Je vais jusqu'à la douche sans peine et me décrasse enfin. Le repas est servi juste après. Je mange tout. Aujourd'hui, je vais revoir Alma. Plus j'y réfléchis et plus je me dis que j'ai eu raison d'accepter sa proposition. Si je réussis à infiltrer la bande du patron et que j'aide à la mettre hors d'état de nuire, je permettrai peut-être d'éviter d'autres meurtres. Je ne l'imagine pas encore clairement mais je sens que ma collaboration avec les autorités pourrait faire avancer les revendications du Grupp.

Alma est là et joue toujours aussi bien les amoureuses. Le regard qu'elle pose sur moi respire la gentillesse et la bienveillance. Pour un peu, on y croirait. Comme les fois précédentes, elle effleure presque ma joue quand elle chuchote :

– Comment vas-tu, Scott ?

– À ton avis ? Je viens d'aider à tuer un homme. Je suis au fond du trou.

– Ne t'accable pas, Scott. Malheureusement, même sans toi, le patron serait certainement arrivé à ses fins. Peux-tu me raconter dans le détail ton premier contact avec lui ?

Je m'exécute le plus fidèlement possible.

– La meurtrière a été arrêtée, tu es au courant ?

– Non.

– Elle a cru un peu bêtement qu'elle était vraiment transparente. Nous l'avons repérée « à l'ancienne », en diffusant sa photo chez les commerçants et en contrôlant les images de vidéosurveillance. Ses envies quotidiennes de pâtisseries lui ont été fatales. Je pense que ce soir on va te demander d'en libérer un autre.

– Justement. Dois-je le permettre et avoir un autre cadavre sur la conscience ? Je lui facilite les choses. Je ne comprends pas très bien la logique du procureur.

– Dis-toi que le patron a déjà fait exécuter des gens avant de te rencontrer et qu'il pourrait continuer sans toi. Notre objectif majeur, c'est de l'identifier. Nous n'avons aucune piste, pas la moindre description. Il se déguise, se masque, transforme sa voix quand il rencontre physiquement quelqu'un dans le cadre de ses affaires crapuleuses. Ceux qui l'ont vu sous son apparence réelle ont dû être exécutés ensuite. Tant que nous ne savons pas qui il est, nous ne pouvons pas le surveiller, ni réunir des preuves contre lui ni l'arrêter, bien entendu. Il est à la tête de la dernière grande organisation mafieuse présente sur notre territoire. Toutes les autres ont été dissoutes ou se sont délocalisées dans d'autres pays. La sienne compte des centaines de membres, tous dévoués à leur patron. C'est le pire chef de gang sur lequel la police a eu à enquêter. Il est très intelligent et très audacieux. Il est capital de l'arrêter au plus vite. Donc, dans un premier temps, il faut gagner sa confiance, quitte à faire quelques victimes au passage. Pour le client de ce soir, grâce à tes informations, nous allons surveiller un certain nombre de candidats possibles au remplacement de la bête.

– Je ne sais si mon contact va être d'accord. Il m'a fait dire par Félix qu'il n'avait pas apprécié la manière dont j'avais utilisé le code la dernière fois.

– Il faudra qu'il le fasse, pourtant. Explique-lui que tu travailles pour la justice et que nous avons besoin de son aide pour neutraliser une bande de meurtriers et leur commanditaire. Dis-lui qu'il sera récompensé. À ce propos, est-ce que vous le rémunérez, ce contact ?

– Non, il agit par conviction. Il juge que la société est devenue trop répressive vis-à-vis des adolescents et que la technologie ne doit pas servir à aliéner nos libertés. Je crois qu'il voulait aussi éviter qu'on ne mette en danger des populations entières en rendant les relais LongLife inopérants durant plusieurs heures. Il nous a expliqué comment élargir les PE pour nos activités clandestines et comment rendre certains individus temporairement transparents.

– C'est qui « nous » ?

– Seulement Félix et moi.

– Comment l'as-tu rencontré ?

– Je ne l'ai jamais rencontré personnellement. À la fin d'une réunion secrète où nous préparions une de nos premières fêtes, je me suis aperçu que quelqu'un avait glissé un papier dans ma poche. Il y avait seulement écrit un numéro de téléphone et cette phrase : *Je peux vous aider*.

– Il assistait aux réunions du Grupp ?

– C'est peu probable. On sait que c'est un adulte, on aurait fini par le remarquer. Il a dû utiliser un intermédiaire. Je n'ai jamais cherché à connaître son identité. Cela l'aurait mis en danger si j'avais été arrêté. Je voulais surtout ne rien faire qui puisse l'éloigner de nous. Il nous est vite devenu indispensable.

– Sans ce code, le Grupp n'aurait jamais réussi à pénétrer le système. Il est donc inviolable ?

– Non. Aucun système n'est inviolable. J'ai réussi à y entrer à plusieurs reprises, tout seul, mais ça m'a pris à chaque fois entre quatre et huit heures, juste pour accéder aux premières fonctionnalités, parce que LongLife fait évoluer sans cesse ses programmes de sécurité pour parer les attaques. Je crois que le gars, en nous accordant une demi-heure par-ci par-là, protège LongLife des incursions sauvages du Grupp, comme celles dont j'ai été l'auteur auparavant. En plus, il peut vérifier ce qu'on fait en direct et rattraper d'éventuelles erreurs. Au final, c'est une manière de nous contrôler.

– Dis au patron que vous payez votre complice chez LongLife. Je ne pense pas qu'il soit en mesure d'envisager qu'on puisse agir autrement que pour de l'argent. Et s'il l'admettait, il ne comprendrait pas pourquoi le gars continuerait après le meurtre du banquier. Explique-lui que, dorénavant, il faudra qu'il passe à la caisse. Au vu de la gravité du dernier crime, le gars a considérablement augmenté ses tarifs. Son activité clandestine est beaucoup plus risquée à présent. Réclame au moins... vingt mille mondos par code. Je vais te donner un numéro de compte où il fera virer la somme. Il est aussi important qu'on puisse commencer à accumuler des éléments concrets qui montreront son implication dans ces exécutions. Les traces des versements constitueront un bon début.

– Ce fric va aller sur ton compte personnel ? dis-je en souriant.

– Non, malheureusement. Plutôt aux bonnes œuvres du ministère de la Justice.

– Et si mon contact chez LongLife a peur ou bien ne me croit pas et veut laisser tomber ?

– Dis-lui d'appeler ce numéro à n'importe quelle heure, on le rassurera.

– Et moi, je sortirai quand ?

– Le procureur a extrait ton dossier d'appel de la pile après ma précédente visite et a commencé à le traiter. Ensuite, le processus administratif complet dure entre vingt et trente jours. Ton avocat te tiendra au courant. Attention, notre accord devra rester absolument secret, même après ta sortie. C'est très important.

– J'avais compris. Début mars, je suis dehors, c'est ça ?

– Oui. Peut-être même un peu avant.

– Et la protection de ma famille ?

– Je m'en occupe personnellement.

– Tu reviendras me voir la semaine prochaine ?

– Bien entendu. Je te rappelle qu'officiellement je ne peux pas me passer de toi.

Nous nous sourions d'un air complice. Je crois que j'ai raison de lui faire confiance.

De retour sur mon lit, mon casque sur les oreilles, je me laisse aller à rêvasser. Je m'imagine à la maison, dévorant un méga goûter sous l'œil réprobateur de ma mère qui se demande ce que je pourrais avaler deux heures plus tard au dîner. Elle craindrait également les remontrances de LongLife après ma VQ du lendemain. Je me vois aussi sur le chemin du lycée, entouré de mes meilleurs amis qui rigolent à n'importe laquelle de mes conneries.

Dans les couloirs qui mènent à la promenade, je redresse la tête et essaye de repérer celui qui m'a bousculé la veille. Aujourd'hui, tous fuient mon regard et respectent une certaine distance. Tilman, comme prévu, glisse un téléphone dans la poche de mon pantalon sans plus de précision.

– Tu vois que mes petits cachets sont efficaces. On dirait un autre homme. Heureusement que Tilman était là. Sinon, dans quel état t'aurait trouvé ta copine ? Elle aurait fui, la pauvre. Je crois que j'ai sauvé ton couple.

– Merci pour tout.

– Sinon, tu as peut-être remarqué qu'il manquait un

des bouffons aujourd'hui. C'est celui qui t'a bousculé, hier. Ça ne se fait pas, ce genre de truc. C'est pas correct.

– Vous l'avez frappé ?

– Pas nous. Ses copains s'en sont chargés. Tout le monde veut garantir la paix ici. Alors, la violence gratuite est interdite, surtout sur une personne protégée.

– Ils lui ont fait quoi ?

– Tu t'en fous, non ?

MARDI 7 FÉVRIER

Le téléphone vibre sous mon oreiller en pleine nuit. Il est précisément quatre heures huit. Je reconnais la voix grave de celui que j'avais guidé la dernière fois :

– C'est moi, Oscar, commence-t-il. Nous avons une mission. Je te rappelle dans cinq minutes quand tu auras récupéré le code.

– Attends. Il faut d'abord qu'on parle fric. Le patron est là ?

Il ne répond pas et me laisse poireauter une bonne minute. C'est la voix trafiquée de son chef qui prend le relais :

– Un problème, Scott ? Je t'ai déjà dit combien je déteste être contrarié.

– Je sais mais il est évident que cette nuit mon contact va nous imposer de nouvelles conditions financières.

– Continue.

– J'imagine que des enquêtes sont menées au sein du département informatique de LongLife pour expliquer que votre amie soit subitement devenue non localisable. Notre contact doit être sous pression. D'habitude, nos demandes n'aboutissent pas à un meurtre. On rend service à des gars qui vont dormir chez leur copine ou partent en camping en dehors de leur périmètre d'évolution.

– Tu n'as pas parlé d'argent la première fois.

– Non. Pour tout vous avouer, j'ai eu tellement la trouille… de vous… que je n'ai pas osé. Jusqu'à maintenant, on obtenait un code pour quelques dizaines de mondos. Je n'ai pas voulu vous embêter avec ça.

– Et là ? Tu évalues le prix à combien ?

– Je vais voir mais j'imagine que ça pourra être multiplié par cent ou même mille. Enfin, je n'en sais rien. Je préfère vous prévenir avant.

– Tu n'essayes pas de m'arnaquer, Scott ?

– Non, bien sûr. J'ai bien intégré que je n'étais pas en position de vous tromper.

– J'espère. Je te rappelle dans un quart d'heure. Et tu n'acceptes rien au-dessus de vingt mille. Compris, Scott ?

Mon contact me répond dans la seconde. À se demander s'il dort la nuit. Félix le soupçonne de ne travailler chez LongLife qu'en nocturne, ce qui expliquerait qu'il soit tellement réactif. Hypothèse que je n'ai jamais pu vérifier car je ne l'ai jamais appelé en pleine journée. Le gars m'écoute lui expliquer l'accord avec le procureur et note le numéro d'Alma. Il veut des garanties écrites pour l'éventualité où il serait démasqué. Je lui promets d'intercéder dans ce sens au plus vite. Mais il refuse de me livrer un nouveau code tant qu'il n'a pas en sa possession les papiers officiels qui le protégeront de toute poursuite. Je sens l'angoisse monter. Je comprends qu'il va raccrocher et que je vais devoir affronter la colère du patron. Je lui explique que, s'il ne me fournit pas de code dans la minute, je risque ma peau et celle de mon frère et de mes parents. Devant son absence de réaction, je craque et, au bord des larmes, je le supplie :

– S'il vous plaît... S'il vous plaît... S'il vous...

– OK, Scott, finit-il par lâcher, mais c'est la dernière fois que je travaille sans garantie. 552V4Y002K332.

Je mets quelques minutes à réguler ma respiration puis à retrouver mes esprits. Je suis prêt quand le dénommé Oscar rappelle. Je lui fais d'abord noter le numéro du compte à créditer.

– Combien ? demande le patron de sa voix de robot.

– Vingt-cinq mille.

Je l'entends rire à l'autre bout du fil, mais d'un rire mauvais qui dissimule mal une rage qui ne demande qu'à exploser. Qu'est-ce qui m'a pris de jouer ainsi avec le feu ? Je prends sur moi pour ne pas bafouiller :

– Pardon, patron, je sais que ça dépasse, mais il voulait un dédommagement pour la dernière fois. En plus, il demandait cinquante au départ mais j'ai réussi à le...

– La prochaine fois, je ne paierai pas autant. Scott, il va falloir que tu trouves une solution plus rentable.

– Le code, Scott, demande le technicien.

Je le lui transmets et lui demande s'il a besoin de mon assistance.

– À ton avis ? Je n’ai pas ta maîtrise du système LongLife. Comment veux-tu que je retienne une procédure aussi complexe en une seule fois ?

Je le guide à nouveau patiemment pendant presque la totalité du temps imparti. Je tente une question avant de couper la communication :

– Et cette fois-ci, c’est qui ?

Il raccroche sans me répondre. Dans l’état d’excitation extrême où je me trouve, je ne suis pas sûr de trouver le sommeil avant longtemps.

Quelques heures plus tard, je rejoins mon avocat qui m’attend au parloir.

– Vous semblez fatigué, Scott ?

– Non, ça va. C’est un peu bruyant ici la nuit. Alors je fais la sieste en début d’après-midi.

– Je vous apporte des nouvelles encourageantes. J’ai reçu un coup de téléphone ce matin du bureau du procureur. Il travaille sur votre dossier d’appel et devrait me recevoir très rapidement. Je veux rester prudent mais les choses pourraient évoluer positivement pour vous, Scott.

– Je vais sortir bientôt ?

– Ne vendons pas la peau de l’ours. J’en saurai davantage dans quelques jours. J’avoue que je me demande à quoi tient ce revirement. Jusqu’à maintenant, je le trouvais fermé à tout compromis. Vous…

Il s’interrompt quelques secondes pour me fixer dans les yeux.

– Vous ne me cachez rien, Scott ?

– Non.

Il grimace pour exprimer sa perplexité. Il ne va pas se contenter de ma réponse.

– Qui avez-vous reçu récemment au parloir ?

– Ma mère, mon copain Félix, ma copine Alma, vous.

– Je ne savais pas que vous aviez une petite amie. Vos parents ne m'en ont jamais parlé.

– Je ne leur dis pas tout. Surtout ce genre de truc. Ce sont des gens très pudiques, qui respectent l'intimité de leurs enfants. J'apprécie beaucoup leur attitude.

– Vous l'avez connue comment ?

– Cela ne vous regarde pas non plus.

Après une semaine d'absence, Vasco fait son grand retour. Ses copains l'entourent. Je le vois parler à chacun en les tenant par les épaules. Tilman me fait un signe discret. Je comprends que nous n'aurons plus l'occasion de discuter tous les deux. Son chef s'approche de moi, un petit sourire satisfait dessiné sur les lèvres. Son visage est encore enflé, surtout au niveau des yeux. J'essaye de ne pas le fixer quand il me parle.

– J'en ai pris plein la gueule, commence-t-il, mais je ne regrette pas le sacrifice. Tu es un bon investissement que je n'avais pas le droit de laisser passer.

– J'avoue que je ne comprends pas trop pourquoi je suis un tel enjeu pour vous.

– En assurant ta protection et en facilitant la communication entre vous, on montre au patron qu'on est fiables, qu'il peut nous faire confiance. Quand on sera à l'extérieur, on est sûrs qu'il nous prendra à son service. Et ce mec, crois-moi, on ne fait pas plus puissant. Personne n'ose se mettre en travers de sa route. Il a des alliés partout : des politiciens, des avocats, des juges, des policiers. En vrai, c'est lui qui dirige tout.

– Ça fait peur, une telle puissance, non ?

– Toi, il t'a à la bonne. Tant que tu ne déconnes pas, tu ne risques rien.

VENDREDI 24 FÉVRIER

La puissance du patron, j'ai pu la constater durant mes dix-sept derniers jours d'incarcération. Visiblement, il a bien une complicité au bureau du juge car Vasco a été informé avant mon avocat de mon heure de sortie. C'est pour seize heures aujourd'hui.

Il envoie aussi des gens pour surveiller ceux qui m'approchent. Alma m'a confié qu'elle a été suivie durant plusieurs jours quand elle rentrait de la fac. Elle a même été abordée par une inconnue dans le bus. La fille disait l'avoir rencontrée au cours d'une soirée, six mois plus tôt. Il s'avérait qu'elle en savait beaucoup sur Alma, sa famille, ses habitudes et ses fréquentations. Elle, de son côté, ne se souvenait pas de l'avoir jamais croisée. Elle a quand même joué le jeu pour essayer de savoir d'où venait cette fille et quelles étaient ses motivations réelles. Quand cette dernière a perçu que le rapport de force commençait à s'inverser et qu'elle risquait d'être démasquée, elle a préféré s'éclipser.

Alma se dévoile par petites touches. Nos échanges restent centrés sur ma mission d'infiltration. Il arrive tout de même, lorsque nous en avons fini avec le « boulot », que nous évoquions des aspects plus personnels de nos vies. Au début, c'était essentiellement orienté vers nos goûts musicaux, au final assez proches. Cela s'est élargi à ses études de droit, qu'elle essaye de poursuivre malgré sa mission. C'est surtout le ton qui a changé entre nous. L'ambiance est plus détendue. Nous avons même ri une fois. Alma a un côté parfait qui m'intimide. Je ne me sens pas à la hauteur. Elle n'a que deux ans de plus que moi, mais j'ai la sensation d'être un minus insignifiant à côté d'elle. C'est la première fois que je suis confronté à une telle situation. D'habitude, je montre plus de confiance en moi et je sais bien m'y prendre avec les filles. Au fond j'espère que, lorsque nous nous verrons à l'air libre, notre relation pourra devenir plus intime.

Hier, j'ai dit au revoir à Vasco et à Tilman durant la promenade. Les deux ont encore plus d'un an à tirer mais ils pourront être remis en semi-liberté d'ici quelques mois. C'est-à-dire qu'ils dormiront en prison chaque nuit mais seront à l'extérieur dans la journée pour étudier ou faire un stage. Nous nous sommes promis de nous revoir. Je ne sais pas si j'en aurai envie mais je n'aurai sans doute pas le choix, s'ils retravaillent ensuite pour le patron.

Durant les trois dernières semaines, le patron ne m'a plus sollicité pour de nouvelles missions. Tant mieux. Chaque fois, cela génère tellement de stress pendant et tellement de remords et de questions après. Je n'ai pas su à quoi avait servi le dernier gars que j'ai rendu

« transparent ». Ni Alma ni Vasco ne m'ont donné d'infos sur le sujet. J'espère qu'il n'y a pas eu de meurtre cette fois-ci et que le patron a seulement permis à un de ses complices de disparaître. Lors de notre dernier échange, il a évoqué quelques aspects de notre future collaboration. Il a d'abord promis de me laisser tranquille un « petit mois » après ma sortie. Pas pour me ménager, mais parce que la police surveille particulièrement les prisonniers durant le début de leur sursis. Il a un grand projet dont il m'entretiendra prochainement en tête-à-tête. Il est persuadé que je suis l'homme de la situation. Quand j'ai essayé de lui faire préciser ses intentions, il est resté vague. J'ai retenu les expressions « contrôle total » et « pouvoir de persuasion ».

– Toi, Scott, a-t-il précisé, tu construiras l'outil technique qui rendra possible mon grand projet.

Dans la même conversation, il m'a assuré que je deviendrais riche et que bientôt je bénirais le juge qui m'a envoyé en détention et lui a donné la chance de m'approcher. Rien que ça. Une nuit où mon cerveau était envahi de sales pensées paranoïaques, j'en suis venu à la conclusion que c'était lui, grâce à ses relations, qui m'avait fait jeter en prison dans le seul but de me prendre à son service.

Quand je me suis ouvert à Alma de cette hypothèse, elle s'est moquée de moi :

– Il ne faut quand même pas exagérer ses pouvoirs ! Toi, il est temps que tu reviennes à une vie normale. La prison est en train de te rendre fou, Scott.

Une « vie normale ». Comment peut-elle employer cette expression ? À ma sortie, je vais vivre plus dangereusement que jamais en infiltrant une organisation mafieuse. Je vais avoir souvent peur, et pas seulement au moment d'agir. Je vivrai dans l'angoisse d'être appelé pour un nouveau crime et ensuite dans le remords de ce que j'aurai commis. Il me sera impossible de faire des projets personnels, même à court terme. Depuis plusieurs jours, je réfléchis à l'attitude que je dois adopter vis-à-vis de ma famille mais aussi de mes amis de toujours. Le mieux serait de mettre entre eux et moi un maximum de distance. Il ne faut pas qu'ils soient, même de loin, mêlés à mes activités. Je compte bien dresser autour de moi une muraille infranchissable pour les protéger, quitte à ce que j'apparaisse à tous comme un parfait salaud, un égoïste qui ne vit que pour lui. Si mes ennemis me sentent proches de quelqu'un, celui-ci deviendra une cible pour faire pression sur moi ou m'atteindre. Je suis conscient que mon attitude va les peiner, mais je leur épargnerai ainsi des souffrances bien plus graves.

Je suis prêt depuis plus d'une heure. Mon sac est fermé. J'écoute de la musique pour passer le temps mais j'ai du mal à me relaxer et à en profiter pleinement. Dans mon cauchemar de la nuit précédente, j'ai rêvé de cet instant et ça ne se passait pas comme prévu. J'étais endormi. On frappait à ma porte et j'étais incapable de parler ni de bouger. Alors Alma et ma famille repartaient chez eux sans moi. Leurs visages étaient ravagés par la tristesse. Ils disaient même que j'étais mort et qu'ils ne me reverraient jamais.

La porte s'ouvre enfin. Un gardien m'accompagne dans les couloirs. Les prisonniers frappent sur la porte métallique de leur cellule avec la paume ou avec un objet dur pour m'accompagner jusqu'à la sortie. C'est une coutume impressionnante qu'il ne faut pas voir comme une menace. Les gars se défoulent. Certains se réjouissent pour moi, d'autres expriment leur colère contre l'institution. Les gardiens tolèrent l'exercice. Pourraient-ils faire autrement alors que tout le monde participe ? Je récupère mon portable, un collier et ma ceinture dans le bureau des surveillants. J'accède enfin à la porte principale qui donne sur ma liberté. Là, je prends une grande inspiration, je ferme les yeux. Mentalement, je rentre dans mon rôle. J'enfile mon masque. Mes parents sont là, près de la voiture. Ma mère se jette sur moi, en larmes. Je la laisse faire mais reste raide comme un piquet. Mon père prend mon sac et va le ranger dans le coffre de la voiture. Il attend que son épouse se détache pour me serrer brièvement dans ses bras.

– Stan est au collège. Il voulait venir avec nous, mais on a préféré qu'il ne manque pas ses cours.

Je me contente de hocher la tête pour montrer que j'ai compris.

– Tu n'es pas très causant, mon grand, risque ma mère après une bonne minute de silence.

Je fais un effort pour ne pas lui répondre mais j'imagine sans peine à cet instant ce qui doit lui passer par la tête. Elle avait dû se faire une telle joie de ces retrouvailles, surtout après sa visite où je m'étais montré plus affectueux qu'à mon habitude. Elle doit être terriblement déçue.

Au final, je n'ai été enfermé que trente-deux nuits en prison mais j'ai l'impression que ça fait beaucoup plus de temps que j'ai quitté la vie normale. Je regarde le paysage, qui n'a pourtant pas du tout changé, comme si je le redécouvrais après plusieurs années. Je croise le regard de mon père qui m'observe dans le rétroviseur. Il me sourit. Je détourne la tête. Mes parents n'osent plus me parler jusqu'à la maison.

Je vais m'enfermer dans ma chambre. J'entends mon père qui essaye de rassurer ma mère :

– C'est normal, après ce qu'il a traversé, qu'il soit un peu froid. Il faut qu'il retrouve ses marques.

Dans ma chambre, je recharge mon téléphone et je réponds un laconique « merci » aux messages de mes amis qui se sont donné le mot pour me souhaiter un bon retour. Je vais les décevoir car j'ai décidé de couper les ponts, au moins provisoirement, avec tous les membres du Grupp. Félix le sait, mais je doute qu'il ait déjà transmis l'information aux autres. Il doit encore espérer que je changerai d'avis.

Stan rentre du collège et lance à mes parents d'un ton enjoué :

– Il est là !

Je n'entends pas ce que répond mon père mais je pense qu'il doit essayer de modérer son enthousiasme. Stan frappe à la porte doucement.

– Entre, dis-je.

Il s'approche prudemment et se penche pour m'embrasser. Je me laisse faire mais je mets tout de suite les choses au point :

– Stan, la prison m'a changé. Ce ne sera plus pareil entre nous. Je vais avoir besoin de calme, de solitude.

– Si tu veux, dit-il simplement. Je suis super content que tu sois revenu. Tu m'as manqué, Scott.

Je rajuste mon casque et je ferme les yeux. Il est parti. Des larmes coulent sur mes joues.

SAMEDI 25 FÉVRIER

Dormir au calme, juste bercé par la respiration de Stan de l'autre côté de la cloison, est un vrai plaisir. Dormir d'un bloc sans prendre de produit, aussi. Je ne sais pas à quoi j'ai pu rêver mais je me réveille avec le sourire. Le dîner de la veille au soir a été assez pénible. J'ai dû faire face à la tristesse de ma mère, à la mine préoccupée de mon père et à la déception clairement affichée de Stan. J'ai mangé sans plaisir. Pourtant ma mère avait préparé mes plats préférés.

Aujourd'hui, autant essayer de les éviter. J'attends que mes parents soient en courses et Stan sous la douche pour avaler mon petit déjeuner en solitaire. À midi, j'arrive dix minutes après le troisième appel de mon père.

– Je m'étais endormi, dis-je simplement en guise d'excuse.

Les autres finissent déjà leur plat. Aucun ne prend de dessert, ce qui m'étonne de la part de mon frère. J'ai dû lui couper l'envie. Ma mère range en me tournant le dos.

Je devine qu'elle cache son visage résigné. Un jour, je pourrai tout lui raconter et elle me pardonnera.

J'occupe mon après-midi comme je le faisais en prison, allongé sur mon lit avec mes écouteurs. Sans l'avoir décidé consciemment, je sors faire ma promenade presque à la même heure que là-bas. J'évite le centre-ville pour ne croiser aucune connaissance. J'aurai déjà à les gérer lundi lors de mon retour au lycée. Je traîne vers les terrains vagues, près des usines et des entrepôts abandonnés où nous nous donnions rendez-vous la nuit pour préparer nos actions clandestines. Le Grupp, c'est une longue histoire. Au début, nous avions tout le temps peur d'être repérés, attrapés, voire punis. C'est qu'il n'est pas facile de sortir du conditionnement dans lequel on a été élevé depuis l'enfance. Lorsque nous avons découvert que la société LongLife n'était pas en capacité matérielle de surveiller tout le monde en même temps, ça a été une merveilleuse délivrance. Le pistage permanent se limite aux condamnés avec sursis, aux personnes suspectes de préparer ou d'avoir déjà réalisé un mauvais coup, aux gens fragiles qui perdent les notions d'espace et de temps. Si l'on reste dans son périmètre d'évolution, on peut se sentir libre. C'est nous quatre, ceux de la première fois où nous avons franchi la ligne jaune, c'est-à-dire Félix, moi-même et nos copines de l'époque, Ysée et Bahia, qui avons fondé ce qui allait s'appeler plus tard le Grupp. Nous l'avons ouvert progressivement à nos amis les plus sûrs et les plus motivés. Les nouveaux devaient d'abord partager notre révolte et nos convictions. Ils devaient être prêts à participer la nuit à nos expéditions pour taguer les murs de la ville. Nous avons tout de suite institué des règles strictes pour ne pas être repérés et identifiés. Nous avons décidé d'organiser les réunions, la nuit, dans des endroits abandonnés et non équipés de caméras de surveillance. Nous avons adopté le passe-montagne, même en plein été, et les vêtements sans marque visible. Dès le début, nous avons utilisé des pseudos et des rituels de sécurité. Le choix de la clandestinité nous est apparu comme une évidence, car nous avions tous en tête les récits de gens plus âgés, particulièrement celui d'un oncle de Félix. Il avait participé dix ans plus tôt à des manifestations lycéennes et étudiantes, qui s'opposaient aux abus de la politique de contrôle prônée par les autorités et appliquée par l'intermédiaire de l'organisme d'État LongLife. C'étaient déjà les mêmes revendications. Ils voulaient pouvoir choisir leur niveau de sécurité, assumer leurs propres risques, ne plus être obligés de subir les PE, etc. Ces gens, à l'époque, n'avaient pas été écoutés et LongLife avait utilisé tous les moyens nécessaires pour casser leur mouvement. Les activistes les plus virulents et les plus influents étaient systématiquement malades au moment des rassemblements. Ils souffraient de malaises et de tachycardie. Les manifestants se prenaient des P1 ou des P2 en pleine rue. Le mouvement s'était vite essoufflé. Le pouvoir qui avait, dans un premier temps, annoncé une concertation avec la population n'avait finalement pas revu ses positions. En sachant cela, nous avons donc décidé d'agir uniquement dans l'ombre, jusqu'au moment où il serait possible d'organiser des actions de plus grande ampleur. En attendant, nous avions envie d'expérimenter notre liberté à travers des activités vues dans des documentaires de l'époque précédente et qu'on n'avait plus le droit de pratiquer. Certaines comportaient des risques évidents, comme l'escalade ou la conduite de véhicules débridés, d'autres étaient plus inoffensives, comme les fêtes dans des endroits interdits ou des nuits dans la nature. Aucun d'entre nous n'avait de désirs suicidaires, donc nous prenions toutes les précautions possibles pour éviter les drames. D'ailleurs, nous n'avons jamais eu de morts ou de blessés graves. Tout a changé quand j'ai été contacté directement par un technicien anonyme de chez LongLife, qui nous a appris à pirater « raisonnablement » le système central. Cela évitait de mettre en panne des secteurs complets de la ville, ce qui était dommageable au système de prévention des violences et d'assistance aux accidentés. De plus, nos premières actions, qualifiées de dégradations volontaires, voire d'actes de sabotage, nous exposaient à de lourdes sanctions de la part des autorités.

Le secret sur nos activités a tenu jusqu'à la mort accidentelle du gars qui se faisait appeler Bruno. Le type avait abusé de mélanges alcoolisés de sa fabrication, sans doute réalisés à partir de produits pharmaceutiques et d'entretien. Dans notre organisation, il était convenu que ceux qui invitaient des amis, lors des fêtes, étaient responsables de leurs agissements et devaient les surveiller à tout instant, y compris durant leurs trajets aller et retour depuis leur domicile. Cela n'aurait pas dû arriver. Je sais que Phi en souffre aujourd'hui et qu'il ne commettra plus jamais la même erreur.

Je marche presque une heure avant de rentrer et de me glisser discrètement dans ma chambre.

Durant le dîner, mes parents semblent moins désolés. J'imagine qu'ils ont parlé de moi pendant l'après-midi et qu'ils commencent à relativiser. Après tout, je n'étais ni très bavard ni très affectueux avant ma détention. Ils doivent analyser la situation comme un retour au passé, avec un durcissement dû au traumatisme que j'ai subi. Mon père le disait hier : les choses vont s'arranger avec le temps.

DIMANCHE 26 FÉVRIER

J'émerge en début d'après-midi. Mon père ratisse des feuilles mortes avant de les mettre à composter. Stan est sorti et ma mère est invisible. Je me prépare des sandwichs. J'ai rendez-vous vers quinze heures avec Alma. Elle va m'expliquer la suite de ma mission. J'espère qu'on aura le temps d'aborder d'autres sujets. J'aimerais en savoir plus sur elle et, d'abord, si elle a quelqu'un dans sa vie.

Je me lave, m'habille. Ensuite, je vais fouiller dans le garage à la recherche de matériel de pêche. Cela fait partie de mon nouveau personnage. Je suis le gars qui a souffert d'être enfermé et a besoin de grands espaces, un gars en quête de silence et de nature. L'endroit a été rangé, je ne retrouve rien. J'espère que ma mère ne s'en est pas débarrassée. C'est vrai qu'il y a bien longtemps qu'on ne s'en est pas servi. Après une courte période d'engouement, il y a quelques années, Stan et moi avions fini par nous lasser et par délaisser totalement ce passe-temps. Je suis obligé d'aller voir mon père.

– Papa, je ne retrouve plus ma canne à pêche et mes grandes bottes.

– Je termine la pelouse et je te donne ça. J'en ai pour dix minutes.

– Laisse-moi finir pendant que tu cherches. Enfin, si tu veux bien.

– OK. Tu vas te remettre à la pêche ? Et tu vas aller où ?

– Sur les étangs de Saint-Pierre.

– Ce n'est pas tout près. Tu y vas avec qui ?

Je sens qu'il s'en veut d'avoir posé la question parce qu'il se mord immédiatement la lèvre. Je lui réponds :

– Avec une copine.

– Celle qui venait te voir au parloir ?

– Oui, elle s'appelle Alma.

Alma m'attend dans sa petite voiture à quelques dizaines de mètres de la maison. Je charge le matériel dans le coffre et je monte du côté passager. Je suis, durant un court instant, agréablement surpris qu'elle m'enlace pour m'embrasser, avant de m'apercevoir qu'elle le fait pour ma mère qui nous regarde par la fenêtre de sa chambre.

– Pas trop dur, commence-t-elle, de jouer l'enfant indigne ?

– Si. Enfin, surtout le frère indigne.

– Dis-toi que tu le fais pour sa sécurité.

– Je sais, mais c'est chiant.

Elle n'ajoute rien. Elle me comprend. Je remarque qu'elle a fixé la photo d'un garçon d'une vingtaine d'années à gauche de son tableau de bord. Je ne crois plus du tout à mes chances avec elle. Nous quittons la ville par la route du sud, celle qui ressemble à un tunnel à cause des hauts murs hérissés de barbelés qui la bordent. Son tracé coupe à travers les quartiers dangereux de la périphérie. C'est de là que viennent la majorité de mes ex-codétenus. Après de longues minutes de silence, je lui demande :

– Tu crois qu'un jour ces gens vivront dans les mêmes quartiers que nous ?

– Je t'avoue que je préfère ne pas avoir à les fréquenter quotidiennement. Tes récits de la vie en prison et les comportements que j'ai pu observer au parloir m'ont confortée dans cette opinion.

– J'étais avec les plus dangereux de ces quartiers, ceux qu'on a écartés. J'ai vraiment le sentiment que ces gars-là ne seraient pas si différents s'ils avaient vécu depuis leur enfance dans les mêmes conditions que les nôtres.

– Je n'en suis pas convaincue. Tu sais que je prenais sur moi pour venir. Même si je les savais surveillés et parfois entravés, j'avais très peur.

Nous arrivons à l'entrée de la réserve naturelle. C'est un domaine clôturé de plusieurs centaines d'hectares, où les familles viennent pique-niquer à la belle saison. Il y a aussi des parties plus sauvages et plus difficiles d'accès. Nous empruntons un étroit chemin pour nous rendre dans l'une d'elles qui se trouve presque aux limites de l'immense parc. Après un bon quart d'heure de marche, nous débouchons devant le plus petit des étangs du domaine. Nous prenons place sur un tronc couché.

– Ici, nous serons tranquilles, commence Alma.

– Il doit exister des endroits plus évidents à atteindre et tout aussi déserts, non ?

– Mais nous avons pensé à d'éventuels scénarios pour la suite de ta mission et c'est cet endroit que nous avons choisi. Tu comprendras bientôt pourquoi. Je reste ton unique correspondante. Je vais te donner mon numéro de portable. Normalement, tu ne dois l'utiliser qu'en cas d'urgence, mais appelle-moi si tu te sens vraiment mal. La mission qu'on te confie va t'isoler complètement de ton entourage et je comprendrais que tu aies besoin de me parler parfois. La ligne est sécurisée, mais il ne faudra tout de même pas en abuser. Nous nous verrons tous les dimanches, comme des gens en couple. Ça, c'est le rôle que l'on doit tenir vis-à-vis de ta famille. Je resterai discrète, mais il ne faut pas qu'ils doutent de mon existence car je pourrai te servir d'excuse. Dis-toi que tu es surveillé en permanence par la police, *via* ton implant. Ils suivent vingt-quatre heures sur vingt-quatre ta géolocalisation et tes courbes de stress. Tu es aussi surveillé par des agents stationnés dans ta rue au cas où le patron te convoquerait en te demandant de te rendre transparent pendant la rencontre. Normalement, ces officiers sont discrets, et je ne suis pas certaine que tu les repères tout de suite. Donc, tu n'as rien à craindre.

– Et ma famille ?

– Tes parents et Stan sont pistés en permanence grâce à leur implant. À la moindre alerte, une équipe peut intervenir. Pour eux, c'est déjà opérationnel depuis que tu nous as donné ton accord.

– Pourquoi vient-on si loin, tous les deux ?

– Ah toi, tu ne lâches jamais tant que tu n'as pas obtenu ce que tu voulais ! Ici, on est près de la frontière et on pourra très vite te mettre en sécurité.

– Et comment j'explique qu'on ne se voie qu'une fois par semaine ? C'est peu pour des amoureux.

– Officiellement, je fais mes études à Novobourg.

Nous nous levons pour repartir. Elle me propose de faire le tour de l'étang avant de regagner la voiture.

– Tu n'es pas pressé, au moins ?

– Non, en rentrant, tu t'en doutes, je vais être bon pour une soirée d'ennui et de stress. J'angoisse un peu pour demain, à l'idée de me confronter à tous mes anciens amis.

– Raconte-moi comment tu comptes t'y prendre.

Je lui détaille tous les gens que je vais devoir croiser et dont beaucoup attendront des gestes d'amitié que je ne pourrai pas leur offrir. C'est Félix que je redoute le plus parce que, jusqu'à mon accord avec le procureur, on ne se cachait jamais rien. Et même si je l'avais voulu, d'ailleurs, ce gars lit en moi comme dans un livre. Désormais, j'ai toujours peur de ce qu'il peut y voir. Alma m'écoute, respecte mes longs silences sans essayer de me relancer. À un moment, elle pose son bras sur mon épaule pendant quelques secondes pour me signifier qu'elle me soutient. Mais demain, je serai seul.

Pour rompre le silence, dans la voiture, elle m'interroge :

– Scott, tu pourrais m'expliquer pourquoi votre organisation s'appelle le Grupp et pas le Groupe. Dans le dossier de la police, il est écrit que ce serait du suédois. Pourquoi du suédois ?

Sa question me fait sourire car elle fait instantanément rejaillir une foule de souvenirs heureux, ceux des débuts de notre aventure. À l'époque, nous n'étions que quelques-uns à délirer dans la chambre de Félix des après-midis entiers.

– Groupe en suédois, c'est l'explication rationnelle donnée bien après l'invention du nom. C'est ce qu'on a trouvé quand on a tapé *Grupp* dans un moteur de recherche. Nous voulions juste être sûrs que ça n'existait pas encore. En fait, je ne sais plus qui en a eu l'idée. Je crois qu'on voulait surtout ne pas faire comme tout le monde, et aussi que ceux qui n'étaient pas initiés le prononcent d'une façon ridicule : « grupe ». Des raisons pour justifier l'orthographe de Grupp, nous en avons imaginé plein. C'était comme un jeu. Chacun en inventait de nouvelles à chaque fois.

– Et tu te rappelles certaines ? interroge Alma, amusée.

– Oui, quelques-unes. Je te cite de mémoire. Alors... dans les plus classiques, il y avait : « On l'écrit "Grupp" parce qu'on s'en fout des règles d'orthographe, parce qu'on n'est pas comme vous. » D'autres s'amusaient avec les lettres. L'un de nous avait dit, je crois que c'est Félix quand il s'essayait à des mélanges alcoolisés : « On écrit sans o parce qu'on n'aime pas l'eau et avec deux P parce qu'on aime les pépés. »

– C’est quoi des pépés ? Des grands-pères ?

– Non, c’est un très vieux mot pour désigner des jeunes femmes. Félix a dû le trouver en faisant des recherches sur le Net. Après il y a eu la mode des acronymes. Nous étions pour certains un « Groupuscule Rebelle Urbain de Pirates Passionnés » ou des « Grands Radicaux Utopistes Populaires et Pressés ». Je ne peux pas tous te les citer. Il y en avait tellement et beaucoup étaient carrément débiles ou hors sujet. Les membres du Grupp en composaient sans arrêt pour faire rire les autres au moment des réunions.

– Et toi, tu avais inventé quoi ?

– Moi, c’était nul, je ne suis pas un créatif. J’ai préféré oublier.

– Allez, m’encourage ma conductrice.

– Non, je ne sais plus… Un truc qui se terminait par Papillons Péteurs. Tu vois, aucun intérêt.

– Le Grupp, ça doit te manquer ?

– Bien sûr. Mais, un jour prochain, j’y retournerai. Je n’abandonnerai jamais ce combat, parce qu’il est juste.

Elle me dépose devant chez moi un peu après l’heure du repas. Au moment de sortir de la voiture, je sens sa main qui effleure mon bras.

– Il faut que je te dise qu’on a repéré ton frère avec deux autres personnes au nord de la ville près de la deuxième autoroute circulaire dans la nuit de samedi à dimanche. Les rapports de chez LongLife que j’ai pu lire juste avant de passer te chercher font état d’« interventions extérieures et inconnues visant l’application qui régule les périmètres d’évolution », ce qui signifie…

– … que le Grupp a organisé une fête et que mon frère y était.

– Oui, il y a de fortes chances que ce soit le cas.

Je prends le temps d'encaisser l'information avant de quitter le véhicule. Je passe directement voir Stan. J'aimerais bien pouvoir lui mettre les points sur les i tout de suite, mais mes parents pourraient nous entendre si le ton monte. Nous nous mettons d'accord pour discuter le lendemain après les cours. J'ai juste le temps de croiser sa mine réjouie par cette perspective avant de refermer sa porte derrière moi. Il est loin de se douter que je vais l'engueuler.

LUNDI 27 FÉVRIER

J'ai toujours détesté les lundis, mais celui-là encore davantage que les autres. Je marche vite en me concentrant sur mes pas. J'évite ainsi d'accrocher le regard de ceux qui empruntent le même chemin. Mais cela ne suffit pas. Un gars m'interpelle depuis le trottoir d'en face :

– Hé, Scott ! T'es revenu ?

Je lui adresse un simple signe de la main en espérant qu'il s'en contentera. Mais il traverse pour me rejoindre. Il ne fait même pas partie de mes amis proches. Nous avons seulement été dans la même équipe de hand il y a deux ans.

– Tu ne veux pas me raconter ?

– Il n'y a rien à raconter. Laisse-moi. J'ai envie d'être seul.

Il ralentit son pas. Je sens son regard accroché à mon dos pendant de longues minutes. J'essaye d'imaginer comment il va interpréter mon attitude. « Je me sens supérieur parce que j'ai vaincu une épreuve et que je suis devenu un vrai mec. » Ou bien : « J'ai tellement souffert en prison que j'en suis sorti complètement traumatisé. » Dans les deux cas, ce sont de mauvaises interprétations, mais il s'en contentera, car je ne lui dirai rien. De toute façon, la vérité est impossible à divulguer. Je pénètre dans le lycée sous les hourras de mes anciens potes. Je les crois sincèrement heureux de me retrouver. Soulagés surtout. Maintenant que j'en suis sorti vivant, certains se sentent peut-être moins coupables de m'avoir laissé payer seul pour nos exploits collectifs. Je baisse la tête et reste muet. Oui, je fais la gueule. Je me dis que, même si je n'avais pas de mission à remplir, je trouverais leur attitude déplacée, voire gênante. Il n'y a aucune fierté à avoir séjourné en prison. L'épreuve ne prend fin que lorsque le premier cours démarre. Les élèves se concentrent enfin sur autre chose que ma petite personne. À la pause, je reste discuter avec le prof du travail à rattraper. Je fuis à l'extérieur au moment du déjeuner. En repartant après les cours de l'après-midi, je suis rejoint par Félix. Lui, je savais que ce serait difficile de lui échapper.

– Qu'est-ce qui t'arrive ? T'es encore dans les emmerdes, c'est ça ? Mais tu ne peux rien me dire ? Je croyais qu'on se disait tout. Je me suis trompé ?

– Non, je te disais tout, mais maintenant c'est différent. Tu restes mon ami mais c'est mieux pour ta sécurité que tu ne saches rien.

– Ça a l'air sérieux, ton truc. Même en dehors, ils te tiennent encore ?

– Oui, et c'est pour ça que, tant que ça durera, il faudra qu'on garde nos distances. Je ne veux pas te mêler à mes problèmes.

– Tu as tort. Les amis, c'est fait pour ça.

Mal à l'aise, je ne trouve rien à répondre. Il demande :

– Tu es sûr qu'on est toujours amis, Scott ?

Sa question me tord l'estomac. Je détourne le regard quand il reprend :

– OK, je te laisse. Qu'est-ce que je dis aux autres ?

– Dis-leur que je quitte le groupe et que j'ai besoin d'être seul.

– Je vais essayer de calmer leur enthousiasme pour qu'ils te foutent la paix. Tu sais où me trouver en cas de besoin.

Il me tapote l'épaule avant de traverser la rue.

– Attends, dis-je, il faut que je te parle de mon frère. J'ai appris qu'il était à votre fête dans les souterrains samedi soir, alors que tu m'avais promis...

– Scott ! Je ne sais qui t'a raconté ça, mais c'est des conneries. Ton frère est venu nous voir juste après ton incarcération. Nous ne lui avons rien raconté sur toi ou sur le Grupp. Je te le jure. Nous l'avons même un peu... rudoyé, si tu vois ce que je veux dire. Et samedi, s'il avait été là, l'un de nous l'aurait reconnu.

– OK, je verrai ça avec lui. Salut.

Après quelques centaines de mètres, je repère une voiture en stationnement, dont la porte passager est ouverte. Machinalement, je tourne la tête pour voir l'intérieur. Un type massif aux cheveux très courts me sourit.

– Scott, c'est ça ?

– Oui.

– Monte.

Je sais très bien qui l'envoie. Avant d'obéir, je lève les yeux vers le poteau tout proche qui supporte l'éclairage public. Il n'y a pas de caméra fixée à cet endroit.

Mais je ne dois pas m'inquiéter. Alma me l'a certifié. Je suis surveillé directement par des flics et également grâce à mon implant.

Je m'installe à côté de lui. Il me tend une cagoule comme celles que mettent les motards sous leur casque. Les deux trous pour les yeux ont été cousus. Je l'enfile sans discuter et la voiture démarre.

– Baisse-toi. Évite de te faire remarquer.

Pendant les premières minutes, j'essaye d'analyser notre trajet. Nous tournons une fois à gauche puis une fois à droite. Je pense donc que nous sommes sur l'avenue qui mène à l'aéroport. En même temps, j'ai du mal à apprécier la vitesse et donc les distances. Nous pouvons nous trouver sur une parallèle. Je renonce bientôt car l'exercice me demande trop d'efforts et je ne suis sûr de rien. Nous roulons longtemps et effectuons de nombreux virages, trop nombreux pour un trajet direct. Le chauffeur doit avoir des consignes pour que je ne puisse pas situer la zone où nous nous trouvons, ou alors il s'efforce de semer les policiers qui me suivent. La voiture s'arrête enfin. Nous sommes encore en ville mais dans un secteur peu fréquenté. Il me saisit par le bras et m'entraîne dans une allée gravillonnée. Je pénètre dans un vaste hall puis dans un ascenseur. À chaque étape, j'entends le type taper de longs codes et attendre une autorisation émanant d'une voix synthétique. Il me débarrasse enfin de ma cagoule.

– On y est, annonce-t-il en me poussant doucement dans un vaste appartement dont les stores sont baissés.

– On est chez qui ?

Le gars me fixe, impassible. Je n'aurai pas de réponse. Il me fait asseoir dans un canapé et prend place devant moi. Je demande :

– On fait quoi ici ?

– On attend.

Au début, je ne suis pas inquiet mais, à mesure que le temps passe, je sens monter mon angoisse. Pourquoi le patron m'a-t-il convoqué si vite ? Il m'avait promis de me laisser tranquille pendant un mois. Peut-être qu'ils m'ont espionné la veille quand j'étais au lac avec Alma. S'ils ont réussi à capter notre discussion, ils savent que je travaille pour le procureur et que je m'apprête à les trahir. Que vont-ils me faire ? Dois-je comprendre que je vis mes derniers instants ? Non. La police m'a localisé. Ils sont en train d'organiser une intervention. Il faut que je m'attende à les voir débarquer d'une minute à l'autre. Je sors mon portable pour regarder l'heure. L'autre lève le doigt d'un air menaçant. Il craint que je n'en profite pour prévenir quelqu'un. Soudain, j'entends le bruit de l'ascenseur puis celui de bottes qui martèlent le carrelage. L'homme qui se présente devant moi n'est pas très grand. Il a revêtu une combinaison de motard trop large et un long manteau noir. Son visage est caché par la même cagoule que celle qu'on m'a obligé à porter durant le trajet. Sauf que celle-là a conservé ses trous pour les yeux. Si je voyais une personne dans un tel accoutrement dans n'importe quelle fiction, je suis certain que ça me ferait sourire. Sauf que le regard dur qui me fixe est carrément effrayant.

– Nous nous rencontrons enfin, Scott, dit-il de sa voix trafiquée. Mais, rassure-moi, le petit sourire que je vois se dessiner sur tes lèvres… ce n'est pas pour te moquer de mon apparence ?

– Non, pas du tout, dis-je, au bord du malaise, ce n'est pas un vrai sourire… C'est un réflexe que j'ai… depuis que je suis tout petit… quand j'ai peur… Là, j'avoue que j'ai… très peur et je suis désolé si…

– Ça suffit ! J'ai compris. Ne perdons pas de temps. J'ai besoin d'un code tout de suite.

– Je croyais que, pour des raisons de sécurité, il ne fallait pas qu'on se…

– Peu importe ce que j'ai pu dire avant. J'ai un problème à régler. Appelle ton contact chez LongLife, transmets le code à Oscar et aide-le dans sa manœuvre.

Je m'exécute sans chercher à en savoir davantage. Le patron m'observe, le corps figé et le regard vissé sur mon visage. Je remarque qu'il a un curieux tic. Il rejette sa tête en arrière toutes les dix ou quinze secondes. Cela me fait penser au mouvement un peu raide de certains oiseaux. Dès que je raccroche, il sort son téléphone et quitte la pièce. Je retourne m'asseoir et j'attends presque une demi-heure avant de le voir réapparaître.

– Tu vas pouvoir rentrer chez toi, Scott. Mais avant, j'ai une question à te poser.

Je m'aperçois que, lorsqu'il parle, son tic ne disparaît pas mais qu'il est moins net.

– Ton copain Félix, il n'est pas un peu collant avec toi ? Tu vois ce que je veux dire, un gars du genre à fouiner, à poser trop de questions ? Cela pourrait s'avérer dangereux pour nos affaires, tu ne crois pas ?

– Non. C'est bon, je lui ai parlé.

– J'ai préféré m'en assurer. Je pense que maintenant il a bien compris le message.

– Qu'est-ce que vous lui avez fait ?

Il reste planté là, impassible, sûr de sa puissance. J'imagine même qu'il sourit sous le tissu. Il ne répondra pas.

– Vous n'avez pas le droit ! dis-je en me levant et en m'avançant vers lui.

Il me décoche alors une puissante gifle qui me projette en arrière et manque de me faire perdre l'équilibre. Le chauffeur qui était resté en retrait vient se placer entre le patron et moi pour prévenir ma réaction. Je ne fais pas le poids, je le sais. Intérieurement, j'enrage mais je ne peux rien faire. Il reprend sèchement :

– Ne m'oblige pas à aller plus loin avec toi, Scott. Ici, il n'y en a qu'un qui décide et c'est moi. Rico, ramène-le chez ses parents. Je ne voudrais pas qu'ils s'inquiètent.

Quand j'arrive à la maison, mes parents sont déjà rentrés. Je ne me justifie pas et je file dans ma chambre. On dîne sans que je décroche un mot, puis je fais signe à mon frère de me rejoindre juste après. Mes parents seront occupés devant leur écran et ne viendront pas écouter à la porte.

Stan débarque avec un grand sourire aux lèvres mais comprend vite que je ne suis pas là pour lui faire des câlins. Il m'avoue rapidement que, comme personne ne voulait lui expliquer clairement ce qui m'arrivait, il a décidé de chercher par lui-même. Je découvre qu'il a fait preuve de beaucoup d'ingéniosité et de courage pour découvrir une partie des secrets du Grupp. Il a même réussi à espionner plusieurs réunions sans se faire repérer. Je suis fier de lui mais je me garde bien de le lui montrer. Ce serait l'encourager à poursuivre sur une voie dangereuse. Son ton est très affirmé et je me rends compte soudain que le petit Stan a bien grandi. Alors, je joue mon rôle de grand frère devenu, après son passage en prison, très raisonnable et très sévère. Je le menace de tout ce qui me passe par la tête. Il encaisse. Il a compris. Il sort la tête basse. Ce n'est clairement pas la discussion qu'il attendait.

Alma m'appelle dans la soirée.

– J'ai appris que le patron s'était manifesté plus tôt que prévu. Deux inspecteurs t'ont suivi jusqu'au quartier de l'Horloge. Tu es resté plus d'une heure dans un immeuble neuf en compagnie d'un certain Rico, connu des services de police pour des faits de vols avec violence et sorti de prison il y a six mois.

– En effet, j'y ai aussi rencontré le patron en personne. Tes inspecteurs ont raté une occasion de l'identifier et de l'arrêter.

– Ils ne disposaient pas de cette information. Ils ont reçu l'ordre de ne pas intervenir car ils risquaient de trahir ta couverture. Quand tu es sorti, une équipe vous a suivis jusque chez toi pendant qu'une autre restait sur place.

– Ils ont dû voir sortir le patron après ?

– Non. Le bâtiment a été fouillé. Ils n'ont rencontré qu'une femme de ménage qui nettoyait un des appartements pour le compte d'une agence immobilière. Elle leur a expliqué que l'immeuble n'était pas occupé pour l'instant.

– Le patron a dû sortir par une autre issue.

– Possible. Probable. Mais, d'après les hommes sur place, il n'y a qu'une issue à cet immeuble. Bon, bref, raconte-moi ce qui s'est passé dans le détail.

MARDI 28 FÉVRIER

Hier, durant la soirée, j'ai essayé d'appeler Félix mais il n'a pas répondu. Ce matin, au moment d'aller au lycée, j'ai la gorge serrée. Je n'imagine pas que l'intervention des hommes du patron n'ait pris que la forme d'une menace verbale. Dans quel état vais-je le retrouver ? Je devine qu'en plus il a eu le droit à la visite des flics qui ont repéré son « stress de violence » grâce à son implant LongLife. Le connaissant, je suis certain qu'il ne m'a pas mis en cause. Les forces de l'ordre risquent donc de le suspecter, lui, d'être lié à des trafics avec des gens peu recommandables.

Ce matin, ceux qui me fréquentaient avant semblent avoir compris qu'ils ne devaient plus chercher à m'aborder car aucun ne s'y risque. Personne ne fait montre d'hostilité, juste de réserve ou d'indifférence. C'est finalement moins dur que ce que j'imaginais. Félix est absent aux deux premières heures. À la pause, je m'installe à portée d'oreille du petit groupe de ses proches. L'un d'eux essaye de l'appeler mais tombe sur son répondeur. Un des gars se désigne pour faire un saut chez lui à l'heure du déjeuner. C'était aussi mon idée.

Les cours s'enchaînent lentement. Seul, à ne faire qu'écouter le prof ou les autres qui interviennent, je m'ennuie ferme. Et puis c'est difficile de se concentrer sur le sujet quand mon cerveau élabore, sans que je puisse endiguer leur flux, les pires hypothèses à propos de Félix.

Dès la fin des cours du matin, je me rue dans les couloirs comme un petit de sixième qui ne peut plus tenir en place. Je dévale les escaliers et me précipite dans la rue. Je sonne plusieurs fois chez mon copain avant d'entendre bouger à l'intérieur. C'est Félix qui ouvre. Il est marqué mais tient debout. Ses lèvres sont gonflées et son œil droit est fermé. Il jette un regard angoissé aux alentours avant de lâcher :

– Entre vite.

Il se déplace comme un vieux perclus de rhumatismes. Il se laisse tomber sur le canapé du salon en grimaçant. Je m'assois en face de lui. Je n'ose poser la question stupide qui me brûle les lèvres : « Ça va ? » Heureusement, il prend l'initiative :

– Rassure-toi, je n'ai rien de cassé. Ces gars-là sont des professionnels très efficaces. Ils voulaient juste me faire mal et que ça se voie. C'était seulement un avertissement. Je ne dois plus t'approcher. Si nous sommes aperçus ensemble, ils frapperont plus fort.

– Et les flics ne les ont pas repérés ?

– Non. On leur avait débranché leur fonction de géolocalisation. Je n'ai rien dit sur toi, Scott.

– Je sais.

Soudain, je réalise que le « patron » m'a utilisé pour mettre en œuvre l'agression de mon meilleur ami. C'est moi qui ai appelé pour obtenir le code d'entrée dans le *back office* de LongLife et ai aidé à les rendre transparents. C'est donc grâce à moi que les gars ont pu agir impunément. Je me sens pieds et poings liés, et c'est insupportable. Félix reprend d'une voix lasse :

– Tu es venu pourquoi ?

– Je voulais juste m'excuser.

– T'excuser de quoi, Scott ? Tu ne contrôles rien, mon pauvre. J'ignore même si c'est possible que tu te sortes de la merde où tu t'es mis. Peut-être en allant voir la police ?

– Non, je me débrouille. Je vais m'en sortir. Ensuite, les choses redeviendront comme avant.

– Si tu le dis.

– Tu es mon meilleur ami, Félix, et je tiens à toi.

Mon copain esquisse un sourire douloureux. Je reprends :

– J'ai écouté tes potes au bahut. Ils ont envoyé un gars aux nouvelles. Il ne devrait pas tarder. Je vais sortir discrètement par le jardin et je couperai par le parc. C'est plus prudent. Je suis désolé pour tout ça.

– Tu t'es déjà fait amocher, Scott. Tu sais qu'on finit par s'en remettre. C'est plutôt pour toi que je m'inquiète.

Je ferme le portillon qui donne sur le parc au moment où retentit la sonnette de l'entrée. Je marche tranquillement.

J'ai besoin de réfléchir et je ne suis pas pressé de revoir les autres. J'espère qu'un jour le patron et sa bande me laisseront tranquille. En formulant cette dernière réflexion, je souris de ma propre naïveté. Ma vie est gâchée à jamais. J'ai dix-sept ans et je suis déjà fini. Je m'achète un sandwich avant de regagner le lycée.

Ce soir, ma mère a besoin de parler. Elle raconte qu'en se rendant à son boulot elle a eu un doute. Avait-elle emporté son portable ? Elle s'est mise à fouiller son sac et ne l'a pas trouvé à sa place habituelle.

– Tout en marchant, explique-t-elle, j'ai vérifié les poches de mon manteau. Comme je ne le trouvais pas, je me suis angoissée. Si jamais il vous arrivait quelque chose et qu'on ne puisse pas me prévenir.

– Que veux-tu qu'il nous arrive ? demande mon père.

– Je ne sais pas, dit-elle en me regardant.

Je comprends que l'annonce de mon arrestation lui est revenue soudain en mémoire. Elle marque un temps avant de reprendre :

– Pour finir mon histoire, mon téléphone était sous mon paquet de mouchoirs dans une poche de mon manteau, un endroit où j'avais l'impression d'avoir déjà cherché, d'ailleurs.

Je croise le regard de mon frère qui se demande à quoi rime ce récit. Ma mère continue :

– Au moment où je retrouvais enfin mon téléphone, et mon sourire par la même occasion, une voiture a freiné à ma hauteur et deux hommes en sont descendus rapidement. Ils se sont plantés devant moi en bloquant le passage. Par réflexe, j'ai serré mon sac contre moi. Mais ils ne m'ont rien fait et se sont finalement écartés pour me laisser passer. Je me suis ensuite sentie observée durant plusieurs minutes alors que je m'éloignais.

– C'était qui ? demande mon frère, soudain intéressé. Des flics ?

– Je ne sais pas, mais leur comportement était vraiment étrange.

– Dis, intervient mon père, tu ne crois pas que tu aurais pu te monter la tête toute seule ?

– C'est ça, dis que je suis folle aussi ! s'insurge ma mère.

Je me garde bien de rentrer dans la discussion mais j'aurais tendance à penser que mon paternel est dans le vrai. Ma mère a toujours eu de l'imagination. À moins, et ce serait plus rassurant, qu'une véritable surveillance n'ait bien été mise en place pour les membres de ma famille.

SAMEDI 25 MARS

Un mois, ça passe lentement quand on s'enferme dans la solitude. Je me surprends à me parler à moi-même, à haute voix, quand le silence me pèse trop. Si mon frère m'entend de l'autre côté de la cloison, il doit penser que je perds les pédales. Heureusement, il y a le dimanche et les longues promenades avec Alma. Elle ne se livre pas et préfère me laisser parler. Parfois, je la vois sourire mais c'est de la bienveillance. Jamais je ne sens de sa part la moindre moquerie ni le moindre jugement. Je sens que je tombe chaque fois un peu plus amoureux d'elle. Je me trouve pathétique. Mon frère est en train de changer. Il fréquente moins son copain Sol et invite souvent une certaine Lottie après le collège. Ils sont très mignons tous les deux, très attentionnés l'un envers l'autre. On dirait déjà un vieux couple. Connaissant l'appartenance de sa grande sœur Maroussia à l'organisation, je n'ai pu m'empêcher de me poser des questions. Et un après-midi où je me suis retrouvé seul avec elle dans la cuisine, je lui ai demandé si elle était envoyée par le Grupp pour m'espionner, me surveiller... Je l'ai sentie très mal à l'aise et elle m'a déclaré en bafouillant qu'elle n'était là que pour Stan, qu'elle aimait beaucoup, et qu'elle était prête à le jurer sur la tête de ses parents. Comme j'ai insisté un peu, elle a fini par concéder que Félix lui avait dit que, la vie de Stan étant « menacée par les mauvaises fréquentations de son frère », elle ne devait pas hésiter à signaler à sa sœur si quelque chose d'inhabituel ou d'inquiétant arrivait à mon frère. Je me suis platement excusé pour ma brutalité. Cette Lottie est définitivement une fille bien.

Depuis le début de la semaine, le compte à rebours est enclenché. Je m'attends à tout instant à entendre retentir la sonnerie de mon téléphone. Ce matin, je suis parti courir en oubliant de l'emporter. Curieusement, je ne m'en aperçois que lorsque j'approche de la maison.

J'ai un message sur mon répondeur : « Tu fais quoi ?!! » et trois appels manqués provenant d'un même numéro masqué. Ça y est, c'est reparti. J'en ai déjà mal au ventre. Ça sonne à nouveau.

– Je suis là.

– Qu'est-ce que tu foutais ? demande la voix grave du technicien. J'allais appeler le patron. Ce n'est pas le genre d'erreur qu'il laisse passer !

– J'étais parti courir.

– C'est pour ce soir. Tu recevras des précisions un peu plus tard. En attendant, tu ne quittes plus ton téléphone. Et tu appelles ton contact pour te rendre invisible.

La tension monte à mesure que la soirée se profile. De combien de meurtres vais-je me rendre complice avant que la police ne puisse coincer le patron ? Surtout si nous parvenons à mettre au point ce qu'il appelle son « arme fatale »... Au cours du repas, j'annonce que je passe la soirée chez Alma et que je rentrerai tard. Mon père ne peut s'empêcher de déclarer en souriant :

– On aimerait bien la rencontrer, cette jeune fille.

– Bientôt, je vous le promets.

Je temporise pour éviter qu'il ne leur vienne à l'idée d'avertir la police. Beaucoup de parents le font, par exemple, quand ils craignent que leur enfant ne rejoigne des drogués ou des malfaiteurs... ou les membres du Grupp, s'ils en connaissent l'existence.

– Au fait, tu l'as rencontrée comment, cette Alma ?

Je laisse passer un long silence avant de me lever et de lâcher :

– Une autre fois, maman.

J'appelle mon contact chez LongLife pour désactiver la fonction « géolocalisation » de mon implant, comme Oscar me l'a demandé. Mon escapade ne doit pas laisser de traces.

Mon contact décroche avant la deuxième sonnerie.

– Bonsoir, Scott. Le patelin breton où tu as passé des vacances deux ans de suite ?

– Plouha.

– 12T32U098Q904

– Attendez. Il est possible que je rappelle un peu plus tard. Et là, j'aurai sans doute des gens autour de moi. Ne vous étonnez pas si je vous parle argent. Je leur ai dit que, d'habitude, vous réclamiez vingt-cinq mille par code.

– C'est quoi cette histoire ?

– C'est la police qui m'a demandé de dire que vous vous faisiez payer. C'est plus compréhensible pour des mafieux.

– Et il va où, tout ce fric ?

– Sur un compte à eux.

Je quitte la maison vers vingt-deux heures, alors que mes parents sont en train de visionner un vieux film. Ils prennent sur eux pour ne pas le montrer, mais je suis certain qu'ils s'inquiètent. Pour une fois, ils auront vraiment raison. Je me dirige vers les terrains de sport désertés à cette heure et remonte vers le nord. Je repère le gars de la dernière fois qui fume sous un lampadaire. Nous échangeons à peine un regard. Je monte à l'arrière, enfile la cagoule posée sur la banquette et m'allonge. Je l'entends recracher la fumée avant de prendre place dans le véhicule et d'allumer le contact.

– Tu as laissé ton portable chez toi ? demande-t-il d'un ton sec.

– Oui, bien sûr.

– Je vérifierai.

Je me laisse aller. Je suis en mission. Je n'ai pas vraiment le choix. Il ne faut pas que je m'angoisse. L'équipe de la police en faction dans ma rue va nous suivre. La voiture s'arrête au bout de quelques minutes et la portière s'ouvre. Le dénommé Rico me fait sortir en appuyant sur mon crâne pour éviter que je ne me cogne. Nous marchons sur une allée dallée. Il ouvre une porte et me pousse à l'intérieur. Il enlève ma cagoule. Je suis dans l'entrée d'une maison à la décoration vieillotte. Il flotte comme une odeur de moisi. Je suis mon guide jusqu'à un salon au milieu duquel trône un large bureau. Un jeune gars aux cheveux clairs et bouclés est assis derrière, son ordinateur portable ouvert devant lui. Je reconnais la voix grave qui m'interpelle :

– Salut, Scott, lance-t-il. Je suis Oscar. C'est gentil de nous rendre visite.

Comme si j'avais le choix ! Le gars m'invite à prendre place près de lui face à l'écran allumé. J'y vois un décor de plage exotique avec cocotiers et sable blanc. C'est une photo grand format fixée sur un mur. Le patron, habillé de la même manière que le jour où il m'a giflé, s'installe face à son propre écran.

– Scott, ça me fait plaisir de te revoir, j'espère que je ne t'ai pas trop manqué. Serais-tu capable d'accélérer les battements cardiaques d'une personne en manipulant son implant à distance ?

– Oui, je l'ai fait une fois.

– J'en étais sûr. À quelle occasion as-tu pratiqué ce genre d'expérience ?

– C'était pour affaiblir un gars pendant un combat à mains nues qu'on avait organisé dans une cave. Il était vraiment trop balèze. J'ai eu peur qu'il ne tue un de mes amis qui se battait pour la première fois.

– Comment fait-on ça techniquement ?

– Il y a sur l'application LongLife une fonction qui régule le rythme des battements du cœur. Elle peut l'accélérer ou le freiner en jouant sur un curseur. On peut assez facilement en prendre les commandes manuellement.

– Est-ce que ta manipulation aurait pu s'avérer risquée pour ton cobaye ?

– Peut-être. S'il avait eu une malformation ou une faiblesse cardiaque. Là, nous connaissions le gars et ce n'était pas le cas. Donc, pour des personnes en bonne santé, je ne crois pas que ça puisse être dangereux.

– Pourquoi ?

– Le système est bridé pour éviter les accidents.

– Penses-tu pouvoir le débrider ?

– Je ne sais pas.

– Moi, j'ai confiance en toi. Alors, tu vas appeler ton petit copain pour acheter une demi-heure et, avec Oscar, vous allez réussir, d'accord ?

– Mais vous voulez faire quoi au juste ?

La liaison est coupée. Je reste un long moment devant l'écran noir. Oscar me fait sursauter en posant la main sur mon épaule.

– On s'y met, Scott ?

– Tu l'as déjà vu en vrai, toi, le patron ? Je veux dire, sans son déguisement ?

– Oui, mais à ta place, je ne serais pas trop pressé.

– Pourquoi ?

– À trop s'approcher du soleil, on prend le risque de se brûler. Tu es bien, à ta place de simple exécutant. Tu ne peux rien balancer en cas d'interrogatoire puisque tu en sais le moins possible. Si tu veux vivre longtemps, ne te mouille pas trop, Scott.

DIMANCHE 26 MARS

Une demi-heure pour mettre au point cette nouvelle manipulation, ça n'a pas été suffisant. Trois fois plus : pas davantage. Oscar n'a pas mon niveau en informatique et, surtout, il ne connaît pas par cœur le système LongLife comme moi. Il me ralentit souvent en posant des questions inutiles. J'essaye de prendre sur moi, mais son attitude m'agace. Il ne veut pas reconnaître que je domine davantage le sujet que lui et n'accepte pas que je veuille prendre toutes les initiatives. Je crois aussi qu'il a peur que je ne lui cache des procédures secrètes en les exécutant très vite pour qu'il ne puisse pas les mémoriser. En fait, il n'a pas vraiment tort sur ce point. Je tiens à garder mon avance. J'ai senti grandir au fil de la nuit une vraie hostilité. Il a fait mine de ne pas m'entendre quand je l'ai salué en partant. Vers quatre heures du matin, le chauffeur m'a ramené chez moi. En grimpant à l'étage, j'ai entendu du bruit du côté de la chambre de mes parents. Je me suis écroulé tout habillé sur mon lit.

Je me lève vers onze heures. Je retrouve ma mère dans la cuisine qui prépare un dessert.

– C'était bien ta soirée, Scott ?

– Oui, c'était tranquille.

– Ce n'était pas avec… avec les autres… Félix et sa bande qui…

– Non, maman, c'est fini avec eux. Je ne les fréquente plus. Tu en doutes encore ? J'étais avec Alma. On a regardé des vidéos chez elle. Je suis rentré vers quatre heures.

– Je sais.

Je me sers un jus d'orange en lui tournant le dos. Je sens son regard braqué sur moi. Quelque chose la tracasse. Je n'y tiens plus et je demande :

– Qu'est-ce que tu veux me dire ?

– Cette nuit…

– Quoi, cette nuit ?

– Ce n'était pas la même voiture que la dernière fois qui…

– Non, c'était celle de ses parents, et cette fois c'est son frère qui m'a ramené. Ça te va comme ça ? C'est quoi le problème ?

– Je m'inquiète. J'ai bien le droit.

– Tu as tort.

Je siffle mon jus d'orange et me replie dans ma chambre.

Alma me récupère vers treize heures trente. Juste après avoir démarré, elle m'explique que deux équipes de policiers ont pris en filature la voiture de Rico la veille au soir. Les inspecteurs ont réussi à placer une caméra infrarouge contre une vitre depuis l'extérieur et ont pu surveiller notre activité durant la nuit. Ils n'ont repéré que Rico et un jeune homme blond qui ne correspondait pas à l'idée qu'ils se faisaient du patron. Aussi se sont-ils gardés d'intervenir.

– En effet, dis-je, le patron n'était pas là. Je lui ai parlé *via* un ordinateur.

– Le lieu, ajoute-t-elle, a été inspecté ce matin. C'est vraisemblablement une planque occasionnelle. Tes copains l'ont entièrement nettoyée avant de partir. Les gars de la scientifique n'ont pas pu relever la moindre empreinte digitale. De vraies fées du logis, tes collègues. En revanche, les images du gars aux cheveux blonds sont en cours de traitement. On devrait connaître son identité dans les prochaines heures. Retrace-moi ta soirée, en commençant par le trajet.

Je lui fais un compte rendu fidèle des événements. Elle prend des notes et n'hésite pas à me faire répéter plusieurs fois les procédures testées, même si je doute qu'elle puisse en comprendre les enchaînements sans support visuel. Quand elle s'est assurée que je ne peux plus rien lui donner, elle me demande :

– Tu as vraiment fait de ton mieux pour trouver la solution?

– Pourquoi tu me demandes ça ?

– Parce que je commence à te connaître, Scott. Tu as peur d'être à l'origine d'une arme redoutable. Aussi, je me demande si, plus ou moins consciemment, tu n'as pas un peu contenu tes capacités.

– Non. C'est seulement parce que c'est compliqué. Sur place, je n'avais pas d'états d'âme. Je ne pensais qu'à réussir.

– Et tu penses y arriver la prochaine fois ?

– Oui, je crois que je touche au but. Mais, de votre côté, vous voulez vraiment que j'aille jusqu'au bout ?

– Oui. Ce sont les consignes que j'ai reçues.

– Comme tu voudras.

Je rentre vers vingt heures à la maison. Je me prépare quelques sandwichs que j'engloutis rapidement avant de rejoindre ma chambre. Mon téléphone vibre vers vingt-deux heures, juste au moment où j'allais éteindre. Un frisson me parcourt le dos quand je reconnais la voix :

– J'espère que je ne te réveille pas, Scott ?

Comme si ce détail comptait pour lui. Je m'empresse de répondre :

– Non.

Le patron m'explique qu'il a observé à distance et en direct nos tentatives. Un expert, qui était près de lui, lui a assuré que nous étions sur la bonne voie, que nous devions continuer à faire preuve de logique et d'imagination. Je ne commente pas et attends la suite. Il reprend en me précisant que ce spécialiste n'est pas uniquement là pour me contrôler, qu'il a confiance dans ma loyauté mais qu'il profite de l'ouverture du *back office* pour étudier l'architecture et le fonctionnement du site de LongLife et mener ses propres recherches. La question me brûle les lèvres. Je me lance, en le regrettant presque aussitôt :

– Sur quoi travaille-t-il exactement, l’autre ? Je pourrais peut-être lui filer un coup de…

– Scott, je croyais que nous nous étions compris une fois pour toutes, m’interrompt-il sur un ton soudain cassant.

– Oui, excusez-moi. Cela ne me regarde pas. C’est ma curiosité de geek qui s’est exprimée. Je le regrette.

Un silence de plus de dix secondes suit mes excuses. J’en viens presque à me demander s’il n’aurait pas coupé la communication, mais il finit par dire :

– Nous reprendrons les essais dès demain soir. Invente un mensonge pour tes parents. Prends des affaires pour le mardi matin parce que tu ne rentreras certainement pas de la nuit. Entendu ?

– Entendu.

MARDI 28 MARS

Il est vingt-deux heures. Nous roulons depuis près d'une demi-heure. Pour éviter de trop penser, je me laisse bercer par la voiture et plonge assez vite dans un demi-sommeil. Je n'en sors que lorsque la fraîcheur de l'extérieur me saisit. Je suis alors tiré du véhicule et doucement poussé vers un garage dont la porte s'ouvre automatiquement. On me libère les yeux. L'éclairage au néon me fait cligner les paupières. Je retrouve Oscar dans une pièce attenante. Il me lance, avec un sourire goguenard :

– Alors, on découche en pleine semaine ? Ce n'est pas permis, ça, d'habitude, pour un petit gars qui fréquente encore le lycée ? Qu'est-ce que tu as inventé pour tranquilliser papa et maman ?

– Que j'allais réviser chez une copine.

– La fameuse Alma ? Elle intrigue beaucoup le patron, celle-là. Bon, j'ai pas mal réfléchi depuis la dernière fois et je crois avoir trouvé une solution. J'ai hâte de la tester. Tu veux voir ?

Oscar a détaillé toute sa procédure sur sa tablette. Je la lis rapidement et y repère tout de suite les imprécisions et les erreurs. Je lui fais part de mes réserves, quand il me coupe sèchement :

– Scott ! Appelle ton contact. Je veux qu'on la teste tout de suite !

– Comme tu veux. Après tout, ce n'est pas mon argent, dis-je, résigné.

Je téléphone à mon contact. Ce soir, j'ai le droit à une question sur mon premier doudou. Il veut son nom et une description précise. La réponse fait sourire méchamment mon voisin. Nous nous mettons au travail sans attendre. Nous suivons pas à pas sa proposition qui s'avère, comme prévu, très vite inopérante. Oscar se traite de con, puis me lance un regard noir.

– Toi, tu arrêtes de me prendre de haut, ou je te bousille ta petite gueule !

Je ne relève pas et attends qu'il se calme. Je montre le clavier et demande :

– Je peux, maintenant ?

Après quelques secondes d'hésitation, il se décale en soufflant pour me laisser les commandes. Je pianote pendant un quart d'heure en reprenant certaines étapes testées pendant le week-end. Comme l'autre n'ose plus m'interrompre, je parviens assez vite à m'immerger totalement dans ma recherche. Et, soudain, la solution m'apparaît. C'est comme un chemin que je vois se dessiner sous mes yeux. Je parviens à faire sauter les bornes qui bridaient la régulation du rythme cardiaque. Je soupire de soulagement.

– Comment t'as fait ? demande l'autre, énervé. C'est assez tordu comme logique, non ?

– Je ne sais plus trop. Un peu à l'instinct. Mais ça y est, j'ai bien la manip en tête.

– J'appelle le patron pour le mettre au courant.

– Finalement, je ne vais pas avoir besoin de découcher.

– Ne rêve pas. La nuit est loin d'être terminée. Il y a d'autres réjouissances au programme.

Il sort son portable et m'abandonne un moment seul dans la pièce. Puis il m'invite à l'étage de la maison. Nous nous installons sur un canapé d'un autre temps, dans un décor début de siècle, surchargé d'objets inutiles et poussiéreux. Je demande :

– C'est chez qui ici ?

– J'en sais rien. On aura un invité dans deux ou trois heures. En attendant, il va falloir s'occuper. On peut se mater un film, ou jouer avec la vieille console. Rico m'a dit qu'elle fonctionnait. À moins que tu ne préfères roupiller un peu ?

Je ne suis pas en capacité de dormir et j'accepte donc volontiers de jouer avec lui à un antique jeu de football en 2D. On tâtonne au début pour maîtriser les manettes peu ergonomiques mais, ensuite, on parvient à s'amuser un peu. Pour faire descendre la pression entre nous deux, je ne force pas mon talent et laisse gagner Oscar. J'ai l'impression qu'il s'en rend compte et qu'il me déteste encore plus. Rico nous avertit que la suite du programme va bientôt commencer. Je regagne le sous-sol tandis que les deux autres échangent quelques mots à voix basse.

– Il est efficace, le petit ! lance Rico.

– Un petit frimeur chanceux, tu veux dire ? Dès que j'ai acquis la technique, je suggère au patron de s'en débarrasser.

Au moins, c'est clair, je suis prévenu. Je vais m'installer devant l'ordinateur, et Oscar reste planté derrière moi, son téléphone à la main.

La porte du garage s'ouvre une vingtaine de minutes plus tard. Plusieurs personnes passent près de notre pièce et grimpent directement à l'étage. Je perçois une plainte qui me glace le sang.

– C'est quoi, ça ?

– Je ne sais pas et je ne veux pas savoir.

C'est le silence à nouveau. Puis le portable d'Oscar se met à vibrer.

– OK, dit-il simplement.

Il pose son appareil encore ouvert sur la table et me demande d'appeler mon contact chez LongLife. J'essaye de conserver mon calme, mais l'angoisse m'étreint de plus en plus violemment. Je comprends qu'on va tester l'arme que je viens de mettre au point et que la victime est sans doute installée sur le canapé du salon, juste au-dessus de nous. J'obtiens le code sans difficulté en indiquant le surnom de mon grand-père maternel. Les battements de mon cœur s'accélèrent quand je touche le clavier. Mes doigts hésitent, paralysés par l'enjeu. Oscar se penche pour prendre les commandes. Je le vois accéder à l'espace personnel d'un certain Clovis Dillac, cinquante-trois ans, célibataire. Il se relève et me souffle dans le cou :

– Maintenant, à toi de jouer !

Je tente de me calmer en respirant lentement mais je n'y parviens pas. J'entends alors distinctement le bruit métallique d'un flingue qu'on arme. Je sens bientôt le métal froid m'effleurer la nuque.

– Le patron attend. Magne-toi ! Scott, tu sais que je te flinguerais sans aucun scrupule. J'y prendrais même un certain plaisir.

J'ai soudain très chaud, comme si j'étais fiévreux. Mais je m'exécute comme un robot. Ce n'est plus moi qui décide. Je n'ai pas le choix.

– Nous sommes en place, annonce Oscar.

Pendant les minutes qui suivent, il ne se passe rien. Je ferme les yeux et essaye de me concentrer sur ma respiration. Soudain, mon voisin m'annonce :

– Curseur à 110... Curseur à 110, Scott ! Scott ! Curseur à 110 !

Je sursaute. C'est à moi qu'il s'adresse. Oscar appuie le canon de son arme au point de me faire baisser la tête. Je déplace le curseur sur 110.

– Curseur à 125.

J'obéis sans réfléchir. « Je n'ai pas le choix. Je n'ai pas le choix. Je n'ai pas le ch... »

– Curseur à 130.

Je me répète en effectuant la manœuvre : « Je n'ai pas le choix. Je n'ai pas le choix. Je n'ai pas le ch… »

Un cri déchire le silence. Puis un râle. Je fais redescendre le curseur à 100.

J'espère que c'est la fin de l'exercice. Inutile d'aller plus loin. L'arme fonctionne. Ils l'ont tous constaté. Allez, on arrête, maintenant. Il est temps de me ramener chez moi. Je dois dormir et tenter de reprendre ma vie normale. Il faut que j'essaye d'oublier les saloperies qu'on m'oblige à faire dans des sous-sols certaines nuits. J'ai posé mes mains sur mes genoux et je m'apprête à me relever, quand Oscar annonce :

– Curseur à 150. Scott ! Curseur à 150 ! Tout de suite !!

– Quoi ? Curseur à… curseur… à… 150. Non ! Non !!

Oscar me projette à terre pour prendre ma place. Je m'écrase sur la moquette poussiéreuse. Plusieurs secondes passent. Puis j'entends le bruit d'un objet lourd et mou qui tombe sur le plancher du dessus.

– C'est fini, confirme Oscar. Allez ! Secoue-toi, mauviette !

Il range son téléphone. Je me lève. Rico me replace d'autorité la cagoule et m'entraîne à l'extérieur.

La voiture roule depuis dix minutes. Ma bouche se remplit progressivement d'un goût amer qui me donne la nausée. Je plaque ma main sur le bras de Rico qui arrête brutalement son véhicule. Il déverrouille ma ceinture. J'entrouvre la portière, soulève un peu la cagoule et me penche à l'extérieur pour me vider d'un coup.

MERCREDI 29 MARS

– Bouge-toi, c'est l'heure, mec !

J'ouvre un œil. C'est Oscar qui me secoue. Je suis sur un matelas posé au sol. Je ne sais pas comment je suis arrivé là. Je me débarrasse de la grosse couverture qui sent le moisi. Je m'assois et relève la tête vers mon interlocuteur.

– La douche est libre. Magne-toi un peu. Rico t'attend en bas pour t'emmener au lycée.

Je me lève et me traîne jusqu'à la salle de bains. L'eau froide me réveille d'un coup. Ensuite, j'enchaîne les actions mécaniquement. J'enfile des affaires propres et rejoins Rico dans la cuisine. Il me tend un sac avec de la nourriture.

– Salut, lance-t-il. Essaye de ne pas en mettre partout. J'aime que ma voiture soit nickel.

Les dix minutes de trajet me permettent d'avaler la brioche nature et la brique de lait. Lorsqu'il me dépose devant le lycée, je sens tous les regards braqués sur moi. La longue voiture noire aux vitres teintées fait son effet.

Si j'avais eu les idées plus claires, j'aurais insisté pour qu'il me dépose dans un endroit moins exposé. C'est trop tard. Ma réputation est faite. Je fricote avec des mafieux. Je suis un gars perdu. Ils n'ont pas vraiment tort. Hier, j'ai quand même participé à un assassinat.

Impossible d'être présent mentalement durant la journée. Je suis le flot des élèves et assiste aux différents cours sans pouvoir en retenir la moindre information. Je m'endors même dans l'après-midi, ce qui me vaut des remontrances de mon prof de maths :

– Scott ! Ne te laisse pas aller ! Tu es un élève exceptionnel, avec un grand potentiel. Tu n'as pas le droit de le gâcher. Reprends-toi !

– Je me suis juste endormi en cours. Je ne suis pas le premier à qui ça arrive.

– Je suis inquiet, Scott. Si tu as besoin de parler à quelqu'un, je suis là, sache-le.

– Merci, monsieur. Je peux y aller maintenant ?

– Oui, bien sûr.

Celui-là, je le connais bien et je sais qu'il est sincèrement peiné par mon attitude et ce qu'il croit comprendre de mon évolution. Mais il n'a pas la solution à mes problèmes et je ne veux pas qu'il subisse le sort de Félix en se préoccupant trop de moi.

Je rentre complètement épuisé. Je m'allonge sur mon lit et ferme les yeux, mais mon corps refuse de se laisser entraîner dans un sommeil profond. Je reste en flottaison pendant plus d'une heure. Mon téléphone vibre dans ma poche. Alma, enfin ! Je le plaque sur mon oreille.

– Bonsoir, Scott...

C'est le patron. Un frisson me parcourt le dos.

– Je ne te dérange pas, j'espère. Je tenais à te féliciter pour cette nuit.

– C'était qui ?

– Tu tiens vraiment à le savoir ?

– Oui, c'était qui ?

– Qu'est-ce que tu voudrais entendre ? Que c'était un méchant qui nuisait à la société et que ton crime était légitime ? Tu vas être déçu. Ce type, ce n'était rien, juste un gars ramassé au hasard dans la rue pour les besoins de l'expérience. Je ne connais même pas son nom.

– Je ne vous crois pas.

– C'est ton problème. Cette nuit, tu as aussi montré que tu étais un peu trop sensible quand il s'agit de passer à l'action. Les types comme toi, dans une organisation, peuvent s'avérer dangereux. Aussi, je voulais t'annoncer que je n'allais plus trop te solliciter à partir de maintenant.

– Vous me libérez de mes engagements ?

– Pas tout à fait. Tu devras quand même garder allumé ton portable jour et nuit en cas d'urgence technique. Et, surtout, ne t'avise pas d'aller parler à la police ou à quiconque. Tu sais de quoi mes hommes sont capables quand je les laisse faire. Ils peuvent s'en prendre à n'importe qui : des parents, des vieux, des enfants même.

– J'ai compris.

– Très bien. Juste une dernière question. Cette nuit, quand tu tenais dans tes mains la vie de cet homme, qu'as-tu ressenti ? Un sentiment de puissance ? Un peu de plaisir peut-être ?

Il a attendu quelques secondes avant de raccrocher. Peut-être espérait-il entendre ma colère ou mes sanglots.

Je reste encore plus d'une heure les bras en croix sur mon lit, incapable d'avoir une pensée claire. J'ai faim parce que j'ai sauté le repas de midi. Pour la première fois depuis que je suis revenu à la maison, je montre mon nez avant l'heure du dîner, espérant pouvoir grignoter quelque chose en attendant. Ma mère et mon frère sont dans la cuisine. Le ton est à la confidence. Je reste à couvert pour écouter.

– Il paraît qu'il est arrivé dans une voiture avec chauffeur au lycée. C'est le proviseur qui m'a averti. Stan, tu n'étais pas au courant ?

– Non. Les lycéens ne nous adressent jamais la parole.

– Cette fille fait peut-être aussi partie d'une organisation criminelle.

– Quelle fille ?

– Celle qui venait le voir à la prison, Alma.

– Je l'ai aperçue une fois. Je ne trouve pas qu'elle ressemble à une criminelle.

– Personne ne ressemble à un criminel. Ou, si tu préfères, n'importe qui peut ressembler à un criminel.

Je me racle la gorge pour annoncer ma présence. Je croise leurs regards gênés de comploteurs. Je leur souris.

– Bonsoir, dis-je. J'ai un peu faim. On mange bientôt ?

– Dans une demi-heure, répond ma mère. Si tu veux, prends du pain en attendant.

Stan est reparti dans sa chambre. Je reste avec ma mère pour regarder les infos du jour. On ne mentionne aucune mort violente la nuit dernière. Je sais depuis longtemps qu'on n'annonce jamais de mauvaises nouvelles aux gens. On préfère les cacher sous le tapis pour ne pas les voir et ne plus y penser. Qu'est-ce que je fais planté là ? Ma mère continue à fixer l'écran. Est-elle encore dupe ou fait-elle semblant ?

Alma m'appelle vers vingt-deux heures. Elle me propose de la retrouver devant chez moi dans un quart d'heure parce qu'elle n'aime pas parler longtemps au téléphone et qu'on a des choses à se raconter. Je raccroche et me prépare pour sortir. Le ton très neutre de sa voix me perturbe. J'ai l'impression d'être dans un film d'espionnage où le héros se croit sur écoute. J'annonce à mes parents en enfilant mon blouson :

– Je sors mais je n'en aurai pas pour longtemps.

– Pourquoi tu ne lui dis pas d'entrer ? propose ma mère qui a deviné ce que j'allais faire.

– Elle est timide, dis-je en fermant la porte.

Alma m'attend dans sa voiture. Je m'assois à côté d'elle et lui raconte ma soirée, sans rien omettre de mes angoisses, de mon sentiment de culpabilité ni de mes vomissements. Je termine par une question qui me hante depuis la veille :

– Je ne comprends pas comment ton supérieur a pu nous laisser faire hier soir. Il y a eu mort d'homme.

– Je sais. Ils ne sont pas intervenus parce que notre cible n'était pas sur les lieux. C'est pour identifier et impliquer le patron que toute cette opération a été montée.

– Et ils ont choisi de laisser mourir cet homme ? C'était qui ?

– Visiblement, un marginal qui vivait dans la rue. On n'a pas retrouvé ses papiers.

– C'était quelqu'un qui ne comptait pas à vos yeux. Un type qu'on pouvait sacrifier, c'est ça ? Eh bien, dis-leur qu'il s'appelait Clovis Dillac, avait cinquante-trois ans et était célibataire.

– Ce n'est pas moi qui ai pris la décision, tu t'en doutes. La prochaine fois, ça se passera autrement.

– Je ne sais pas s'il y aura une prochaine fois. Le patron m'a signifié qu'il n'aurait plus besoin de moi, ou alors exceptionnellement.

Alma est surprise et me demande de lui restituer fidèlement le dialogue, ce dont je ne suis pas vraiment capable. Elle est troublée :

– Je ne pige pas. Admettons qu'Oscar maîtrise à peu près la manœuvre, il aura toujours besoin de toi pour obtenir les codes !

– Oui, j'imagine. Encore que... Dans une précédente conversation téléphonique, le patron m'a dit que quelqu'un d'autre explorait le *back office* de LongLife au moment où je leur permettais d'accéder au site.

– Je vais en référer à mes supérieurs. Nous, on se voit dimanche au lac.

Les choses sont loin de s'arranger comme j'avais pu l'espérer. Je reste dépendant des autres. C'est ça, maintenant, ma vie : attendre qu'on me dise quoi faire. Depuis mon passage au tribunal, je ne décide plus rien. Moi qui, dès mes quatorze ans, avais pris mon destin en main, moi qui avais des projets plein la tête, moi qui agissais avec d'autres pour changer nos vies, aujourd'hui je ne suis plus qu'une marionnette entre les mains du patron ou du procureur. Où est-il passé, le Scott d'avant, celui à qui l'on demandait de réaliser les projets les moins raisonnables et qui répondait invariablement : « Pourquoi pas ? » ou « Ça se tente » ? Où est le Scott que certains membres du Grupp prenaient pour un « héros » ? Ce gars-là n'existe plus.

VENDREDI 7 AVRIL

Presque dix jours aujourd'hui depuis la mort de l'inconnu. Aucune nouvelle du patron. Lors de notre promenade dominicale, Alma m'a fait comprendre que je restais engagé auprès d'elle et du procureur, et que je ne pouvais pas considérer que mes ennuis étaient derrière moi. Tout ne serait terminé que lorsqu'ils auraient arrêté le patron et sa bande. Je dois me préparer à subir de nouvelles épreuves un jour prochain. Il est encore trop tôt pour renouer des liens normaux avec mes amis du lycée ou les membres de ma famille.

Malgré les recommandations d'Alma, à la maison, je me montre moins distant. Il m'arrive même de leur poser quelques questions, ce qui leur prouve que je m'intéresse à eux. Mais je refuse toujours d'évoquer la prison. J'ai l'impression qu'ils respectent mon mutisme à ce sujet, même s'ils ne le comprennent pas. Au lycée, c'est plus pénible. Je suis mis à l'écart, et les gens s'arrêtent de parler quand j'apparais. Seule une fille m'a approché suite à mon arrivée en grosse bagnole noire, peut-être fascinée par mon côté mauvais garçon. Je n'ai évidemment pas répondu à ses avances.

Alma reste pour moi un mystère. Elle me livre par bribes quelques éléments de sa vie présente mais presque à son insu. Quand elle se rend compte qu'elle se dévoile, elle se renferme et se tait durant de longues minutes. Le brouillard persiste sur ses liens avec le procureur et sur les raisons véritables de son engagement à ses côtés. Enfin, les regards émus que j'ai pu surprendre quand elle jette un œil sur la photo du gars dans sa voiture ne me laissent aucun doute sur l'intensité des liens qui les unissent. Et pourtant, je me promène avec elle des heures, comme si nous étions ensemble. Le pire, c'est qu'il m'arrive par instants de croire que ce jeu n'en est pas un.

Ce matin, un petit groupe s'est formé à l'entrée du lycée. Au centre, deux filles et un garçon dont les yeux rougis trahissent des pleurs récents. Je résiste à l'envie de demander ce qui se passe parce que j'ai peur que personne ne me réponde et d'être totalement ridicule. Je tends l'oreille durant toute la matinée et apprends que le père d'une certaine Louisa, élève de seconde, est mort d'une crise cardiaque foudroyante et totalement inexpliquée la veille au soir, alors qu'il répondait au téléphone. « Comme si les mots l'avaient tué », explique un gars. « C'est la première fois que j'entends parler d'un truc pareil, commente une fille au visage grave, je croyais qu'avec LongLife ce n'était plus possible. » Je ne peux m'empêcher de penser au gars qui s'est écroulé juste au-dessus de ma tête, il y a une dizaine de jours, alors que je manipulais un curseur sur un écran d'ordi.

En début d'après-midi, notre professeur de maths annonce que l'administration leur a suggéré d'« organiser un temps d'échange sur la rumeur qui est apparue au lycée aujourd'hui ».

– Pourquoi « rumeur » ? attaque un élève du premier rang. Le père de Louisa n'est pas mort ?

– Il semblerait que non. Le père de Louisa a été transporté à l'hôpital. Mais nous n'en savons pas davantage.

– Ma sœur a eu Louisa au téléphone durant la nuit, commence Raph, sûr de lui. Ils ont bien emmené le père à l'hôpital mais pour l'autopsier. Louisa a clairement entendu de la bouche d'un médecin que son père était décédé.

– Ce ne sont pas les informations qui m'ont été rapportées. J'ai la conviction que Louisa, sous le choc de ce qu'elle vivait, a mal interprété les mots du praticien.

– C'est sa parole contre celle des autorités, commente Églantine. Eh bien moi, je choisis le camp de notre amie. La vérité, c'est qu'il y a eu une panne de LongLife, mais qu'on n'a pas le droit de le dire. En fait, c'est toujours…

– Vous me laissez parler, mademoiselle ? Merci ! s'énerve le prof. On veut juste vous inviter à la prudence et éviter que vous propagiez des rumeurs qui pourraient créer une véritable panique au sein de la population. Actuellement, l'information n'a filtré que dans cet établissement parce que Louisa, la fille de la victime, y est inscrite et qu'elle y a de nombreux amis. Nous comptons donc sur votre sens de la mesure et votre réserve pour...

– En fait, vous voulez qu'on la ferme, c'est ça ! lance Félix, un peu agressif.

– Je ne l'aurais pas dit d'une manière aussi brutale, mais c'est le sens de mon message, en effet. Ne rien dire, à ce moment de l'affaire, parce qu'on ne dispose pas encore de toutes les informations, me paraît relever du bon sens.

– Et si on parle, qu'est-ce qu'on risque ? demande Raph.

– Ce qu'on risque quand on diffuse des informations fausses ou partiellement fausses qui peuvent porter atteinte à la réputation d'une personne, d'une institution ou d'une entreprise d'État comme LongLife, c'est-à-dire d'être accusé de diffamation.

– Et ça peut coûter cher, précise une fille à mi-voix.

– En effet, ça peut coûter cher, reprend le prof.

Je sens que certains auraient bien envie de s'opposer encore mais ils comprennent que l'affaire est pliée et qu'ils ne feront pas le poids.

– On aura peut-être des nouvelles de l'affaire dans le flash LongLife de la soirée, lance Félix, un sourire aux lèvres. « Je suis au paradis. Merci LongLife ! »

Tous les élèves se mettent à rire. Le prof peine à rétablir le calme. Après quelques minutes, le cours peut commencer. J'envoie un message à Alma, lui demandant qu'elle me rappelle ou qu'on se voie.

En approchant de chez moi, je ne suis pas étonné de découvrir qu'elle m'attend dans sa voiture. Je lui propose :

– Tu veux rentrer ?

– Non. Monte, répond-elle un peu sèchement.

Je comprends que je l'ai dérangée. Elle démarre et roule quelques minutes avant de me demander :

– Qu'est-ce qu'il y avait de si urgent, Scott ?

– La mort inexpliquée d'un adulte dans la force de l'âge durant la nuit dernière alors qu'il était au téléphone.

– Comment es-tu au courant ? Cette information est secrète.

– Sa fille est au bahut. Elle a averti ses copines tout de suite et elles ont répandu la nouvelle. L'administration a essayé de rattraper le coup dans l'après-midi en disant que c'était une rumeur et qu'on risquait des poursuites si on la diffusait.

– Tu la connais, cette fille ?

– Non. Mais je l'ai sans doute croisée plus d'une fois. Que faisait son père dans la vie ?

– Professeur.

– Ce n'est pas une cible pour les mafieux, ça. Pas d'argent, pas de pouvoir.

– Sa mère est juge. On pense que c'est elle qui était visée. On épluche ses dossiers. La question est : comment ont-ils obtenu le code ? Pas par toi, tu nous aurais prévenus. Par Félix ? Ou directement par ton contact ?

– Non, Félix ne rentrerait pas dans de telles combines.

– Il aurait pu se faire piéger en rendant service à un copain qui lui aurait...

– Impossible. Je n'y crois pas une seconde. Quant à mon contact, il est trop prudent pour se faire avoir. Il faut envisager qu'ils aient réussi à trouver une porte d'entrée. Je t'ai déjà dit que j'y étais parvenu plusieurs fois dans le passé. Ou alors, et ce serait peut-être plus facile, ils ont réussi à percer le secret des codes, par exemple en piratant le logiciel de sécurité qui les génère. Rien ne résiste à des hackers persévérants.

– Nos experts examinent déjà ces deux possibilités. De ton côté, tâche d'interroger Félix. À toi, il parlera sans doute plus facilement. Je te laisse, Scott. On se voit dimanche.

DIMANCHE 9 AVRIL

Ce n'est pas Félix qui a fourni le code. Pour acquérir cette conviction, il a fallu d'abord renouer avec lui et lui dévoiler mon grand secret. Maintenant, il sait pratiquement tout de ma situation. Nous avons parlé près d'une heure, et ça nous a fait du bien à tous les deux. On se serait crus quelques mois plus tôt, avant l'arrivée des ennuis. Nous nous sommes rencontrés très tôt hier, à l'heure où il va promener son chien. Après ce qu'il a vécu à cause de moi, j'avais peur qu'il ne me rejette. J'avais des raisons de le craindre car, depuis son retour au lycée, nous n'avons même pas échangé un regard. En fait, s'il jouait l'étranger ou l'ami trahi, c'était pour les autres et parce que je le lui avais demandé. Quand il m'a aperçu, seul, dans sa rue, son sourire a balayé tous mes doutes.

Ce bon début de journée a conditionné le reste du week-end. Je me sentais tellement mieux que j'ai proposé à Stan d'aller courir avec lui. Mon frère était ravi de suer à côté de moi. Nous avons à peine échangé quelques mots à propos de Lottie dont il est clairement amoureux, même s'il ne veut pas encore se l'avouer. Nous étions ensemble et ça semblait nous suffire à tous les deux.

Dans la soirée, j'ai repensé à mes aveux à Félix, qu'Alma risque de considérer comme une grave prise de risque. Mais, en y réfléchissant, je ne vois pas comment j'aurais pu faire autrement.

Alma est à l'heure. J'insiste pour qu'elle vienne saluer mes parents avant de partir.

– Il faut qu'ils te voient. Ma mère se fait des films. Elle croit que tu es la fille d'un dangereux gangster.

– Vraiment, tu crois ? Et que veux-tu que je leur dise pour les rassurer ?

– Rien de spécial. À mon avis, à ta façon d'être, ils verront tout de suite qu'ils se trompent. On reste à peine quelques minutes.

J'avais raison. À peine Alma a-t-elle serré la main à mes parents que je les sens se détendre. Je pourrais presque lire dans leurs pensées : « Cette fille respire la simplicité, l'honnêteté, le sérieux. » « C'est la copine idéale pour notre fils instable. »

– Bon, on va y aller, dis-je en esquissant un mouvement vers la porte. Les poissons ne vont pas nous attendre.

Tout le monde sourit à ma blague nulle. Stan disparaît dans l'escalier. Mais ma mère n'en a pas fini :

– Mademoiselle, comment avez-vous connu Scott exactement ?

Alma se tourne vers moi en fronçant les sourcils.

– Scott, tu ne leur as pas raconté ? Je fais du bénévolat depuis quelques mois dans une association d'aide aux jeunes délinquants. Quand j'ai rencontré Scott, à la prison pour mineurs, j'ai tout de suite senti qu'il était très différent, très sensible. Ensuite, de visite en visite, nous avons appris à nous connaître et à nous apprécier. C'est tout.

– Je suis certain, déclare mon père, que vous avez une excellente influence sur lui.

À peine installés dans la voiture, elle me demande :

– Alors, j'ai été comment ?

– Parfaite ! Impressionnante même. Ton improvisation m'a scotché. Parfaitement adaptée à ce qu'ils voulaient entendre.

– Merci. Tes parents sont très attentionnés. C'est positif.

– Très inquiets surtout. Ils ont tendance à voir tout en noir. Et chacun alimente l'angoisse de l'autre. C'est pour ça que, enfant, j'ai commencé instinctivement à arranger la vérité, à mentir et surtout à leur raconter de moins en moins ce qu'il m'arrivait. Stan fait pareil. À part ça, ils sont aimants, doux, gentils, responsables. Ce sont de bons parents.

Alma sourit à mon analyse mais n'ajoute rien. Je lui demande :

– Tu me trouves ridicule quand je porte des jugements, c'est ça ?

– Non, pas du tout. Tu me rappelles mon frère.

– Tu as un frère ?

– J'avais un frère. C'est lui, déclare-t-elle en pointant la photo collée sur le tableau de bord. Il est mort il y a six mois.

– Pardon.

– Pourquoi « pardon » ? Tu n'as rien fait de mal.

– Mort ? Mort comment ?

– Pour l'instant, je n'ai pas le droit de t'en parler. Bientôt, j'espère.

Nous nous taisons jusqu'à l'arrêt de la voiture. Je regarde le paysage parce que j'ai peur de surprendre ses larmes. Lorsque nous sortons de la voiture, nous nous mettons au boulot et c'est elle qui mène la discussion. Elle m'interroge d'entrée sur Félix, que j'innocente tout de suite. J'apprends qu'il y a eu une autre mort suspecte, cette fois-ci un banquier de quarante-neuf ans, durant la nuit suivante. LongLife a réagi en débranchant son générateur de codes. C'est provisoirement un employé qui les crée à la main sur un cahier et qui les diffuse sur une ligne sécurisée.

– Je vais donc redevenir le fournisseur de codes. Le problème, c'est que mon rôle risque de se limiter à ça. Oscar semble se débrouiller très bien sans moi. Je le suspecte d'avoir enregistré mes procédures la dernière fois. Je ne serai pas sur place lors de la future opération. Et le patron non plus, d'ailleurs, il ne communiquera, comme d'habitude, que par téléphone. J'ai du mal à voir comment on va les coincer. Et, en attendant, combien de morts encore ? Je ne voudrais pas être désagréable mais j'ai le sentiment que votre opération tourne au fiasco.

– Non, nous progressons, Scott. Mais c'est vrai qu'il nous reste du travail pour imaginer un piège efficace. En parlant d'Oscar, nous avons réussi à l'identifier.

– Qu'est-ce qu'on sait sur lui ?

– Il est issu d'une famille très aisée du centre-ville. Deux arrestations pour hacking il y a deux ans, mais les plaintes ont été retirées après l'intervention de ses parents. On pense qu'il y a eu des compensations financières pour les victimes. Son casier est donc vierge. Depuis, il est surtout connu dans les cercles de jeu où il joue de manière quasi professionnelle. Il est dépeint par certains comme calme, posé, avenant, d'un abord sympathique. D'autres le décrivent comme un monstre à sang froid, capable de tout pour une petite dose d'adrénaline. Nous l'avons mis sous surveillance vingt-quatre heures sur vingt-quatre. On espère qu'il va nous conduire au patron.

– Ça, je n'en suis pas si sûr. Et ma famille est surveillée ?

– Tu n'as rien remarqué ? C'est donc qu'ils font leur travail discrètement.

– Ou qu'ils ne le font pas !

– Pourquoi dis-tu ça ? demande Alma en fronçant les sourcils. Tu crois que je te mens ?

Je comprends que je l'ai touchée en doutant d'elle. Elle se maîtrise pour garder un ton neutre.

– Observe attentivement ta rue en rentrant ce soir, et tu verras. Et ta mère ne t'a pas raconté qu'un matin deux hommes avaient cru devoir la secourir alors qu'elle se rendait à son travail ?

MARDI 11 AVRIL

Je suis réveillé. Il est une heure trente. Mon portable vibre sur ma table de nuit. Trois appels manqués. Le numéro est masqué, mais je n'ai aucun doute sur son origine. Un appel en pleine nuit : c'est le patron qui a besoin de moi. Qu'est-ce que je fais ? Je décroche et affronte tout de suite la réalité ou bien je fais croire que je suis dans une phase de sommeil profond ? Si je lui transmets un code, un homme va mourir, et la police aura encore raté une belle occasion de les coincer, lui et ses complices. Si je ne réponds pas, les autres peuvent se lasser et remettre à plus tard le crime qu'ils s'apprêtaient à commettre. Ils peuvent aussi… perdre patience pour de bon, débarquer ici et se venger sur ma famille.

Un son mat que je n'arrive pas à identifier me fait sursauter. Il provient du rez-de-chaussée, peut-être du salon. Je pose délicatement mon portable et me cache sous la couette en attendant que ça passe. Réflexe stupide de gamin qui se croit ainsi à l'abri parce qu'on ne le voit pas, ou du gibier qui fait le mort quand il est pris au piège de son prédateur. Les opérateurs de LongLife, qui surveillent mon niveau de stress à cet instant précis, vont constater que je suis dans un état de panique totale. Ils vont donc déclencher les opérations. Quelqu'un a ouvert la porte de ma chambre et s'approche de mon lit.

– Scott, debout !

C'est la voix de Rico. Il tire sans ménagement sur la couette et plaque ensuite sa main gantée sur ma bouche.

– Chut ! C'est moi. Calme-toi. Tu vas t'habiller vite fait. Je t'emmène faire un tour.

– Comment t'es entré ?

– J'ai forcé une fenêtre dans la cuisine. Obligé, puisque Monsieur roupille comme un bébé. Tu inventeras un truc pour tes parents quand tu reviendras. Je compte sur toi pour ne pas me mettre en cause, hein, l'ami ?

– Si c'est juste pour obtenir un code, je peux appeler d'ici.

– Non, ce ne sont pas les ordres que j'ai reçus.

– Je peux au moins passer un coup de fil pour qu'ils débranchent mon géolocalisateur. Autrement, ils vont savoir où je vais. Je suis sans doute encore surveillé.

– Ce n'est pas nécessaire ce soir. On a saboté plusieurs relais de LongLife. On s'est déguisés pour l'occasion avec des passe-montagnes noirs et des vêtements de sport sombres. Il paraît que c'est la mode, le soir, chez les jeunes bourgeois du centre-ville. Bon, c'est sûr, ça risque de retomber sur tes copains demain, mais ce n'est pas notre problème. Ah oui, j'allais oublier, comme d'habitude, tu laisses ton portable à la maison, tu n'en auras pas besoin.

Nous roulons depuis plus d'une demi-heure. J'ai enfilé la cagoule aveugle en pénétrant dans le véhicule. Comme d'habitude, je ne sais pas si nous allons loin ou si nous tournons en rond. Ma tête ballotte sur le côté et cogne à intervalles réguliers la vitre noire de la portière. Rico s'arrête un long moment dans un parking souterrain.

– Je l'aurais pourtant juré ! murmure-t-il en soufflant.

– Qu'est-ce qui se passe ? je demande en bâillant.

– Rien. Rendors-toi. Je gère.

– Tu vérifies qu'on n'est pas suivis, c'est ça ?

– T'as tout compris. Maintenant, tais-toi et laisse-moi me concentrer.

La voiture redémarre. Mon chauffeur roule au ralenti sur quelques centaines de mètres avant de reprendre une allure normale. Il a probablement réussi à semer les gars qui surveillaient ma rue. J'essaye de ne pas penser que je suis à présent sans aucune protection et que je risque ma vie. La voiture s'arrête enfin. On me guide jusqu'à une porte qui s'ouvre avant même qu'on ne s'annonce. En attendant qu'on libère ma vue, je respire le lieu. À la différence du précédent, ce logement a été déserté il y a très peu de temps, peut-être seulement quelques jours. Il ne sent pas le renfermé, l'humidité et la poussière comme la dernière fois. Ça y est, je peux ouvrir les yeux. C'est une maison de riches, avec des meubles anciens qu'on croirait tout juste sortis de grands musées. J'avais raison. Cette maison est encore habitée. Il y a des fleurs fraîches dans les vases, et le sol brille. Je retrouve Oscar dans l'immense salon. Il me salue de loin d'un air indifférent. Une fille d'une vingtaine d'années en tenue de sport se tient près de lui et fixe l'écran. Une nouvelle dans la bande. Une porte latérale s'ouvre brusquement. Un gars, le crâne rasé, en sort avec une bouteille de champagne entamée à la main. J'ai à peine le temps d'apercevoir la pièce d'où il vient. Un homme assez jeune avec une barbe courte brandit son verre « à la santé de monsieur Thoir ! ». Il se tient près d'un imposant trépied surmonté d'un gros appareil photo. Ce dernier est équipé d'un long téléobjectif. Une femme, plaquée contre une baie vitrée, observe le paysage avec des jumelles. Je me tourne dans la même direction. C'est la maison des voisins qui les intéresse, particulièrement une pièce restée éclairée malgré l'heure très tardive. Avant même de détailler la femme qui me tourne le dos, je suis frappé par ce corps sec, cette raideur et... ce mouvement nerveux de la tête qui se redresse à intervalles réguliers. Comme... le patron... le patron engoncé dans son costume trop grand, le jour où il m'a frappé. Le patron est là ce soir ! C'est une femme qui dirige ce gang ! Elle est là, et la police va la rater parce que je suis transparent et que Rico a réussi à semer ceux qui devaient nous suivre ! Avec un peu plus de chance, l'affaire aurait pu se conclure ce soir. J'aurais pu recouvrer ma liberté définitivement, rembourser ma dette, et surtout arrêter avec les mensonges et les secrets, et reprendre une vie normale. Je dois me calmer, ne rien laisser paraître. J'essaye de réguler ma respiration. Tant pis, il y aura une autre occasion et j'aurai quand même découvert un nouvel élément. Enfin, si j'en sors vivant. Oscar me tend le téléphone pour que je récupère un code. La discussion avec mon informateur de LongLife est courte. Le gars m'a demandé la couleur de l'ancien papier peint de la chambre de mes parents avant de lâcher son information. Je la transmets à la technicienne qui me remercie d'un signe de tête. Oscar m'invite à prendre place dans un des gros fauteuils du salon, éloignés d'une bonne dizaine de mètres de l'ordinateur.

– Tu peux te servir à boire. Il y a aussi des magazines. Je t'appelle pour un nouveau code si on dépasse le temps imparti.

Je m'exécute après avoir marqué une courte hésitation. Je rejoins Rico qui s'est installé dos à la vitre et qui joue avec son téléphone. Ce soir, je suis écarté des opérations. J'ai montré ma faiblesse la dernière fois mais je ne dois pas en avoir honte. Je dois même m'en réjouir. Cela veut dire que je ne suis pas comme eux, que j'ai encore une conscience. Cela m'évite aussi d'avoir à appuyer sur la détente. Ce soir, ce n'est pas moi qui vais arrêter le cœur d'un homme ou d'une femme... ou d'un enfant. Aujourd'hui, ce sera la nouvelle recrue qui s'occupera d'un riche, si la cible est bien l'habitant de la maison d'en face. Elle ressemble à un hôtel de luxe, agrémenté de colonnades et cerné de grands arbres éclairés par des projecteurs. J'observe Oscar du coin de l'œil. Le téléphone collé à l'oreille, il attend ou hoche doucement la tête. Parfois, il se penche pour murmurer des indications à la fille. Je repense au portrait qu'en a fait Alma, celui d'un animal à sang froid qui ne se laisse pas envahir par ses émotions ou, en tout cas, arrive à les cacher aux autres. C'est vrai qu'il garde un visage impassible, sans la moindre esquisse de sourire ou de grimace. Il fait seulement son job. Pour me donner une contenance, je ramasse un magazine au hasard tout en continuant à les observer. Je n'arrive pas à analyser leurs échanges, mais je comprends que l'opération a commencé. Je souffre d'avance en pensant au gars d'en face. J'imagine en même temps les deux autres derrière la cloison, qui s'amusent avec leur proie observée aux jumelles. Ils doivent prendre du plaisir à le voir souffrir. Je pense que le complice du patron est là pour filmer la scène. Ils la montreront ensuite comme une démonstration de l'efficacité de leur méthode. Tout se passe comme ils l'ont décidé, et moi je suis là, témoin impuissant d'une chasse où le gibier n'a pas sa chance.

Je dois agir. Je ne peux plus laisser faire. Il est temps que j'arrête de me lamenter et que je reprenne en main mon existence, quitte à prendre des risques et peut-être à mourir. Je vais sortir d'ici et donner l'alerte. L'entrée de la maison est dans le champ de vision de Rico. Il est armé et n'hésitera pas à me stopper avant que je parvienne à la porte. Je vais trouver une autre issue. Je me lève en annonçant :

– Je vais aux toilettes.

– C'est au fond du couloir à gauche, comme toujours, plaisante mon chauffeur.

Je longe le couloir. J'allume la lumière des toilettes, puis je referme la porte et la verrouille de l'extérieur en utilisant la tranche d'une pièce de monnaie comme un tournevis.

Ainsi, ils croiront que j'occupe l'endroit. Je pénètre dans une chambre et actionne l'ouverture d'une fenêtre. Je suis dans le jardin. Mais pas question de fuir. Il faut d'abord que je fasse arrêter la séance de torture qui vient de commencer pour ce monsieur Thoir. Mettre le feu à la maison... pour faire résonner les alarmes, créer une panique et attirer l'attention des voisins et des secours. Je respire profondément. Il faut que je m'organise. D'abord, trouver du combustible puis du feu. Je vise la cabane de jardin qui se trouve à une dizaine de mètres. Il y aura peut-être une vieille tondeuse du début du siècle avec un reste de carburant, comme chez nous. Je ramasse un outil oublié contre un arbre. Je fais levier avec le manche pour dégonder la porte. Ça y est, c'est ouvert. La tondeuse est un robot électrique dernier cri, mais il y a sur des étagères des produits décapants hautement inflammables, comme de l'alcool à brûler. Dans une boîte métallique, je tombe sur de longues allumettes qui servent sans doute à allumer des bougies pour les photophores en été. Je retourne dans la chambre et asperge le lit de liquide. Je craque l'allumette et la jette dessus. Le feu prend instantanément et une épaisse fumée monte vers le plafond. L'alarme incendie retentit. J'aurais fait ce que j'ai pu. Il est temps de m'enfuir. Je longe les clôtures à la recherche d'une issue possible. Les murs sont très hauts et n'offrent pas de prises. Soudain, une sirène se déclenche et des projecteurs s'allument dans tous les sens. Je suis aveuglé et incapable de faire le moindre pas. J'entends des voix derrière moi. Je prends un violent coup sur la tête. On me saisit par la nuque pour me traîner à l'intérieur de la maison. Le système anti-incendie a fonctionné et noyé le départ de feu.

– Scott ! Scott ! gueule Rico. Tu n'es pas raisonnable ! Qu'est-ce que tu voulais faire ? Imbécile !

Sans me lâcher, il sort son téléphone.

– Oscar ! Tout est sous contrôle. Rassure le patron et termine le boulot... Tu veux que je le... Non ?... Tu préfères t'en occuper ?... OK, je t'attends.

Il me serre le cou encore un peu plus fort. J'essaye de le faire lâcher, mais mes gestes sont désordonnés. Mes oreilles bourdonnent. Mes yeux vont sortir de leurs orbites. Je me sens partir. Je n'entends plus rien.

Mes joues sont en feu. Quelqu'un me file des claques...

– Ça y est, il revient à lui. Scott ! Scott ! Tu m'entends ?

– Oui, dis-je dans un souffle.

J'entrouvre un œil. Le visage d'Oscar est pratiquement collé contre le mien.

– Tu as fait une grosse connerie. Personne ne trahit le patron. Personne. Jamais. Et ton châtiment sera à la hauteur de ta faute. Je t'annonce le programme qu'on te réserve. On va d'abord flinguer ton petit frère que tu aimes tant, puis ta mère et ton père, et enfin je m'occuperai personnellement de ta belle copine. Le patron veut que tu souffres, que tu crèves de culpabilité. Et après, si tu n'as pas les tripes de le faire toi-même, on te flinguera aussi.

J'entends des cris et des détonations. Oscar me lâche brusquement et je m'écroule sur le sol. Mes paupières se ferment.

MARDI 11 AVRIL

Le jour s'est levé et je suis dans un lit d'hôpital. J'émerge à peine d'un long sommeil. Alma est près de moi et me tient la main. Elle me sourit avant de déclarer :

– Tu n'as rien de cassé. Le médecin t'a fait dormir pour que tu te remettes plus vite de tes émotions. Comment te sens-tu ?

– Ça va. Vous les avez arrêtés ?

– Oui mais peut-être pas tous. On voulait faire le point avec toi. Si tu t'en sens capable, énumère-moi les personnes qui étaient présentes cette nuit.

– Rico, le chauffeur, un grand très musclé en costume sombre…

– Mort en tirant sur la police pour couvrir leur fuite.

– Un homme avec une barbe courte, la trentaine, de taille moyenne.

– Arrêté.

– Un grand gars avec le crâne rasé et une ado en tenue de sport.

– Arrêtés aussi.

– Oscar… Oscar aussi était là, bien sûr.

– Pour lui aussi, c'est bon. Et c'est tout ?

– Non, il manque le principal : une femme, assez fine, dans un tailleur strict.

– Oui, je vois, la propriétaire de la maison, celle qui avait été séquestrée dans un placard par la bande. Ils sont en train de prendre sa déposi…

– C'est elle, le « patron » ! dis-je en criant presque. C'est elle qui donne les ordres. Je l'ai reconnue.

Alma sort son portable. Je l'entends demander d'une voix tendue :

– L'otage est toujours dans nos murs ? Oui, je parle de la propriétaire… Scott l'a identifiée formellement : c'est notre homme, enfin, si je peux dire… Oui, vous m'avez bien compris, le patron, c'est elle !

Après quelques secondes, elle se tourne vers moi, le visage décomposé.

– Ils l'ont relâchée il y a cinq minutes.

– Le patron vous a échappé ! dis-je, complètement abattu. S'il m'a laissé la vie sauve, c'est seulement parce qu'il veut que je sois là quand il fera tuer mon frère et mes parents, et toi aussi, il te tuera. Il l'a juré. Et là, en ce moment, ma famille, vous la protégez ?

– Calme-toi. La surveillance a été maintenue. Je vais faire mon rapport et nous examinerons la situation en détail. Je vais te ramener chez toi, mais dès demain nous devrons prendre des mesures pour te mettre hors d'atteinte du patron. Pour ton absence, j'ai dit à tes parents que tu avais passé la nuit chez moi et que ce matin une violente migraine t'avait cloué au lit. Ils ont appelé le lycée pour excuser ton absence.

Enfermé dans ma chambre, je tourne en rond comme un fauve enragé. Je revois Rico me serrer le cou pour m'étouffer. Mon corps, paralysé par la peur et la douleur, allait rendre les armes. J'allais finir ma courte vie sur la pelouse d'une maison inconnue. Je revois Oscar aussi, le visage plein de haine, qui m'a promis une fin encore plus cruelle. Lui veut que j'assiste d'abord à la mort de ceux que j'aime avant d'y passer à mon tour.

Rico aurait dû aller jusqu'au bout. À l'heure qu'il est, ma famille serait peut-être dévastée mais elle ne risquerait plus rien. Et moi, je serais en paix à jamais. Combien de temps vont-ils mettre avant d'arrêter le patron ? Jamais la police ne pourra garantir une totale sécurité pour les miens sur le long terme. Tôt ou tard, je paierai pour ma trahison. « Si t'as pas les tripes de le faire toi-même », m'a lancé Oscar comme un défi. Au fond, il a raison, le suicide serait la solution à tous mes problèmes. Mon sacrifice éviterait peut-être que les miens ne meurent. Je n'ai que dix-sept ans mais je suis d'ores et déjà condamné. Éviter la mort des autres serait ce que j'aurais de mieux à faire.

Des larmes coulent de mes yeux. Je frappe contre la porte de ma chambre jusqu'à ce que la douleur devienne insupportable. Mon poing est couvert de sang. Ça ne suffit pas de souffrir. C'est mourir qu'il faudrait. Je cogne brutalement mon front sur la cloison. Mes yeux se ferment.

Je suis pris de vertige. Je titube jusqu'à mon lit. Mon portable vibre. Je tâtonne quelques secondes avant de pouvoir le saisir. J'ai très mal au crâne. C'est Alma.

– Ça va, Scott ? Tu te battais avec qui ?? Scott !!

– Quoi ? Je ne comprends rien. De qui tu parles ?

– Tu viens d'avoir une poussée de stress, révélatrice de violence. C'était qui ?

– C'était moi. Je me suis un peu énervé sur ma porte.

– ... Ça va ?

– Oui, j'ai juste besoin de dormir un peu.

À mon réveil, dans la soirée, je me rends compte qu'on m'a soigné. J'ai des pansements sur le dos de la main et le front. Dans mon miroir, je ressemble à un boxeur qui ne s'est pas remis de son combat. Ma mère a posé des sandwichs et un verre de lait sur ma table de nuit. Je n'ai aucun appétit.

Mon téléphone vibre. C'est Alma.

– Vous l'avez arrêté ?

– Non, pas encore. Son implant n'est plus connecté. Mais nous avons trouvé une solution provisoire pour toi en attendant qu'on la coince et que tu témoignes au procès. Tu m'écoutes, là ? Scott ?

– Oui.

– On va faire croire à ta mort pendant quelque temps.

– Cette femme ne se contentera pas d'une annonce. Elle cherchera des preuves du décès. Bien entendu, elle ne pourra pas agir à visage découvert, mais elle pourra envoyer des complices pour enquêter et me traquer.

– La police progresse. Nous avons localisé un de ses domiciles.

– Comment avez-vous fait ?

– Les photos prises lors de son interrogatoire ont été ajoutées à la base de données où sont archivées les images des enregistrements des caméras de vidéosurveillance. On a pu ainsi reconstituer plusieurs de ses parcours. Ils convergeaient vers un immeuble du centre-ville et un appartement occasionnellement occupé par des résidents plutôt discrets. Nous y avons trouvé des documents qui nous ont permis d'identifier au moins une partie des membres de son organisation. La police prépare, en ce moment, un grand coup de filet à travers le pays. Cette femme va vite se trouver affaiblie. Son pouvoir de nuisance va se réduire considérablement.

– Son organisation est gigantesque. Vous n'en viendrez pas à bout avant longtemps. Et moi, j'ai peur pour ma famille.

– Tout est mis en place pour protéger ceux que tu aimes. La police prévoit une conclusion pour cette affaire à l'horizon de quelques semaines. En attendant, fais-nous confiance.

Je ne sais plus quoi penser. Et je suis épuisé.

– Je te recontacte demain matin, reprend Alma. Réfléchis, Scott. Appelle-moi entre-temps si tu as besoin de discuter ou si tu veux des précisions sur le scénario que nous avons imaginé.

MERCREDI 12 AVRIL

J'ai donné mon accord. Je vais mourir dans l'après-midi aux étangs de Saint-Pierre. Noyé après avoir accidentellement glissé sur le ponton. J'ai l'impression d'être le personnage principal d'un roman. La police règle les détails du *timing* : accident, alerte, arrivée des secours, constatation du décès. Je n'aurai pas besoin de me rendre sur place. Tout sera simplement consigné dans de vrais rapports écrits par de faux participants. Le seul moment où je vais apparaître en vrai, c'est à la morgue. Mais, heureusement, je ne risque pas de commettre d'impair car je ne verrai rien. On va m'administrer un médicament qui va me plonger dans une léthargie complète, avec une respiration quasi imperceptible. Le produit fait également baisser la température du corps. Je suis conscient de la douleur que va générer au sein de ma famille la vue de mon cadavre. Et, justement, c'est en pensant à eux que j'ai décidé de laisser une lettre. Je ne veux pas qu'ils puissent croire à la thèse du suicide. Je sais comment ça se passe ensuite. Je l'ai lu dans un roman du début du siècle. Tout le monde se sent coupable. Chacun se reproche de ne rien avoir vu arriver, de ne pas avoir su prononcer les bons mots au bon moment. Je veux au moins leur épargner ça.

Stan,

Si tu lis cette lettre, c'est parce que je suis mort. Depuis quelques mois, j'ai souvent frôlé la mort et je me doutais qu'un jour prochain je ne lui échapperais pas. Je n'ai pas toujours fait les bons choix dans ma vie, mais je les assume tous. Ne crois pas tout ce qu'on dira sur moi, et surtout pas à l'hypothèse du suicide. Je n'ai pas voulu mourir. Embrasse papa et maman, et dis-leur que je les aime pour toujours et qu'ils n'ont rien à se reprocher.

À bientôt dans un monde meilleur.

Scott

Je glisse la lettre sous l'oreiller de mon frère avant de quitter la maison avec mon matériel de pêche. Alma m'attend dans sa voiture. Nous échangeons à peine un regard. Je m'allonge sur la banquette arrière. Cela devient une habitude. Je ne suis pas certain d'avoir fait le bon choix. N'y avait-il pas une solution plus simple et moins radicale pour protéger ma famille ?

– Comment je fais pour les fringues ? je demande quand elle démarre.

– Tu vas me préparer une liste pour quatre ou cinq jours.

– Dans cinq jours, ce sera fini ?

– Ça, je n'en sais rien.

– Mais qu'est-ce que je vais faire de mes journées ?

– Tu as réussi à t'occuper quand tu étais en prison. Là où je t'emmène, ce sera beaucoup plus facile. J'essayerai de passer le soir pour te faire mon rapport sur les avancées de l'enquête.

Alma se gare à quelques rues de chez moi, le long d'un mur en brique.

– Déjà ! dis-je, surpris. On est tout près de mon domicile. Ce n'est pas un peu risqué ?

– Non. C'est là que réside la personne la mieux à même d'assurer ta sécurité. Et puis, nous pensons que jamais tes ennemis ne songeront à te chercher si près de chez toi.

Elle vérifie que les alentours sont déserts avant de m'ouvrir la portière. Nous franchissons un portail métallique pour pénétrer dans une cour. Une dame aux cheveux blancs semblait guetter notre arrivée sur le pas de la porte.

– Bienvenue, Scott, lance-t-elle d'une voix douce. Tu viens me tenir compagnie ?

Je ne sais quoi répondre et me contente de lui sourire. J'avais un temps imaginé habiter chez Alma. Je dois redescendre de mon nuage, c'est ridicule.

– Entrez, entrez, les enfants. Je vous ai préparé du thé. J'espère que ça ira.

– Ce sera parfait, lui confirme Alma.

Nous nous asseyons autour d'une table où sont posées deux assiettes de gâteaux. Je déteste ce breuvage amer et je n'arrive à l'ingurgiter que si je le sucre énormément.

Cela me rappelle mes visites annuelles à la Maison des ancêtres où certains vivent depuis plus de trente ans. La différence, c'est qu'ici ça ne sent pas l'hôpital. J'ai raté le rendez-vous cette année. Je le regrette seulement pour Sylvia que j'admire beaucoup. J'étudie la décoration, composée essentiellement de calligraphies asiatiques à l'encre noire. Les larges fenêtres donnent sur le jardin ou le mur qui cache la rue. Je pourrai déambuler dans la maison sans craindre de me faire remarquer de l'extérieur.

– Je m'appelle Hortense, commence la vieille dame. Bienvenue chez moi. Tu seras libre de te promener dans la maison et dans le jardin comme si tu étais chez toi. Il y a une salle de sport au sous-sol et une bibliothèque à l'ancienne avec des livres papier dans la pièce à côté.

– Pourquoi faites-vous ça ?

– Pour que tu sois en sécurité.

– Mais on ne se connaît pas !

– C'est vrai. Pour ton information, j'ai été officier de police pendant vingt ans. Maintenant que je suis à la retraite, je rends encore quelques services à l'occasion à des amis proches.

Hortense me fait visiter l'étage qui m'est réservé. Je disposerai d'une salle de bains personnelle et d'une chambre plutôt vaste mais sans écran. Je repars ensuite avec Alma vers l'hôpital pour organiser le simulacre. Durant le trajet, elle m'informe aussi que, pour plus de prudence, ma puce a été déconnectée du central LongLife.

– *A priori*, la sécurité informatique a été renforcée chez LongLife, mais on ne veut prendre aucun risque. Si un hacker, au service du patron, réussissait à accéder à ton dossier personnel, il ne faudrait pas qu'il découvre que tu es encore vivant et où tu te caches. Bien entendu, de ton côté, cela t'impose la plus grande prudence. Tu ne vas pas te balader dans les rues, même la nuit quand elles sont désertes.

– J'avais compris.

Nous passons par une petite porte éloignée de l'entrée principale de l'établissement. Nous empruntons des couloirs déserts situés dans les sous-sols, jusqu'à une salle recouverte de petits carreaux en faïence ivoire. Un homme en blouse blanche nous y accueille.

– Je suis le docteur Sarge. C'est moi qui vais jouer les magiciens pour vous transformer en cadavre. Vous allez com...

– Je vais vous laisser, l'interrompt Alma. Scott, je repasserai après ta résurrection.

– OK, dis-je machinalement, même si à cet instant j'aurais bien aimé qu'elle ne s'éloigne pas de moi. Je comprends mieux pourquoi elle ne s'est pas éternisée quand j'entends la suite :

– Vous allez, disais-je, vous déshabiller entièrement et vous allonger sur cette table.

J'ai froid. J'attends depuis un quart d'heure, juste recouvert d'un drap, sur le revêtement d'inox qui devient progressivement collant en se réchauffant au niveau de mon dos et de mes fesses. Le médecin revient enfin avec un masque attaché à une bonbonne de métal. Il le plaque sur mon visage et me demande de respirer normalement. Ma vue se brouille en quelques secondes et je sombre.

À mon réveil, Alma est là. J'ai encore l'esprit embrumé mais je ne grelotte plus. On m'a couvert de deux épaisses couvertures.

– Tes parents ont récupéré tes vêtements, déclare-t-elle en souriant. Ils en apporteront d'autres pour la cérémonie. Je n'ai pas eu le temps de faire tes courses. Je t'ai rapporté des affaires de mon frère qui était un peu plus costaud que toi. Au moins, tu seras à l'aise dedans.

– Merci, dis-je.

– Tu me rejoins quand tu es prêt.

Dans la voiture qui me ramène chez Hortense, Alma m'explique :

– Tout s'est passé comme prévu. Ta famille et les gens qui ont pu apercevoir ton corps sont persuadés que tu es bien mort. Le tiroir où tu es censé reposer est verrouillé. Mon patron a décidé que la famille n'assisterait pas à la mise en bière. Pour toi, la comédie est donc terminée.

– Comment étaient Stan et mes parents ?

Elle ne me répond pas. Elle a raison. C'est inutile. Il suffit que je m'imagine ne serait-ce qu'une seconde à la place de mon frère dans les mêmes circonstances.

LUNDI 17 AVRIL

Cinq jours que je me morfonds chez Hortense. Ce n'est pas à cause d'elle, qui fait tout pour que je ne m'ennuie pas. Mais je n'arrive pas à me concentrer plus de cinq minutes sur une activité tellement je suis plein de honte. Comment vivre avec le poids d'un mensonge si horrible ? Je n'ai pas eu besoin de voir les photos prises par la police lors de mon enterrement, que m'a rapportées Alma, pour me rendre compte de la tristesse que l'annonce de ma mort a provoquée. La police cherchait à repérer si des hommes de main du patron s'étaient mêlés aux invités. Ce sont les images de Stan qui m'ont le plus bouleversé, celles de mon père aussi, caché derrière des lunettes de soleil qui devaient dater de ses jeunes années. Alma m'a raconté qu'on avait placé un sac de soixante-cinq kilos dans le cercueil pour que personne ne puisse se douter que je n'y étais pas.

Hortense est une femme étonnante. Je l'ai vue exécuter des enchaînements de gestes qui simulent des attaques à mains nues. Elle les réalise avec une extrême lenteur et en respirant très fort. Elle fait aussi des exercices plus classiques d'assouplissement ou de musculation. J'ai appris qu'elle avait un temps appartenu aux forces spéciales de la police, celles qu'on envoie dans les prises d'otages ou les situations les plus risquées. Sa bibliothèque de livres papier regorge d'excellents bouquins, mais je n'ai pas le cerveau disponible pour la lecture. Depuis ce matin, j'ai une idée fixe : transmettre un message à mon frère. Bien entendu, pas pour lui dire d'emblée que je suis vivant mais pour lui signifier que je l'aime et qu'il ne doit pas être trop triste. J'en profiterai pour récupérer quelques affaires. Et puis, marcher à l'air libre me fera du bien.

Planté depuis une heure devant une feuille de papier, je ne trouve pas les mots. Quand j'y réfléchis quelques secondes, je me dis qu'aucune phrase ne peut convenir. Je rôde un peu dans l'appartement en attendant d'être certain qu'Hortense dort. Elle fait systématiquement une sieste de quinze à seize heures. Ensuite, elle peut lire et s'occuper jusque tard dans la nuit. Comme elle a confiance, elle ne ferme rien à clef. Ses yeux sont clos. Je fais exprès de passer très près d'elle pour tester l'intensité de son sommeil. Une fois rassuré, je me dirige vers la porte.

Je prends le temps d'ouvrir doucement le portail et jette un œil dans la rue pour constater qu'elle est complètement vide. Je sais quel chemin emprunter pour éviter les caméras de surveillance. Je dois aussi penser à la voiture de police qui, d'après Alma, stationne en permanence près de la maison. Je vais passer par l'arrière du jardin. On peut y accéder par une allée privée qui débouche sur une autre rue. Le quartier est vraiment mort en ce début d'après-midi. Dans une heure, on pourra croiser les premières mamans qui se rendent à l'école. Marcher en plein air me procure un véritable plaisir, bien que je sois sans cesse sur mes gardes. Je sursaute même en entendant une voiture circuler dans une rue parallèle. J'escalade un portail pour accéder à l'allée qui mène au garage d'un voisin. Notre jardin est situé juste derrière. Depuis quelques années, on peut soulever le grillage pour se glisser chez nous. J'y suis. Je progresse doucement. La probabilité que Stan soit là est très faible, si je me réfère à son emploi du temps. Je pénètre par la buanderie. Je me dépêche d'aller couper l'alarme en posant mon index sur le boîtier placé près de l'entrée. Il n'y a personne à la maison. Je passe dans ma chambre pour ramasser quelques fringues, juste deux tee-shirts auxquels je suis particulièrement attaché. Dans la masse, ça ne se verra pas. Je découvre avec étonnement que ma mère a commencé à faire du tri, peut-être pour se débarrasser de mes affaires au plus vite. Cela fait naître un goût amer dans ma gorge. Elle veut déjà m'oublier ? Je respire et essaye de me raisonner. Elle doit être tellement malheureuse qu'elle a le droit de gérer son angoisse comme elle veut. Je repère qu'il manque ma casquette de base-ball. Qu'a-t-elle pu en faire ? Elle savait à quel point j'y tenais ! Comme elle est dédicacée par toute l'équipe, elle vaut un certain prix. L'a-t-elle mise en vente sur un site ? Je griffonne quelques mots pour mon frère. Le contenu n'est pas terrible mais ça fera l'affaire. Je pénètre dans sa chambre. J'écarte légèrement son lit du mur et je m'allonge dessus. Je cache mon mot sous la moquette le long de la paroi, là où c'est décollé. Je sais que Stan utilisait cette planque quand il était plus jeune. Le fait-il encore aujourd'hui ? Je n'en suis pas certain. Ce message est comme une bouteille à la mer qu'envoie un naufragé depuis une île perdue. Ça ne sert à rien, juste à se pourrir le cerveau avec un fol espoir. En me relevant, j'aperçois ma casquette dédicacée. C'est Stan qui l'a récupérée. Il n'aurait jamais permis qu'on s'en sépare. Je me surprends à sourire, ce qui ne m'arrive pas souvent, en ce moment. Je descends au sous-sol pour récupérer quelques bandes dessinées de mon père. C'est en regardant la bibliothèque d'Hortense que l'envie m'est venue. Je les avais adorées il y a cinq ans, pendant un été où j'avais été cloué à la maison à la suite d'une fracture du péroné. J'étais tombé d'un arbre et je m'étais écrasé au sol comme une pomme pourrie. Je fouille dans les cartons qui ne sont pas tous étiquetés. Au bout de quelques minutes, je trouve enfin mon bonheur. Soudain, j'entends claquer la porte d'entrée. Mon frère sans doute. Je remplis mon sac en essayant d'être le plus discret possible et je replace le carton. Je vais être obligé de passer par le garage. Je fais basculer doucement la porte pour me glisser dessous, lorsque le chat des voisins décide de rentrer chez nous. Je ne tente même pas de le rattraper, car il a déjà filé derrière les étagères. Je crois entendre des pas qui s'approchent. Je sors et referme derrière moi. La clef ne veut pas tourner. J'abandonne et me faufile le long de la haie pour rejoindre l'allée du voisin. Je rentre en courant. Hortense ne s'est pas réveillée. Je suis sauf mais tout de même préoccupé. Stan va voir que l'alarme n'était pas active. Il va aussi trouver la porte du garage mal fermée. Il va être bon pour une sacrée frousse. Peut-être préviendra-t-il mes parents qui à leur tour alerteront la police qui transmettra l'info à Alma, et je serai grillé. Calme-toi, Scott. De toute façon, il est trop tard. »

MERCREDI 19 AVRIL

Mon escapade n'a pas eu de conséquences. Elle m'a libéré d'un grand poids. Je n'arrive pas à comprendre pourquoi elle m'a fait cet effet-là car ça n'a rien changé à la situation. Je suis toujours la cause d'une grande tristesse pour ma famille et je pense de plus en plus que ce mensonge n'était pas nécessaire. Pourtant je vais mieux et les choses ne vont pas plus mal, alors je devrais au moins me réjouir un peu.

Alma ne passe pas tous les soirs et, en général, elle reste peu car elle n'a rien à me dire sur l'affaire et ne désire pas entretenir des rapports plus amicaux avec moi. J'ai le sentiment qu'elle m'a bien manœuvré pour obtenir ce que désirait son chef. Elle a su se montrer touchante, réconfortante, rassurante quand il le fallait. J'ai même cru un moment qu'elle s'intéressait à moi, au-delà de sa mission. Au final, je crois que c'est simplement une bonne professionnelle. C'est en tout cas ce que je ressens à l'heure actuelle, alors que je suis sans cesse pris de doutes sur tout ce qui m'entoure. Je sens de sa part une certaine froideur aussi. Ce soir, elle semble préoccupée, signe qu'elle a des trucs à raconter. Pourtant, elle engage la discussion en prenant de mes nouvelles comme d'habitude :

– Tu as passé une bonne journée ?

– Oui. Et toi ?

– Ça va.

Le silence s'installe déjà. Je me demande pourquoi elle s'est sentie obligée de venir si elle n'avait rien à m'apprendre sur l'enquête. Peut-être a-t-elle finalement eu vent de mon intrusion à la maison et hésite-t-elle à m'annoncer que des mesures plus strictes vont être prises à mon égard. Ou alors il s'est passé quelque chose de grave qui concerne ma famille. Je décide de prendre l'initiative :

– Il est arrivé un truc à Stan ?

– Ton frère va bien. Mais il n'est pas très coopératif. Pour le dire simplement, il se méfie de la police. Nous pensons qu'il a peut-être rencontré un complice du patron cet après-midi.

– Comment le savez-vous ?

– Les enregistrements de l'implant de ton frère montrent une grande montée de stress. Les policiers qui ont essayé de l'interroger juste après ont noté qu'il était très nerveux.

– Si c'est vrai, il s'est retrouvé en danger plusieurs minutes sans que personne n'intervienne. Il aurait pu être blessé, voire tué. Votre protection n'est donc pas efficace !

– Calme-toi, Scott. Ta maison est surveillée vingt-quatre heures sur vingt-quatre. Un technicien suit la géolocalisation des membres de ta famille et les variations de leur niveau de stress en permanence. Des agents patrouillent en voiture le long de leurs trajets habituels et près de leurs lieux de travail, et se tiennent prêts à intervenir à tout moment. Mais, je te l'accorde, c'est perfectible.

– C'est ce que je vois.

– Après, on s'emballe peut-être pour rien. Ton frère a pu stresser pour une raison que nous ignorons et qui n'est peut-être pas en relation avec notre affaire. Au policier qui l'interrogeait, il a parlé d'un chien de garde qui l'aurait effrayé quand il passait près du portail d'un pavillon.

– Je n'y crois pas tellement.

– Nous non plus.

Savoir que des hommes dangereux au service de la personne la plus cruelle que j'aie pu rencontrer rôdent dans mon quartier et menacent ceux que j'aime, et que moi je ne peux rien faire, cela me rend carrément malade !

Hortense apparaît dans l'encadrement de la porte. Peut-être a-t-elle perçu l'ambiance électrique qui règne ici.

– J'ai préparé du thé et des gâteaux. Je vous attends.

Comme à son habitude, mon hôtesse ne propose pas, elle impose. Nous nous levons pour lui obéir dans un même mouvement. Alma m'adresse un clin d'œil complice quand elle s'en rend compte. Je lui souris poliment en retour. La pause ne dure qu'une dizaine de minutes, mais elle nous fait du bien. Nous reprenons la discussion sur un ton plus calme et en présence d'Hortense.

– Et il faisait quoi dans la rue, mon frère, mercredi après-midi ?

– Il revenait d'une promenade avec Lottie.

– C'est bien qu'il soit souvent avec elle.

– Pourquoi ?

– Parce qu'elle veille sur lui et avertira le Grupp s'il est en danger.

– Je reviens demain, annonce Alma. D'ici là, essaye de te reposer un peu.

– Me reposer ? Je ne le pourrai que lorsque le patron et ceux qui l'aident auront été mis hors d'état de nuire.

Alma m'embrasse rapidement sur le front et disparaît dans l'entrée. Hortense me propose :

– Un petit combat à mains nues, ça te dirait ? Je pense que tu as besoin de libérer la tension qui s'est accumulée depuis plusieurs jours.

Sur le coup, je ne relève pas. Je suis tellement inquiet pour Stan et mes parents que je ne peux penser à autre chose. Hortense se ressert du thé et me fixe sans ciller. Elle a raison, ici je suis inoccupé, et me défouler me ferait du bien. Mais ce qu'elle propose me paraît soudain absurde. Nous avons au moins cinquante ans d'écart. C'est comme si j'allais affronter ma grand-mère. Je sais bien qu'elle s'entraîne mais je risque tout de même de l'abîmer. Je vois dans ses yeux qu'elle ne plaisante pas.

– Tu as déjà pratiqué ce genre d'activité, Scott ?

Pourquoi me pose-t-elle cette question ? De nos jours, les seuls qui aient le droit de s'exercer à des sports violents sont les membres des forces de l'ordre quand ils ont réussi leurs tests psychologiques et reçu leur accréditation.

– Tu t'es déjà bagarré ? insiste-t-elle.

Je décide de jouer franc jeu :

– Oui. Avec des copains du Grupp. On déconnectait nos implants au central LongLife et on organisait des combats dans des caves. On s'arrêtait au premier saignement. Au début, ça me plaisait de taper et même d'encaisser des coups. Après, je me suis lassé. Et puis, pour tout vous avouer, il y a des combats où je me suis laissé aller à la violence inutilement, et ensuite j'en avais honte.

– On devrait faire pratiquer des sports de combat à tout le monde, des vrais sports codifiés, j'entends. Paradoxalement, le monde serait plus paisible. Les gens apprendraient à canaliser leur violence et à respecter leurs adversaires.

Nous descendons au sous-sol. Nous enfilons des plastrons et des casques rembourrés. Elle m'explique :

– On va jouer en suivant des règles. Tu n'as pas besoin de taper fort. Il faut juste toucher. Un point chaque fois qu'on réussit. Et le match en trois points. D'accord ?

– Juste une question. Dans quelques secondes, on va voir débarquer la patrouille de LongLife, non ? Votre indicateur de stress va monter en flèche ?

– Aucun risque. Ce genre d'exercice ne provoque chez moi aucun stress. Ou, plus précisément, j'ai appris à le dominer.

Heureusement que l'idée ne m'était pas venue de crier victoire à l'avance ou de lui faire part de mes scrupules. Hortense est très souple et agile, et évite tous mes coups. Elle me laisse m'épuiser avant même de porter ses premières attaques qui font mouche trois fois. Je suis vite crevé. Elle me propose une courte pause avant de me défier pour une seconde manche que je perds encore plus rapidement.

Nous préparons ensuite le repas. Elle me fait penser à mon arrière-grand-mère, Sylvia, que je n'ai pas pu voir cette année et dont j'ai toujours perçu le côté rebelle. Si on avait eu le même âge, elle aurait fait partie du Grupp. Hortense aussi.

SAMEDI 22 AVRIL

Depuis jeudi matin, j'ai décidé de suivre Hortense dans ses activités pour m'occuper l'esprit et dépenser mon énergie. Je la vois de plus en plus comme une vieille chamane qui aurait tout compris de la vie. Nous nous découvrons aussi beaucoup de points communs. Elle a eu une jeunesse turbulente, et toute une période en quête de sensations fortes. L'idée de rentrer dans les forces de l'ordre a été pour elle une solution de compromis. En poursuivant les méchants, elle était obligée de prendre des risques et ressentait dans son corps les mêmes décharges d'adrénaline qu'eux. Mais, pour elle, c'était légal. Elle a appris à conduire des véhicules débridés pour leur faire la chasse, des techniques de combat pour les affronter au corps-à-corps. Elle interrompt souvent ses récits par la même question :

– Et toi, tu as déjà essayé ?

Je lui dévoile peu à peu mes différentes expériences. Je la sens parfois presque admirative. À d'autres moments, elle est particulièrement critique quand elle juge que les risques étaient pris d'une manière inconsidérée. Lors d'un échange, elle me lance :

– Tu étais un vrai petit con, totalement irresponsable ! Et tu en as entraîné d'autres là-dedans ?

J'écoute ses remontrances avec intérêt. Je sais qu'elle n'est pas comme les autres adultes qui ont tendance à tout dramatiser, à inventer des dangers. Elle, elle sait de quoi elle parle et ça fait toute la différence.

À midi, en préparant le repas, je lui raconte la fois où nous avions organisé un « week-end Cro-Magnon ». Nous avions construit des cabanes, cueilli des champignons et pêché des poissons dans un étang. Nous nous étions beaucoup documentés au préalable pour ne pas nous empoisonner. Nous avions fini par renoncer aux champignons, trop de doutes sur certains, mais nous avions vidé les poissons, un peu dégoûtés de manipuler des viscères sanglants, puis nous les avions cuits sur des braises. Tous n'avaient pas osé en manger. Moi, je m'étais senti fier de l'avoir fait. La nuit suivante, que nous avions passée à parler de nos rêves, allongés sur des couvertures et la tête dans les étoiles, est restée pour moi comme le plus beau moment de ma vie. Hortense me regarde en souriant.

– Finalement, tu n'es pas un petit con, déclare-t-elle.

Alma m'appelle en fin d'après-midi. Comme la veille, elle n'a rien de nouveau à m'apprendre et se contente de me dire que ma famille va bien et que l'enquête avance.

– C'est tout ? je demande, déçu.

– Malheureusement, lâche-t-elle avant de raccrocher.

Un peu plus tard dans la soirée, je demande à Hortense si elle m'autorise à utiliser son ordinateur. Depuis quelques jours, je ressens une drôle d'impression quand Alma est là. Je ne doute pas qu'elle fasse son maximum pour me sortir de cette affaire mais j'ai le sentiment que, depuis le début, elle me cache quelque chose. Je tape son nom dans la barre de recherche. La seule information que je recueille, c'est qu'elle est inscrite en deuxième année de droit à Novobourg. Je trouve sa trace sur les sites des différents établissements scolaires qu'elle a fréquentés plus jeune ; surtout des photos d'un voyage scolaire et de plusieurs spectacles dans lesquels elle jouait. Je m'attarde sur l'une d'entre elles et zoome sur son visage. C'est bien elle, pourtant... pourtant ses traits semblent éclairés un peu différemment des autres. La nuance est à peine perceptible, mais j'ai bientôt la conviction qu'il s'agit d'un montage. Qui es-tu, Alma ? Je passe l'heure suivante à essayer d'entrer dans les fichiers de la police ou du bureau du procureur. Quand j'y parviens enfin, je ne trouve rien à ce nom. Je vais me coucher avec la tête pleine de questions.

DIMANCHE 23 AVRIL

Au petit déjeuner et après notre séance de sport matinale, je rends compte à Hortense de mes recherches nocturnes. Elle ne semble pas s'en étonner.

– Alma Pirson n'est sans doute pas sa vraie identité et elle ne fait peut-être même pas de droit. Quoique... Il est plus facile pour les gens d'avoir une légende qui se rapproche de leur vraie vie. Ça évite qu'ils ne se trompent.

– C'est quoi une légende ?

– C'est une fausse vie qu'on vous fabrique pour les missions d'infiltration. Cette fille est peut-être policière et paraît beaucoup moins que son âge véritable, ou alors c'est une fille que la police a recrutée occasionnellement pour accomplir un travail particulier. Si le patron avait découvert son identité, il aurait compris pour toi et t'aurait fait exécuter tout de suite.

– Comment je peux savoir qui elle est vraiment ?

– Il faudrait qu'elle te le dise elle-même. Elle le fera sans doute quand tout sera fini.

Alma débarque chez Hortense en courant vers dix-huit heures. Elle ne prend ni le temps de défaire son manteau ni celui de nous saluer. Sa voix est haletante :

– Cette nuit, ton cercueil a été ouvert. La police a visionné une partie des enregistrements des caméras de surveillance du secteur. On y repère des gens en tenue de sport sombre avec des passe-montagnes noirs, comme ceux des membres du Grupp. Il est probable que ce soient plutôt des complices du patron, déguisés ainsi pour brouiller les pistes. Tes parents ont été prévenus.

Je suis incapable de lui parler parce que, à cet instant, je pense à l'épreuve que mes proches sont en train d'affronter. J'imagine la torture que cette nouvelle a provoquée. L'idée que le corps de leur enfant ou frère soit encore agressé après sa mort doit leur être intolérable. Je finis par lui demander :

– On ne pourrait pas tout expliquer à ma famille ? Ce serait une délivrance pour eux. De toute façon, maintenant que le secret est éventé, je ne vois pas l'intérêt de continuer ce jeu.

– Le secret n'est pas éventé pour tout le monde. La seule thèse retenue pour l'instant par la police, c'est que le cadavre a été volé.

– On peut faire confiance aux miens. Ils comprendront la nécessité de ne rien dire et même de jouer la comédie.

– C'est impossible, Scott.

J'ai du mal à me contenir. Je ne supporte plus cette situation.

– Je voudrais voir ton chef ! Dès ce soir. Appelle-le tout de suite ! Je veux voir ton chef ! Je n'en peux plus !

– Calme-toi, Scott. C'est impossible, mais je te promets de lui en parler. Là, je dois y aller. Je t'appelle un peu plus tard.

Je la sens dépassée. Elle fuit parce qu'elle sait que ses « C'est impossible » ne pèsent pas lourd par rapport à la souffrance que j'endure et plus encore à celle de ma famille.

Je reste cloué sur mon fauteuil pendant une demi-heure, sans réussir à réfléchir. Hortense me propose de l'aider à ranger du bois au fond de son jardin. L'air frais me fait sortir de ma torpeur. L'effort me remet le corps en action, et le cerveau aussi. Quand j'ai terminé, je branche mon casque et je retourne sur l'ordinateur d'Hortense pour repartir à l'assaut des fichiers du bureau du procureur. Je ne vais plus chercher Alma Pirson directement. Mais, en suivant des dossiers auxquels elle est liée, j'imagine pouvoir remonter jusqu'à elle. Je vais commencer par celui du patron et continuer avec le mien. Comme à chaque fois, pénétrer dans un système n'est pas difficile, si on dispose de temps et de matériel. J'y parviens après moins de deux heures. J'ouvre d'abord le dossier *Patron*. Je découvre une série de photos prises au commissariat au moment de son audition. Les nom et prénom déclarés à cette occasion se sont révélés fantaisistes. Il est donc précisé que son identification est toujours en cours. Je parcours rapidement le reste. Les premières investigations sur le patron remontent déjà à quelques années, lorsque plusieurs meurtres ont été commis un peu partout dans le pays. On y rapporte que quelqu'un, qu'on ne connaissait que sous ce surnom de « patron », engageait des jeunes des quartiers défavorisés pour tuer des gens de l'entourage de riches personnes qui refusaient de céder à son chantage, ou bien de hauts fonctionnaires de la justice ou de la police qui gênaient ses affaires. Les jeunes criminels étaient arrêtés grâce aux implants LongLife et envoyés en prison. En guise de dédommagement, le patron garantissait une vie décente à leur famille, leur payait de bons avocats pour limiter la durée des peines. Quand les juges ont compris le système mis en place, ils ont systématiquement condamné les accusés à la prison à vie. Les candidats au sacrifice se sont alors raréfiés. Et c'est à ce moment-là que le patron s'est mis en tête de trouver des gens capables de pirater LongLife et d'offrir la « transparence » à ses tueurs. Il a d'abord embauché des hackers, mais ils ne se sont pas montrés efficaces. Le rapport s'arrête là. Je note en bas, ajoutée au crayon, l'indication suivante : *Voir « projet stagiaire » en cours.*

Suit une liste de victimes, avec des photos et la fonction des hommes visés. Et là, je repère le visage du frère d'Alma que j'ai vu collé dans sa voiture. Son père est procureur à Neufstadt. Je note son nom pour plus tard. J'ouvre mon dossier et y trouve plusieurs photos, dont la plupart émanent du collège. Sur une saisie de caméra de surveillance, je retire mon passe-montagne. Ensuite, je découvre une page qui rapporte chronologiquement l'enquête menée sur moi. Elle commence quelques semaines avant mon procès et bien avant l'accident de Bruno. C'est d'abord une compilation de rapports de professeurs sur mes « capacités exceptionnelles en info et en maths ». Sont joints également mes bulletins scolaires. Ensuite, je découvre des comptes rendus de filatures. Et c'est là qu'apparaissent mes activités avec le Grupp.

Le texte se conclut par cette phrase : *Parfait candidat pour le « projet stagiaire »*. Je recherche alors le dossier correspondant à cet intitulé. Et là, je comprends tout. Le procureur voulait un expert en informatique à « offrir » au patron pour infiltrer son organisation : un « stagiaire ». Il a fait chercher quelqu'un qui avait ces compétences, et c'est moi qui ai été retenu. Grâce à mon implication dans l'action clandestine, il a pu me faire condamner pour que je sois ensuite recruté par des complices en prison. Je suis le sujet d'une terrible manipulation. Je prends le temps d'encaisser le coup, avant de fouiller dans le dossier du père d'Alma. J'y apprends la vraie identité de celle qui me sert de lien avec la police. Elle s'appelle Milena. Il y est dit qu'elle a été recrutée pour sa mission deux jours après mon incarcération, ce qui me laisse penser qu'elle n'est peut-être pas au courant des manigances dont je suis victime. Quand je décroche de l'ordi, il est vingt-deux heures. Je passe me faire un sandwich dans la cuisine. Hortense me rejoint pour m'interroger :

– Alors, tu as trouvé quelque chose ?

– On peut dire ça, oui, dis-je avant de lui déballer tout ce que j'ai découvert.

– Franchement, déclare-t-elle, je n'en savais rien, Stan. Mais je ne suis pas tellement étonnée par ce style d'opération. Certains sont prêts à tout pour arriver à un but, quitte à sacrifier quelques pions au passage.

Je mets du temps à trouver le sommeil ensuite tant je suis remonté contre tous ces gens qui se servent de moi, au péril de ma vie et de celle de mes proches. Et je m'en veux aussi terriblement de ne pas avoir compris plus tôt. Je me sens nul, vraiment nul.

LUNDI 24 AVRIL

J'ai veillé une grande partie de la nuit dans l'attente d'un appel d'Alma. J'essaye de ne pas repenser à ce qu'on m'a fait subir ces derniers mois, mais de rester focalisé sur le présent, sur le danger que court ma famille et la manière dont je peux l'aider. Je me suis assoupi à plusieurs reprises. Mais chaque fois que je sombrais dans le sommeil, des images de ma famille ou de mes ennemis envahissaient mon cerveau. Des scénarios plus ou moins horrifiques se succédaient et me réveillaient en sursaut. Je me suis finalement endormi vers six heures.

On me secoue énergiquement. C'est Hortense. J'ouvre les yeux et l'entends dire bien fort :

– Tu peux parler, Alma. Il est réveillé, et j'ai branché le haut-parleur.

– Bonjour, Scott. Il y a un fait nouveau qui est forcément lié à notre affaire. C'est pour ça que j'appelle. Dans le milieu de la nuit, les services informatiques de LongLife ont fait face à une tentative d'intrusion massive. Tous leurs techniciens ont été rappelés pour affronter la crise. Malgré les moyens déployés, les hackers ont réussi partiellement à atteindre leur but avant que l'attaque ne soit bloquée. Actuellement, les gars tentent d'évaluer les dégâts.

– Ils savent ce qui était visé ? demande Hortense.

– Oui, les hackers ont fait disparaître des milliers de personnes des fichiers de l'ordinateur.

– Ce qui signifie, dis-je, que leur implant est déconnecté de LongLife. On ne peut donc plus analyser leurs données ni les... les géolocaliser.

– Quelles sont les populations concernées ? interroge Hortense.

– Celles des quartiers du centre et, pour une moindre part, d'un quartier très défavorisé du sud de l'agglomération.

– Ils ont libéré de leur laisse électronique quelques complices repris de justice et, en même temps, supprimé leur protection aux membres de ma famille. Mais tu as demandé que les services de LongLife restaurent en priorité les connexions de Stan et de mes parents ?

– Scott, c'est plus compliqué que ça ! Les fichiers sont complètement détruits. Il faut en recréer de nouveaux et ça va prendre des jours.

– Et mes parents ont été prévenus du danger ?

– Il n'y a pas que tes parents qui sont concernés. Aussi les autorités ont fait le choix de ne pas alerter la population pour éviter la panique. La sécurité a encore été renforcée autour de ta maison. Franchement, les tiens ne risquent rien.

Consciente de mon moral pitoyable, Hortense me prend en main pour que je ne sombre pas davantage. Elle m'invite à l'aider pour les tâches ménagères et à l'accompagner dans ses activités intellectuelles et sportives. À mesure que les heures passent, j'en arrive à une conclusion évidente. Je dois me résigner à attendre. Je n'ai pas d'autre choix. Mon hôtesse ne montre pas d'inquiétude. Connaissant son expérience et sa sagesse, je dois prendre exemple sur elle. Mais ce n'est pas facile. À plusieurs reprises, j'ai des « blancs », de courts moments où je suis ailleurs, avec les miens ou le patron, et plus du tout dans l'instant présent. Hortense me remet alors doucement sur les rails du quotidien.

À dix-sept heures, la nouvelle tombe. Celle que je redoutais entre toutes. Stan a été enlevé après avoir leurré deux policières qui pourtant le serraient de près depuis le matin. Je suis complètement anéanti et je m'écroule sur le premier fauteuil venu. Je finis par dire dans un souffle :

– Alma, c'est moi qu'elle veut. Elle va essayer de me joindre. Il faut me rendre mon portable le plus vite possible. Grouillez-vous ! Si elle n'arrive pas à rentrer en contact avec moi, elle va s'en prendre à mon frère. Je t'en supplie, Alma !

Elle raccroche sans rien ajouter. J'imagine qu'elle va en référer à son chef. Quelques minutes plus tard, elle rappelle :

– OK. Hortense va te le redonner. On va le mettre sur écoute pour ne rien perdre de vos échanges. Ici, nous avons tout le matériel pour repérer sa position. Hortense va aussi te briefer pour la suite. C'est une spécialiste et elle sait conduire ce genre de négociation.

Je suis assis en silence en face de mon hôtesse. Je lui ai récité tous les conseils qu'elle m'a enseignés. Je suis prêt. Mon téléphone est posé entre nous sur une table basse. Une heure entière vient de s'écouler. J'observe les aiguilles d'une horloge antique accrochée au mur qui me fait face. Je saisis plusieurs fois mon appareil pour le reposer aussitôt. Il n'y a plus rien à vérifier. Hortense semble méditer. Elle garde les yeux entrouverts et se concentre sur sa respiration. Le téléphone vibre enfin. Je décroche et branche le haut-parleur.

– Allô, Scott. Mets-toi en mode caméra et filme autour de toi. Vas-y doucement, très doucement.

J'obtempère et effectue un balayage complet du salon. Je l'entends commenter :

– Ta planque est confortable. Tu es chez ta grand-mère, c'est ça ? Oh, elle n'a pas l'air commode, la vieille !

Si elle savait à qui elle a affaire, elle ferait moins la maligne. Hortense garde un visage impassible.

– Voici mes conditions, reprend mon interlocutrice. Je veux un hélico léger avec le plein de carburant et prêt à décoller. Le pilote me le livrera dans un lieu et à un horaire que je te préciserai plus tard. Ensuite, il pourra partir, j'ai appris à m'en servir. Il faut aussi qu'on me vire deux millions de mondos sur le compte dont le numéro va s'afficher dans un message. Je veux que tu accompagnes le pilote. Tu feras ensuite le voyage avec moi. Cela dissuadera l'armée de tenter de m'abattre en vol. Je vous laisse deux heures.

– Attendez ! Mon frère, je veux le voir tout de suite. Filmez-le en direct !

– Je ne peux pas, je ne suis pas près de lui. Dès que j'aurai raccroché, tu recevras une image.

– Ça ne suffit pas. Je veux que mon frère soit filmé à partir de maintenant et que vous me transmettiez toutes les images. Et je veux l'entendre dire que tout va bien et qu'il ne lui arrive rien par la suite.

– OK. Toi, mon gars, t'es super intelligent ou très bien conseillé ! Je vais voir ce que je peux faire.

Elle me fait ensuite patienter plus de dix minutes avant qu'un message n'apparaisse. C'est un lien sur Internet. Je l'ouvre et découvre mon frère saucissonné sur une chaise avec du scotch noir épais. Il fixe l'objectif en clignant des yeux. Une voix en *off* à peine audible, que je ne connais pas, l'interpelle :

– Allez, petit, ton frère te regarde. Rassure-le.

– Mon frère !? Scott ?! ... Scott ? Mon dieu, tu es vivant... Je vais bien. Mais toi, ne fais rien, c'est un piège. La femme veut te...

– Ta gueule ! hurle l'autre. Ça suffit ! Ta gueule !

– Ne t'inquiète pas, Stan, dis-je, au bord des larmes. On va te sortir de là, je te le promets. Essaye de rester calme. Respire lentement, d'accord ?

Ça ne sert à rien, il ne peut pas m'entendre.

Alma me téléphone juste après. La police a reçu l'adresse d'un site sur lequel Stan est filmé en direct. Les enquêteurs ont tenté de tracer la vidéo, mais en vain, le signal n'aboutit qu'à un site fantôme loin de nos frontières. Ils s'efforcent maintenant d'identifier le lieu grâce au peu de décor qu'on aperçoit derrière mon frère.

– C'est un bâtiment abandonné, explique Alma, comme il y en a des centaines ici, et des milliers si on élargit le périmètre aux autres agglomérations. Je crois que ça va être très compliqué. Pour l'argent et l'hélico, c'est en passe d'être réglé. Je te rappelle dès que j'en sais davantage.

Ensuite, Hortense me prend en main pour m'expliquer la deuxième phase, la plus périlleuse.

La nuit est tombée depuis longtemps. Je suis installé à côté du pilote. Depuis plusieurs minutes, on ne distingue plus aucune lumière provenant d'habitations. Je sens comme des chatouillis au creux de mon ventre. Je me souviens d'avoir goûté la même sensation la première fois où je suis descendu en rappel, un mélange de trouille et d'euphorie. Sauf que cette bouffée d'adrénaline sera peut-être la dernière que j'éprouverai. Ma « coach en situations difficiles » a évalué mes chances à soixante pour cent. « Ce qui est très encourageant, a-t-elle ajouté. J'ai déjà survécu avec un pronostic beaucoup moins élevé. » Le vol est de courte durée. L'appareil se positionne en stationnaire au-dessus d'une portion de route, avant de descendre en dessinant des cercles étroits. Là, ça ressemble plus aux manèges des parcs d'attractions.

Nous sommes posés. Le pilote coupe le moteur, se détache et me salue. Il remonte vers la queue de l'hélicoptère et disparaît dans l'obscurité. Je reste seul pendant quelques minutes, avant de voir arriver dans les phares le patron et un complice au gabarit très impressionnant. Mon ennemi s'installe aux commandes et l'autre à l'arrière.

– Madame, j'ai tenu parole. Votre compte a été crédité, je suis là avec l'hélico que vous avez réclamé, maintenant vous devez libérer mon frère.

– Pas avant d'avoir changé d'espace aérien, lâche-t-elle en enclenchant la rotation des pales.

Ma voisine a un petit sourire aux lèvres qui vise à me montrer qu'elle est très confiante dans ses chances et qu'elle domine la situation. Nous volons en silence pendant vingt minutes quand nous apercevons un halo de lumière vers l'horizon.

– Tu vois, là-bas, c'est la frontière. On l'aura franchie dans moins de deux minutes. L'hélico sera alors hors d'atteinte. Je vais appeler mes amis. Toi, tu passes à l'arrière. C'est bientôt fini.

Je me lève et me glisse entre les deux sièges. Le gars m'empoigne par le cou d'une main et de l'autre me fait une clé avec le bras gauche. Je me plie pour tenter d'atténuer la douleur.

– Allô, c'est le patron, commence l'autre. Vous pouvez flinguer le petit. Je répète : vous pouvez flinguer le petit.

– OK, répond une voix lointaine, on s'en occupe et on arrive.

La femme se retourne alors vers moi.

– Et toi, sale traître, j'ai pensé que, en tant qu'amateur de sensations fortes, ça te ferait plaisir d'apprendre à voler. J'ai raison, n'est-ce pas ?

Son complice actionne l'ouverture de la porte. Un vent glacé s'engouffre dans l'habitacle. L'autre me pousse violemment, au moment où j'entends distinctement des détonations provenant de la radio de bord.

CEUX DU GRUPP

QUATRE

LUNDI 24 AVRIL, 17 H 17

Mon téléphone vibre. C'est Lottie. Cela n'augure rien de bon. Elle ne doit me joindre qu'en cas d'urgence.

– Allô, Félix, lance-t-elle d'une voix affolée, il a disparu ! Stan a disparu ! Des gars dans une voiture et ils...

– Calme-toi et essaye de reprendre dans l'ordre, ça nous aidera.

Elle respire bruyamment puis elle se lance :

– D'accord. On a débarqué dans sa chambre, il y a un quart d'heure, et il a trouvé sur son bureau un message qui lui donnait rendez-vous dans une petite rue derrière chez ...

– Quelle rue, Lottie ?

– La rue Montargent. Alors, j'ai essayé de le retenir mais... il... Si je lui avais dit que son frère était vivant, il n'y serait pas allé, j'en suis...

– Lottie ! Tu n'as rien à te reprocher. Tu as seulement suivi les consignes du Grupp. Continue, s'il te plaît.

– Il m'a repoussée et il est descendu au rez-de-chaussée. Ensuite, il s'est faufilé dans le jardin. Alors, je l'ai suivi à distance. Il est passé sous la clôture et a rejoint la rue Montargent. Là, il est entré dans une voiture blanche.

– Décris la voiture.

– Une Tesla, un grand modèle. J'ai noté le numéro de plaque, LL 1984 YS.

– Combien étaient-ils dans la voiture ?

– Deux. Le conducteur et un gars assis à l'arrière.

– Tu as réussi à lui glisser la balise dans la poche ?

– Oui, quand j'essayais de le retenir.

– Ne t'inquiète pas, Lottie. Tu as été parfaite. On va retrouver ton copain et on te le ramènera entier.

Je raccroche. Je compte dans ma tête jusqu'à vingt pour maîtriser mon stress. Je suis aux commandes, j'ai la responsabilité d'une vie et c'est celle du frère de mon meilleur ami. J'applique le protocole mis au point collectivement :

– Allô, c'est Quatre : Code 7. Devant chez moi dans vingt minutes. Je répète : Code 7. Devant chez moi dans vingt minutes.

Je n'attends pas la réponse et joins les deux autres membres qui formeront le commando. Chacun doit apporter son équipement pour le combat, composé de vêtements en kevlar et d'armes. La plupart, nous les avons fabriquées ou perfectionnées ensemble, mais certains ont des talents particuliers, comme Bahia qui tire à l'arc au sein d'un club en ville. Jusque-là, je ne pense pas qu'elle ait testé son talent sur des hommes ou une quelconque cible vivante. Ce sera un baptême du feu pour nous tous. Nous allons faire face à de vrais dangereux et je ne sais pas si notre entraînement nous permettra d'en sortir vivants. Je range aussi quelques cordes et baudriers dans mon sac. Et puis j'appelle la police. Ça aussi, ça figure dans le protocole : on laisse la main aux professionnels pour limiter les risques pour ceux qu'on veut sauver. Après, il faut qu'ils la saisissent, sans quoi nous devrons agir. Je modifie ma voix avec le synthé.

– Allô, ici la police.

– Bonjour, monsieur.

– Si c'est pour une rupture de communication de votre implant, vous n'êtes pas le seul. Allumez un écran. LongLife explique, en continu, le bon comportement à adopter en cas...

– Non, monsieur. Moi, c'est pour signaler un enlèvement. Stan Quiévrain vient d'être enlevé rue Montargent par des inconnus. La voiture des ravisseurs, une Tesla blanche...

– Qui êtes-vous, monsieur ? Vous devez vous identifier pour que je puisse donner suite à votre appel.

– ... immatriculée LL 1984 YS, roule actuellement sur l'A82 vers le nord. Elle est au kilomètre 18.

– Monsieur, je vous l'ai dit, vous devez vous identifier.

– Ce n'est pas possible, mais avez-vous noté les informations que je viens de vous donner ? Stan Quiévrain, Tesla blanche, A82 direction nord, un enlèv...

Il a raccroché. Je m'y attendais, mais cela me file quand même un coup sur la tête. La sécurité du Grupp met en danger la survie de Stan, mais je me dois de respecter les décisions prises collectivement. Je réessayerai d'appeler la police un peu plus tard. Je veux croire que, malgré ce que l'agent au standard a affirmé, l'information va être transmise à ses supérieurs.

En me préparant, je repense à Lottie qui s'est vraiment montrée à la hauteur. Le Grupp l'a recrutée fin février, après une fête où elle s'était pointée sans invitation. Maroussia l'a cuisinée sur l'identité des deux gars repérés en sa compagnie par les sentinelles, ce soir-là. Elle n'a rien lâché. Alors, le Grupp a surveillé la sortie du collège. Il a été rapidement établi qu'elle fréquentait Stan et son pote Sol. C'est ensuite que nous lui avons demandé de mêler l'utile à l'agréable. Elle devait simplement garder un œil sur Stan et nous signaler tout événement qui pourrait présenter un danger pour lui. Au départ, elle n'était pas d'accord, car elle avait l'impression de trahir sa confiance. Je lui ai montré quelques photos de moi prises après le passage à tabac que j'ai subi quand Scott est rentré de taule. Elle a vite compris de quoi ces gars étaient capables et elle a accepté. Depuis, elle n'a cessé de nous prouver son sérieux. Mercredi matin, elle a repéré un gars qui les suivait quand ils revenaient de promenade. Après avoir dit au revoir à Stan, elle n'est pas rentrée chez elle comme prévu mais l'a suivi discrètement. Elle a pu entendre quelques bribes de la discussion sans que Stan et l'inconnu ne s'en aperçoivent. C'est là que nous avons décidé que des membres du Grupp exerceraient une surveillance discrète du frère de Scott pendant ses trajets au collège pour intervenir physiquement en cas de péril. Aujourd'hui, j'ai demandé en plus à Lottie de sécher son dernier cours pour faire le chemin avec lui. J'avais conscience que le danger se rapprochait depuis que j'avais appris, durant la nuit, sur une chaîne pirate, que LongLife subissait une cyberattaque de grande ampleur et que la géolocalisation des implants n'était plus assurée. C'est pour cela que j'ai décidé d'équiper Stan d'une balise à son insu. Je consulte ma tablette et le localise sur une des autoroutes du nord. Posté devant chez moi, je suis prêt. Sig arrive avec la vieille caisse de son frère. Nous programmons le GPS en attendant les autres. Bahia débarque la première avec un grand sac contenant un arc traditionnel très puissant qui a appartenu à son grand-père. Finn s'installe une minute plus tard. La voiture démarre et s'insère dans le flot de la circulation. Sig laisse les commandes à l'ordi de bord et se tourne vers nous pour écouter mon topo.

– Stan a été enlevé vers dix-sept heures par deux gars dans une Tesla blanche. Ils viennent de dépasser le kilomètre 56 sur l'autoroute A82. Nous n'essayerons pas de les rattraper parce qu'ils ont beaucoup d'avance et sont plus rapides que nous. Tant que Stan garde sa balise, nous ne pouvons pas le perdre. Quand nous approcherons de leur planque, nous analyserons le terrain et les forces en présence, puis nous aviserons.

LUNDI 24 AVRIL, 20 H 45

Nous traversons la grande plaine agricole du Nord. Elle compte très peu d'habitants, tous regroupés dans des hameaux minuscules. C'est la première fois que j'y mets les pieds. La balise ne bouge plus depuis vingt minutes, ce qui signifie sans doute qu'ils sont arrivés à destination, ou bien qu'ils ont trouvé l'objet et l'ont balancé dans un fossé.

Nous nous arrêtons à couvert derrière un bouquet d'arbres à moins d'un kilomètre de notre objectif. Nous observons le paysage désertique et découvert grâce à des jumelles à visée nocturne. Le seul endroit où peut être séquestré Stan, c'est un ancien silo à grains, car il n'y a aucune autre construction dans les parages. Pour l'instant, je ne repère rien d'autre. La voiture doit être garée à l'arrière de l'édifice en béton sombre, et les gars doivent se trouver à l'intérieur. Nous finirons notre progression à pied pour éviter qu'on nous entende approcher. Notre seul moyen de faire le poids face à ces professionnels, c'est de les surprendre. Je décide de rappeler la police.

– Allô, j'appelle pour vous signaler l'enlèvement de Stan Quié…

– Restez en ligne, répond le type, je vous passe mon supérieur.

– Allô, je suis le capitaine Jouffroy. À qui ai-je l'honneur ?

– Ne perdons pas de temps avec ça. Je ne peux vous décliner mon identité, mais je peux vous permettre de sauver la vie d'un adolescent ! Si vous préférez que je raccroche, dites-le tout de suite. Nous agirons sans vous.

– OK, OK, je vous écoute.

Je lui fais un rapide tableau de la situation. Il marque un temps avant de me demander :

– Est-ce que vous avez Stan Quiévrain en visu actuellement ?

– Non, nous sommes trop loin.

– Il faudrait aller vérifier qu'il y est bien. S'ils ont trouvé votre balise, ils s'en sont peut-être servis pour vous berner.

– OK, on s'approche, et je vous rappelle.

– Jeune homme !

– Appelez-moi Quatre.

– Quatre, vous y allez seulement en reconnaissance. Vous ne tentez rien. C'est compris ?

– Oui, capitaine.

Nous terminons de nous équiper en silence. C'est la première fois que nous allons au contact de gens armés qui n'hésiteront pas à faire feu. Nous le savons tous les quatre. La lune est presque pleine, ce qui nous assure une assez bonne visibilité. Elle profitera aussi à nos ennemis en cas de combat. Nous progressons à petites foulées jusqu'à une centaine de mètres du point signalé par la balise, nous nous accroupissons et sortons les jumelles. Finn explique :

– Il y a, à droite des trois silos collés, une petite construction qui doit servir de bureau. On aperçoit un faible halo de lumière. Je propose qu'on contourne d'abord le bâtiment en restant à distance.

L'idée apparaît très vite pertinente car nous repérons derrière la construction, garé à côté de la Tesla, un véhicule tout-terrain noir. Ils sont donc plus nombreux qu'espéré. Les abords du silo ne sont pas entretenus. De hautes herbes, des buissons de ronces et quelques arbrisseaux nous permettront de nous cacher. Nous longeons maintenant le mur jusqu'à l'endroit où nos ennemis se cachent. Bahia arme son arc et vise la porte au cas où quelqu'un sortirait. Finn nous fait signe de nous baisser alors qu'il progresse doucement vers l'unique fenêtre. Nous retenons notre souffle. Les pieds de notre ami raclent le sol bruyamment. Il ne bouge plus pendant près d'une minute. Puis il revient vers nous. Nous nous éloignons pour ne pas risquer d'être entendus.

– Stan est bien là. Saucissonné sur une chaise. Ils sont trois à le surveiller. J'ai aperçu deux fusils automatiques posés sur un gros bureau métallique. On ne va pas faire le poids.

Je rappelle le capitaine Jouffroy pour lui confirmer la présence de Stan et lui préciser les forces en présence.

Le militaire nous demande de rester à distance et de ne pas intervenir. Il évalue l'arrivée du commando à moins d'une heure. J'acquiesce et je raccroche.

Nous nous asseyons à l'arrière du bâtiment, camouflés par un taillis d'arbustes sauvages. Nous attendons, silencieux et immobiles, l'arrivée des renforts.

LUNDI 24 AVRIL, 22 H 42

Deux gars sortent du bureau et se dirigent tranquillement vers les voitures. S'ils partent, nous pourrons en profiter pour tenter de libérer Stan. L'un des deux ouvre la portière avant, côté passager, et fouille quelques secondes avant de la refermer. Il s'allume une cigarette et en propose une à son copain. Ils font une dizaine de pas dans notre direction. Je peux distinguer parfaitement les pistolets-mitrailleurs qu'ils portent en bandoulière, et leur ceinture garnie de chargeurs.

– J'en ai marre de jouer la baby-sitter, déclare le premier.

– T'inquiète, Nestor, le rassure l'autre, c'est bientôt terminé. Le patron ne va pas tarder à appeler. Dès qu'il aura mis la main sur le traître, on pourra flinguer le petit et se tirer.

– On aurait pu le faire avant. À quoi ça rime d'attendre ?

– Tu sais comment est le patron. Il préfère qu'on filme en direct l'exécution pour que le frangin en profite bien avant d'y passer à son tour. C'est un raffiné, notre chef.

Tiens, voilà le gros Vasco qui se pointe. Alors, l'ami, toujours pas de nouvelles ?

– Toujours pas. Vous me filez une clope ?

– Bien sûr. T'as laissé le petit tout seul ?

– Il pionce.

– Il fait peut-être semblant ?

– Je ne crois pas. Et même si c'était le cas, qu'est-ce que tu veux qu'il fasse, collé à sa chaise ?

Le troisième allume sa cigarette, puis ils repartent tranquillement vers les voitures. L'un des gars branche de la musique et s'assoit sur le siège du conducteur. Les deux autres s'appuient sur l'autre véhicule. Nous profitons du bruit pour nous reculer. Quand je juge la distance suffisante, j'attire mes camarades près de moi et leur chuchote :

– Il faut en profiter. Finn et Sig, vous rampez jusqu'à Stan, et nous on surveille les gars. Je siffle s'ils viennent vers vous.

Mes copains s'allongent dans l'herbe et commencent leur progression prudente vers la geôle de notre ami. Je me colle à Bahia.

– Tu pourrais en atteindre un à cette distance ?

– Sans problème.

– Et ta flèche pourrait le tuer ?

– Pas évident. Mais ce sont des flèches de chasse qui pénètrent très facilement les chairs et sont difficiles à ressortir sans tout arracher. Elles blessent gravement plutôt qu'elles ne tuent. C'est d'ailleurs pour ça que cette pratique cruelle est interdite. Les animaux qui ne sont pas tués sur le coup parviennent à s'échapper, mais meurent ensuite dans d'atroces souffrances. J'aimerais bien ne pas avoir à m'en servir.

Nous observons les trois gars qui parlent en faisant de grands gestes. La musique couvre leur échange. Nos copains ne devraient pas être loin du but. Soudain, un des types crie :

– Coupe le son, Nestor ! J'ai vu un truc bouger là-bas dans l'herbe.

– C'est peut-être un renard, dit l'autre en ressortant la tête du véhicule.

Nous sommes plaqués sur le sol et entendons le pas rapide d'un homme dans les herbes hautes. Heureusement, il ne s'approche pas de nous. Aurait-il repéré Finn et Sig ? Soudain, des détonations nous vrillent les tympans. Le gars vide son chargeur en arrosant l'horizon. Il revient vers ses amis qui balayent les alentours avec des torches puissantes.

– T'es sûr d'avoir vu quelque chose ?

– Je l'aurais juré. Retournons à l'intérieur.

Une sonnerie de téléphone retentit. On entend distinctement un des gars répondre :

– OK. On s'en occupe et on arrive.

Je pose ma main sur l'épaule de Bahia qui se redresse et bande son arc. Les autres marchent vite, ils sont pressés d'en finir. Je sens qu'elle hésite. Elle tremble un peu et respire bruyamment. Bientôt ils seront hors de vue. Je lui souffle :

– Vas-y !

J'entends la corde se détendre et presque simultanément un cri terrible de douleur.

– Mon dos ! Mon dos !

– Bouge pas, Nestor, on va te sortir de là.

Les deux copains du blessé tirent à l'aveugle dans toutes les directions. Nous sommes allongés dans l'herbe, tétanisés par la peur. Des balles fusent tout près de nous.

– Je vais flinguer le gamin, lance un gars en changeant son chargeur. Reste avec Nestor. Je reviens tout de suite.

Le silence s'installe durant une trentaine de secondes. Le blessé ne gémit plus. Sig et Finn ont-ils eu le temps de mettre Stan à l'abri ?

– Il est où, ce con !? éructe une voix dans la nuit.

Le gars revient en courant vers ses copains. Ils chargent le mourant dans la voiture noire et allument les phares. Peut-être s'enfuient-ils. Je pense plutôt qu'ils veulent retrouver Stan, qu'ils imaginent courant dans la campagne. Ils ont une mission à finir avant de faire soigner leur copain. La chasse au gamin va commencer. J'entends au loin un bourdonnement qui s'amplifie assez vite. Ce sont deux hélicos de la police qui arrivent enfin. Nous nous relevons et gagnons à toute allure la pièce où était retenu le frère de Scott une demi-heure plus tôt. C'est alors que nous voyons apparaître nos trois amis qui étaient cachés sous le bureau. Nous nous étreignons avec émotion. Pour le baptême du feu du commando de Grupp, nous avons fait fort. Le paysage s'illumine brusquement avec l'arrivée des troupes équipées de torches et de projecteurs. Nous levons les bras au ciel pour ne pas être confondus avec des ennemis. Deux soldats se plantent devant nous.

– Je suis le capitaine Jouffroy et voici le lieutenant Blake. Qui est Quatre ?

– C'est moi, dis-je.

– Faites votre rapport, s'il vous plaît.

Je m'exécute sans attendre. Il m'écoute attentivement avant de lancer quelques ordres :

– Lieutenant, envoyez un hélico à la poursuite du véhicule tout-terrain et faites dresser des barrages routiers. Appelez-moi quelqu'un pour prendre en charge le jeune Quiévrain. Mademoiselle et messieurs les mystérieux membres du Grupp, merci de votre aide. Avez-vous besoin d'être déposés en ville ?

– Non, dit Sig. Il faut que je ramène la caisse de mon frère.

Nous repartons à travers champs en direction de la voiture. Sig nous raconte ce que nous avons manqué.

– Quand on est arrivés près du local, on a eu un choc parce que la chaise sur laquelle on avait vu Stan saucissonné était vide. Avant de le chercher à l'extérieur, on a décidé d'explorer un peu l'endroit, même si le mobilier se réduisait à deux armoires métalliques et au gros bureau. Au moment où j'ai poussé la porte, j'ai senti une présence et j'ai eu le réflexe de me reculer. De son côté, Stan armé d'un parpaing attendait le retour d'un des gars pour l'assommer et lui prendre son arme. Je pense qu'il a dû se rendre compte que je n'étais pas la bonne personne parce qu'il a dévié son geste *in extremis*. Sinon, j'étais bon pour avoir la boîte crânienne explosée. On l'a vite briefé mais, quand on s'apprêtait à ressortir, on a entendu des tirs et on a préféré se planquer sous le bureau. Heureusement que le gars n'a pas cherché plus loin.

– Et comment il a réussi à se détacher ? Il a des talents de magicien ou de contorsionniste, le petit Stan ?

– Je crois surtout que son instinct de survie lui a donné des ailes. Il m'a raconté qu'il avait d'abord cassé le dossier de sa chaise en se laissant tomber violemment par terre pour se donner un peu de jeu. Ensuite, il a scié l'adhésif en le frottant sur une arête rouillée d'un des pieds du bureau. Il avait décidé de tenter le tout pour le tout parce qu'il se savait menacé de mort.

– C'est bien le frère de Scott, celui-là.

Bahia reste silencieuse pendant que je raconte comment elle a retourné la situation en touchant sa cible dès sa première flèche. Alors que les autres la congratulent, elle se détache d'eux, gênée.

– Sans toi, dis-je, Stan serait sans doute mort et nous aussi. Tu as bien agi.

– Non, Félix. Je ne suis pas entrée dans le Grupp pour tuer un homme.

DEUX

LUNDI 24 AVRIL, 22 H 46

On vient de me pousser dans le vide. La nuit n'est pas très sombre et je distingue nettement le paysage. Je sais que je ne dispose que de quelques secondes pour réagir. Alors, j'enchaîne mécaniquement les gestes répétés dans l'après-midi avec Hortense. Je libère la poignée dissimulée à l'intérieur de mon blouson et je tire d'un coup sec devant moi. Le parachute en s'ouvrant me tire violemment en arrière. Je descends un peu moins rapidement, mais le sol arrive très vite. Alors je prends soin de bien fléchir mes jambes au moment du choc et de rouler sur le côté. Je suis sur la terre ferme et entier. Le champ labouré où j'ai atterri est gorgé d'eau. La boue m'empêche de progresser rapidement. Soudain, sans que je puisse le contrôler, des larmes dégoulinent sur mes joues. Le visage de Stan s'impose à moi. Mon petit frère est mort par ma faute. J'ai entendu distinctement des coups de feu après que le patron a donné l'ordre de l'exécution. Je hurle dans la nuit et me maudis. J'ai du mal à tenir debout et, à plusieurs reprises, je glisse et m'étale dans la fange. Arrivé sur la route, j'essaye de me calmer en régulant ma respiration. Je sors mon téléphone pour me repérer et me diriger vers la localité la plus proche. Elle est à six kilomètres au nord. Je marche, et mon cerveau se remet à fonctionner. Il y a quand même une petite chance que Stan soit vivant. Les balles que j'ai entendues sont peut-être celles du groupe d'intervention. J'hésite à appeler. J'ai trop peur d'apprendre le pire. Je me promets de le faire plus tard, quand j'arriverai à parler sans trembler. Je m'efforce de faire le vide dans ma tête en me concentrant sur mes pas. Je les compte même à voix haute. Mon téléphone sonne après une dizaine de minutes. Je marque un temps avant de décrocher. C'est la voix d'Alma :

– Allô, Scott ? C'est toi ? Tu es vivant ? Scott !!

– Oui, dis-je doucement.

– Ton frère est en sécurité. Je viens d'avoir le capitaine Jouffroy. Ils le ramènent chez tes parents. Toi, où es-tu ?

Je mets quelques secondes à digérer l'information. Mon frère est vivant. Je vais pouvoir reprendre le cours normal de ma vie.

– Scott, tu es toujours là ? reprend Alma.

– Oui. Je suis sur la route de Bourgtown, à trois kilomètres au nord.

– Je t'envoie quelqu'un.

Je ne peux pas rester sur place à attendre, je décide de continuer à avancer. Je suis récupéré avant l'entrée du village. Le gars protège ses sièges avec des sacs-poubelle avant de me laisser m'installer. Il me conduit directement chez moi.

MARDI 25 AVRIL, 01 H 27

Mes parents me guettent depuis le perron. Quand je les rejoins, ma mère m'enlace sans même se rendre compte que je suis couvert de boue. Mon père en sourit, et curieusement ma mère aussi, quand elle réalise que les manches de son pull sont toutes tachées. Ça fait longtemps que je ne les ai pas vus si joyeux. J'entre et cherche mon frère du regard. Mon père devance ma question :

– Stan est sous la douche. Il ne va pas tarder.

– Quand même… Quand même… répète ma mère en peinant à contenir son euphorie, j'ai du mal à croire que nous soyons de nouveau tous les quatre.

Soudain, elle baisse la tête et se couvre le visage de ses mains pendant quelques secondes avant de demander :

– Comment ont-ils pu nous faire vivre ça ? Comment ont-ils pu nous faire organiser ton enterrement ?

Je ne sais pas quoi lui répondre. Mon père non plus. J'enlève mon blouson et mon pantalon qu'il saisit du bout des doigts. Je m'approche de ma mère pour lui chuchoter :

– C'est fini, maman. Je sais à quel point vous avez souffert, mais maintenant c'est fini. Nous sommes tous les deux hors de danger.

Elle me serre contre elle, en murmurant pour elle-même :

– C'est trop… Tout ça, c'est trop pour moi.

Stan débarque en peignoir, un grand sourire aux lèvres.

– Tu sais que ce sont tes copains qui m'ont sauvé ?

– Non, dis-je, on ne m'a rien raconté. Je vais me laver vite fait et on se retrouve dans la cuisine. J'ai super faim.

– Des sandwichs à presque deux heures du mat', ça me va très bien, déclare mon frère.

Sous la douche, je craque et laisse mes larmes couler. Ça faisait trop longtemps que je retenais mes émotions. En me séchant, je reprends le contrôle et me sens plus léger.

Mon père s'est attablé avec nous. Il écoute Stan sans l'interrompre. Je suis impressionné par le courage de mon frère, mais aussi très touché par l'engagement du Grupp. Ce commando en cas de coups durs était une idée de Félix à laquelle je n'adhérais pas. Je lui disais que le Grupp devait rester à tout prix pacifiste. Lui rétorquait que ça ne devait pas nous empêcher de pouvoir nous défendre si besoin. J'apprends que Bahia a tué un homme pendant l'opération. J'imagine dans quel désarroi elle doit se trouver. Jamais elle n'aurait pu penser commettre un jour un tel acte. Qui le pourrait, d'ailleurs ? J'ai peur qu'elle ne quitte le Grupp après ça, alors qu'elle en est une des fondatrices et surtout un symbole. Celui de l'ouverture aux autres et de la générosité. Ma mère fait irruption dans la pièce, mon portable à la main.

– Scott, annonce-t-elle, ils ont besoin de toi. Va t'habiller. Ils passent te chercher dans trois minutes.

MARDI 25 AVRIL, 02 H 06

Je suis au siège de la police, installé à une table de conférence. À part Alma, que je dois désormais appeler Milena, tous les autres sont des adultes en costume sombre, tailleur strict ou uniforme. Alma m'a directement conduit dans la salle de réunion, sans trouver le temps de me briefer sur la situation. Le chef de la police prend la parole en premier :

– Puisque tout le monde est là, nous pouvons commencer, déclare-t-il. Nous faisons face à une crise sans précédent. Il est maintenant clairement avéré que le président de la République et le procureur général de Newville ont été enlevés, un peu avant minuit, à leur domicile, par des malfaiteurs très bien organisés. Les ravisseurs ont laissé sur le lieu de leur crime une lettre à notre intention, avec un lien renvoyant à des vidéos sur lesquelles nous pouvons voir les deux otages filmés en direct. Nous ne parvenons pas à les localiser, alors que leurs implants ont été reconnectés au serveur central de LongLife, dès hier, justement pour des raisons de sécurité.

S'ils ne sont actuellement plus détectables, c'est que ceux qui les détiennent ont trouvé un moyen de brouiller leurs signaux. Nous avons également reçu un message filmé réclamant clairement une rançon pour les deux. Nous allons essayer tous ensemble d'examiner les éléments dont nous disposons. Ensuite, nous prendrons la meilleure décision pour nos otages : soit céder au chantage et espérer que les ravisseurs tiennent parole, soit envisager une intervention, mais seulement si elle garantit, de façon absolue, la sécurité de nos deux hauts responsables. J'avoue que, pour l'instant, je nous sens bien démunis pour envisager cette deuxième solution.

– Que savons-nous sur les ravisseurs et leur commanditaire ? demande un homme près de moi.

– Rien de précis. Celui qui se présente comme leur chef n'apparaît qu'à visage couvert et avec la voix modifiée. Mais nous avons des pistes que nous allons vous exposer sans plus attendre.

– Commandant, intervient une femme en uniforme, puis-je savoir ce qui justifie la présence parmi nous de ces deux adolescents qui ne sont pas habilités « secret défense » ?

– J'y arrive, madame la commissaire. Scott Quiévrain a récemment infiltré le groupe de notre principal suspect, et je l'ai convoqué pour qu'il confirme que nous avons vu juste. Milena, à ses côtés, lui a servi d'agent de liaison et de couverture, et elle connaît particulièrement bien le dossier du suspect. Bien évidemment, ils n'assisteront pas à nos débats et seront confinés dans nos locaux, et cela jusqu'à la fin de l'opération, afin que rien ne filtre à l'extérieur.

J'interroge Milena des yeux. Elle me sourit, elle le savait mais s'est bien gardée de me l'annoncer.

– C'est la moindre des choses, continue la dame. Est-il bien raisonnable de s'en remettre ainsi à un gamin pour tenter d'avancer dans cette enquête ? Cela me paraît bien hasardeux. Je m'étonne également qu'on ait pu confier à un mineur une telle mission d'infiltration. Mais passons. Votre suspect serait-il cette mystérieuse femme qui se fait nommer le « patron » ? J'ai vu dernièrement passer un rapport sur ses activités.

– Absolument. Je vous propose, dans un premier temps, de visionner le message que nous avons reçu.

Les tablettes incrustées dans le plateau de la table s'allument toutes en même temps. Dès les premières images, je n'ai aucun doute. La femme a le même déguisement que lorsque je l'ai rencontrée trois jours après ma libération. Et je repère aussi son tic et son regard perçant.

– Bonjour, mesdames et messieurs les prétendus puissants. Vous avez choisi de vous attaquer à mes intérêts. Ce faisant, vous avez commis une énorme erreur que vous allez payer très cher. Peu de gens ont osé se mettre en travers de mon chemin. Aucun n'est encore vivant pour le raconter. L'un d'entre eux repose d'ailleurs tout près de vous. Si vous êtes, comme je l'imagine, au quartier général de la police de Newville, sachez que, dans les fondations du mur ouest de ce beau bâtiment moderne, le béton est enrichi de la chair, des os et du sang d'un de mes anciens amis. J'espère que vous avez pu commencer à visionner les vidéos où apparaissent le président et le procureur. Vous avez dû constater qu'ils n'ont pas vraiment le moral. C'est vrai que pour eux, habitués au confort, c'est un changement radical. J'avoue que mes hommes sont un peu brutaux et n'ont pas trop l'habitude d'être aux petits soins avec leurs invités. Je vous rappelle que j'ai fixé un ultimatum au mardi 25 avril à midi. D'ici là, j'espère que vous allez tout mettre en œuvre pour alimenter mes comptes offshore. La somme réclamée peut paraître arbitraire. Je le sais. La vie d'un homme n'a pas de prix ou plutôt elle n'a que celui qu'on veut bien lui donner. J'aurais donc pu demander la moitié, le double ou le centuple. Je me suis arrêtée sur un milliard de mondos parce que c'est un compte bien rond, et l'alignement des neuf zéros derrière le un est du meilleur effet. J'avais un moment pensé vous laisser fixer le prix vous-mêmes. Cela aurait été intéressant mais aurait aussi entraîné des discussions éprouvantes pour vous. Et puis, pour tout vous dire, je suis pressée d'en finir. Je vous rappellerai avant la fin de l'ultimatum pour faire le point. À bientôt.

La vidéo s'interrompt et les regards se tournent vers moi. Le chef de la police me fait signe qu'il attend aussi mon verdict. Je m'éclaircis la voix avant de déclarer :

– Je confirme que la personne déguisée qui parle sur cette vidéo est bien la chef de bande qui se fait appeler le « patron ». Pour moi, il n'y a aucun doute à ce sujet.

Sur l'écran s'affichent maintenant les photos de la femme prises au commissariat après le coup de filet de la police.

– Comment pouvez-vous en être si sûr, jeune homme ? me demande la commissaire, qui visiblement ne m'apprécie pas.

– Tout correspond : le discours au ton ironique et les menaces à peine voilées, son regard glaçant que j'ai eu le malheur de croiser à deux reprises, les petits mouvements verticaux de son menton qu'elle ne parvient pas à contrôler.

– À partir de ces photos, commence mon voisin, il devrait être possible, à coup sûr, d'identifier cette femme. Les logiciels de reconnaissance faciale sont opérationnels depuis des décennies. Cette criminelle ne débarque pas d'une autre planète !

– Nous pensons, intervient Milena, que cette personne a pu subir de très nombreuses opérations de chirurgie esthétique ou alors qu'elle porte sur ces photos un masque de latex d'une qualité incroyable.

– C'est le diable en personne que vous me décrivez, mademoiselle ! lui rétorque l'homme.

– Scott, où pensez-vous qu'elle soit actuellement ? m'interroge le chef de la police.

– Quand je l'ai quittée, il y a quelques heures, elle allait franchir la frontière nord à l'aplomb de Bourgtown. Je pensais que nous étions suivis par des radars.

– En effet, précise un homme en uniforme assis à côté de Milena. Mais l'engin a disparu des écrans un peu avant vingt-trois heures. Nos collègues de l'autre côté de la frontière ne l'ont pas vu apparaître au-dessus de leur territoire. On doit envisager qu'il se soit posé volontairement en rase campagne ou bien qu'une panne mécanique l'y ait obligé. Le patron pourrait se trouver encore dans notre pays.

– Ça ne m'étonnerait pas, dis-je. Ce n'est pas le genre de personne à fuir. Elle se croit invincible et, surtout, elle a besoin de garder le contrôle sur ses hommes.

– C'est aussi mon analyse, commente le chef de la police. Scott Quiévrain, je vous remercie pour votre aide. Allez vous reposer à présent, vous l'avez bien mérité.

Je me lève et salue l'assemblée d'un hochement de tête. Milena m'accompagne. Dès que nous sommes dans le couloir, je lui demande :

– À ton avis, ils vont faire quoi ? Céder au chantage ?

– Sans doute. Ils n'ont pas trop le choix. La vie du président et celle du procureur général sont en jeu. Ils ne prendront aucun risque.

– Connaissant le patron, je ne crois pas du tout à une issue pacifique. Je suis pratiquement certain qu'elle fera tuer les otages, même si la rançon est payée.

– C'est possible...

– Et si je parvenais à mettre sur pied un autre plan ?

– Je ne vois pas lequel.

– Je peux toujours essayer. De toute façon, je suis coincé ici pour une vingtaine d'heures et je suis trop énervé pour dormir. J'aurais besoin d'une pièce avec des ordinateurs. Tu crois que c'est possible ?

– Je ne pense pas qu'on puisse te le refuser. Je vais t'en dégoter une et je les informerai ensuite. Mais je suis loin d'être certaine qu'ils prendront en compte ton travail.

– Je m'en doute, mais j'ai quand même envie de tenter quelque chose. J'aurai besoin de renforts.

– Pas plus d'une ou deux personnes. Je ne crois pas qu'on puisse aller au-delà.

– OK.

– Qui ?

– Mes amis Jeanne et Phi. S'il y a une solution possible, ces deux-là la trouveront.

– Donne-moi leurs numéros, je vais voir ce que je peux faire.

MARDI 25 AVRIL, 02 H 35

Je suis avachi dans un fauteuil du hall depuis une vingtaine de minutes. J'essaye de réfléchir mais, seul et dans cette position, la fatigue me rattrape. Si je ne veux pas m'endormir, je dois bouger. Je me lève et traverse, à grandes enjambées, la vaste salle pratiquement vide à cette heure. Je repère un homme d'une quarantaine d'années et m'assois en face de lui, avec l'idée d'échanger quelques paroles. Je suppose qu'il est, comme moi, consigné pour une durée indéterminée dans ces locaux.

– Bonjour. Je m'appelle Scott. Je ne m'attendais pas à rester coincé ici et je n'ai pas prévu de quoi m'occuper.

– Alors, Scott, reprend l'autre en souriant, tu te dis que j'aurai peut-être envie de discuter avec toi ?

– Exactement.

– Après tout, pourquoi pas ? Tu as été convoqué à quel titre ? Tu me parais bien jeune pour être un expert.

Je ne comprends pas en quoi, mais la voix de mon interlocuteur me trouble. Elle me semble familière, sans que je puisse la reconnaître.

– Je suis là parce que j'ai eu, malheureusement pour moi, à rencontrer le principal suspect dans l'affaire qui les occupe. Ils m'ont demandé de les renseigner sur lui.

Je le fixe, m'attendant à ce qu'il se présente à son tour. Je le sens hésiter.

– Moi, c'est Paco.

– Et vous êtes ?

Il détourne la tête. Je comprends qu'il n'en dira pas davantage. Il précise après quelques secondes :

– Je suis désolé mais je ne suis pas autorisé à parler de mon activité.

– Vous croyez qu'on nous surveille ? Vous avez repéré des micros ou des caméras ? Ils m'ont pris mon téléphone à l'entrée. Dommage, j'avais une appli pour les détecter. On aurait pu vérifier.

Nous restons plantés là un moment, à nous sourire en grimaçant. Je ferais mieux de retourner à ma place pour pioncer avant l'arrivée éventuelle de mes amis du Grupp. Une connexion se produit dans mon cerveau au moment où je décide de me lever. Je me lance :

– J'ai un ami qui travaille chez LongLife. Comme vous, il est très mystérieux. Il connaît plein de détails sur ma vie parce que j'ai confiance en lui, mais je ne sais rien de lui. Cet ami a toujours été très bienveillant avec moi et mes copains. Il m'a rendu d'immenses services et je me sens redevable vis-à-vis de lui. Si je parviens, comme je l'imagine, à aider mon pays dans les heures qui vont suivre, j'espère pouvoir négocier un peu plus de liberté pour la jeunesse. Peut-être que je n'aurai donc plus l'occasion d'échanger quelques mots avec lui la nuit. Si vous le rencontrez, dites-lui qu'il y a des failles dans le système de son entreprise et qu'un hacker ami comme moi pourrait contribuer à les combler.

L'homme n'a rien manqué de mon message. Il me sourit. Il a compris que j'ai compris. Je lui tends la main. Il la serre chaleureusement. J'insiste :

– Vous lui direz ?

– C'est inutile. Votre ami sait déjà tout ça. Bonne chance, Scott, et à bientôt, donc.

Je regagne ma place. Je viens de rencontrer mon contact. Il a l'âge de mon père. J'espère réellement avoir l'occasion de l'aider un jour prochain. J'espère aussi pouvoir lui proposer une partie de pêche au lac de Saint-Pierre. C'est un endroit où l'on peut se faire des confidences car, comme chacun sait, les poissons ont l'ouïe fine mais savent garder les secrets.

QUINZE

MARDI 25 AVRIL, 03 H 54

Qu'est-ce que c'est que ce plan ? Il n'est même pas quatre heures du matin et je suis dans une bagnole de flics, en route vers leur QG. Je ne suis pas en état d'arrestation ni convoquée comme témoin dans une affaire. J'ai été réveillée, il y a un peu plus d'une demi-heure, par la sonnerie de mon téléphone. Une femme à la voix jeune, nommée Milena, m'a simplement expliqué que, d'après Scott, « j'étais sans doute une partie de la solution d'un problème *a priori* insoluble ». J'ai d'abord dû encaisser que Scott était vivant. Félix nous avait dit deux jours plus tôt que c'était fort probable parce que le cercueil de notre ami était vide. Là, j'en avais la confirmation. Quand je pense comme j'ai pleuré notre chef, il y a quelques semaines ! Je m'étais même demandé si je ne devais pas quitter le Grupp qui comptait pourtant tellement pour moi. Je suis « sans doute une partie de la solution d'un problème *a priori* insoluble », je me sens fière de la confiance qu'il met en moi.

« Putain, c'est Deux qui m'appelle parce que je peux l'aider !! »

Pour lui, je marcherais pieds nus sur des braises. S'il me fait réveiller en pleine nuit, c'est que la situation est grave et qu'il n'a pas le choix, et donc moi non plus.

J'ai croisé le regard désemparé de mon père quand le policier essayait d'expliquer, mais sans rien expliquer en fait, pourquoi il devait m'emmener :

– Nous avons besoin de Jeanne pour ses compétences... pour résoudre un problème que je ne suis pas autorisé à évoquer devant vous...

– Mais elle a fait quelque chose de mal ? insistait mon père.

– Non, non. Elle n'a rien fait... mais on espère qu'elle va faire quelque chose de bien... Vous comprenez ?

– Non, monsieur, je ne comprends rien. Est-ce que c'est légal, tout ça ? Je vous rappelle que ma fille est mineure. Vous le savez, qu'elle est mi...

À ce moment-là, j'ai décidé d'aider un peu le gars. J'ai embrassé mon père sur le front et je lui ai glissé :

– Est-ce que je t'ai jamais déçu, papa ?

– Jamais.

– Alors, laisse-moi y aller. Ce n'est pas aujourd'hui que je vais commencer. Essaye de te recoucher pour dormir un peu. Préviens le lycée vers neuf heures. Dis-leur que je suis souffrante.

Scott et les autres membres du Grupp m'ont fait grandir. Ils m'ont appris que c'était à moi de décider de ma vie, que je ne devais pas m'occuper de l'opinion des autres ou des modèles qu'on nous imposait. *Libre, tu dois apprendre à être libre* était une de leurs devises que je devais me répéter. Ils m'ont fait sortir de chez moi où j'étouffais sous l'amour protecteur de mon père. Scott est une sorte de héros. Pour nous protéger, il a quand même fait de la taule, avec de vrais méchants, pendant plus d'un mois. S'il nous avait balancés, qu'est-ce qu'on aurait risqué ? Un rappel à l'ordre, au pire quelques heures de travail d'intérêt général et une bonne engueulade à la maison. Pour moi, qui n'ai plus que mon père, je sais que cela aurait été douloureux. Scott m'a épargné une sacrée épreuve : avoir à faire face au regard triste et déçu de papa. C'est le meilleur des pères, mais il culpabilise sans cesse à cause du départ de ma mère dont, pourtant, il n'est pas responsable. Je ne comprends pas pourquoi les pratiques du Grupp sont jugées illégales. Je rêve qu'on puisse parvenir à s'exprimer à visage découvert, qu'on nous laisse vivre notre jeunesse normalement, comme au temps de nos parents. Je ne supporte plus de devoir mentir.

J'ai hâte de rejoindre Scott pour voir qui d'autre du Grupp sera là. J'imagine qu'il y aura les historiques, comme Félix, Bahia et Ysée.

MARDI 25 AVRIL, 04 H 10

Nous sommes arrivés. Une fille m'attend à ma descente de voiture.

– Bonjour. Je suis Milena. C'est moi qui vous ai contactée. Scott nous attend à l'étage.

– Vous êtes quoi au juste ?

– Cela ne présente pas un grand intérêt pour vous de le savoir, répond-elle en souriant.

Dans l'ascenseur, je prends le temps de la contempler. Elle est fascinante : si jeune, si belle, si classe, avec cette autorité naturelle qu'on n'oserait pas contester. Est-ce que ça pourrait être la nouvelle copine de Scott ? Si c'est vrai, elle a de la chance. Lui, visiblement, personne ne peut lui résister. Je dois reconnaître que moi aussi, il m'attire depuis notre première rencontre. Certaines de mes copines ont eu une brève aventure avec lui. Elles s'en souviennent avec regret mais se sont fait une raison. Ce gars n'est pas encore mûr pour une relation sérieuse. Moi, je pense qu'il ne m'a jamais regardée comme une fille désirable. Je peux le comprendre. J'ai un physique commun et je n'aime pas trop me faire remarquer. Je bannis donc les vêtements trop courts ou trop près du corps, et même le maquillage. En fait, je n'ai aucun style et je répète à tous que je m'en fous. Ce qui n'est pas totalement vrai. Je sais que Scott m'apprécie pour mon cerveau, plus précisément pour ce qu'il appelle mon « intelligence différente », un concept que j'ai encore du mal à comprendre. Pour moi, il n'y a pas plusieurs formes d'intelligence, on l'est plus ou moins, et encore cette notion n'est pas hyper claire. Un jour, il m'a expliqué que je faisais des « remarques étranges, *borderline*, mais qui s'avéraient souvent judicieuses ».

– Et tu sais tellement de choses inutiles ! a-t-il précisé.

Ça, il a fallu que je comprenne que, dans sa bouche, c'était un compliment. Il faisait référence à la somme des fichiers que j'étudie quotidiennement sur le Net. C'est vrai que tout m'intéresse et que j'aime en apprendre un maximum sur un sujet jusqu'à l'épuiser. Je lis tout et n'importe quoi, de l'histoire égyptienne à l'astrophysique en passant par la cuisine chinoise ou les mœurs des dauphins d'eau douce du bassin de l'Amazone. C'est pour moi un besoin, comme dormir ou manger.

Scott somnole sur un fauteuil dans un hall à l'étage. Milena le secoue gentiment. Il se redresse et se lève pour me faire la bise.

– Je suis très content que tu aies pu venir. Ton père l'a bien pris ?

– Je crois. Mais rien ne l'empêchera de s'inquiéter.

– Milena, tu as des nouvelles de Phi ?

– Il n'arrivera que dans quelques heures. Les médecins qui le suivent interdisent à ses parents de le réveiller en pleine nuit. S'il n'a pas dix heures de sommeil nocturne, leur fils est paraît-il incapable de la moindre démarche intellectuelle. Il a une pathologie, c'est ça ? Tu dois être au courant ?

– Oui. Plus ou moins. Pour son besoin de sommeil, j'aurais dû m'en douter. Jeanne, on va commencer sans lui.

Milena nous accompagne dans une petite salle équipée de trois ordinateurs. Elle les allume l'un après l'autre et en déverrouille les systèmes de sécurité. Je vois apparaître, sur chacun des écrans, un homme bâillonné, filmé en gros plan. L'un des deux est le président de la République, l'autre, qui a également une soixantaine d'années, m'est complètement inconnu. Scott m'explique qu'ils sont retenus en otage depuis hier vingt heures. Je demande :

– Qui est le deuxième homme ?

– Le procureur général de Newville, répond Milena.

– Jeanne, commence Scott, je te demande de bien regarder ces images. Elles sont filmées et diffusées en direct d'un endroit ou peut-être de deux endroits. La police travaille dessus depuis des heures mais ne parvient pas à localiser où ils sont retenus. Les implants de ces hommes n'envoient plus de signal, ce qui signifie peut-être qu'ils sont dans les souterrains de la ville. Cela correspondrait à l'endroit où LongLife a perdu leur signal. Essaye de trouver ce qui échappe aux flics.

– OK, dis-je simplement.

Milena nous laisse. Scott s'installe près de moi et croise les bras. J'imagine qu'il a déjà passé un moment à mater ces deux vieux. Je me concentre alternativement sur chacun des écrans. En dehors des visages crispés et suants, on ne voit que quelques décimètres carrés de la paroi à laquelle ils sont appuyés. Les deux murs sont gris sale mais avec des nuances différentes. J'entends aussi leur respiration nasale plus ou moins tranquille. Le président semble au bord de l'évanouissement.

MARDI 25 AVRIL, 04 H 35

– Je vais avoir besoin d'outils techniques, dis-je en me tournant vers Scott. J'aimerais amplifier le son et pouvoir zoomer sur des parties de l'image.

– Je ne crois pas, explique-t-il, qu'on puisse le faire sur les images en direct. Je vais te trouver des enregistrements. Tu as besoin de quelle durée ?

– Dans un premier temps, une dizaine de minutes devraient suffire.

– Je te prépare ça.

Je scrute consciencieusement les vidéos. La luminosité des lieux de détention n'est pas constante. Cela peut être dû à des gens ou même à des insectes qui passent devant les sources de lumière, ou à des baisses d'intensité du courant. En me concentrant sur les deux captures à la fois, je constate que l'éclairage ne varie pas de la même manière, ce qui me fait penser que les deux hommes ne se trouvent pas dans la même pièce. Scott se décale sur le côté pour me faire une place devant son ordi. Il me tend son casque et pousse le volume de l'enregistrement. Je ne peux m'empêcher de lui faire remarquer :

– La police a dû analyser tout ça avec des spécialistes. Moi, j'ai l'impression d'improviser.

– Je ne crois pas que les policiers cherchent réellement à préparer une intervention. Ils ont trop la trouille de risquer la vie du président. Et puis, jusqu'à aujourd'hui, ils s'en remettaient exclusivement à la recherche des implants grâce à la technologie LongLife. Sans elle, ils ont l'impression que plus rien n'est possible.

Après une deuxième écoute, je commente :

– C'est bien ce que je pensais. Les prisonniers sont séparés. Je n'entends, sur ce premier enregistrement, que la respiration nasale du prisonnier. L'autre souffle que je perçois provient d'un gars qui ronfle doucement, peut-être son geôlier.

J'effectue le même travail sur le second enregistrement, celui du président. Au moins quatre personnes semblent être présentes dans la vaste pièce où il se trouve. Je reviens ensuite sur les petites taches que j'ai repérées sur le mur de la prison du procureur. L'agrandissement me confirme qu'il s'agit bien de moisissure noire. J'annonce :

– *Stachybotrys atra*. Moisissure visqueuse qu'on trouve essentiellement sur les poutres, parquets, papiers peints... Il faut donc qu'il y ait du bois ou un de ses dérivés pour qu'elle se développe, et de l'humidité bien entendu. *A priori*, je ne dirais donc pas que le magistrat se trouve dans les souterrains aux murs de béton ou de pierre naturelle que nous fréquentons certaines nuits. Je pense plutôt à une cave ou à un sous sol, peut-être même une maison en surface mais parfaitement isolée de la lumière du jour et des ondes par des plaques métalliques. Cela ressemblerait à une sorte de cage de Faraday complètement étanche. Il existe aussi des peintures spéciales qui bloquent toutes les émissions électromagnétiques, et même des papiers peints, tissés avec des fils de cuivre ou d'argent.

J'effectue les mêmes observations détaillées sur la paroi qu'on voit derrière le président. Je remarque quelques traces de salpêtre à la base du mur et surtout un fin trait rouge à la craie. Scott comprend avant que je n'explique :

– Ce sont des marques comme on en voit dans les souterrains au nord de la ville. Des fils d'Ariane que tracent les explorateurs d'une nuit pour retrouver leur chemin au retour.

– Ce n'est pas bon comme nouvelle, ça, se désole Scott. Cet endroit est un dédale composé d'une centaine de kilomètres de galeries, d'anciennes carrières, de catacombes. Il n'existe aucun plan fiable du lieu. Je le sais parce que je l'ai assez cherché quand on voulait organiser nos premières fêtes. Avec le Grupp, nous n'en avons exploré qu'un dixième de la superficie.

Je ne commente pas. Il a entièrement raison. Je retourne devant les deux écrans qui diffusent les images en direct.

MARDI 25 AVRIL, 05 H 55

J'interroge Scott :

– Qui connaît bien ce procureur ?

– Milena. C'est lui qui l'a recrutée.

– Tu pourrais la faire venir ?

Il se lève et sort sans me répondre. Une vingtaine de secondes plus tard, il est de retour avec elle.

– Tu as déjà vu ton patron cligner des yeux comme ça ?

– Je ne crois pas. Mais là, c'est la lumière qui doit l'aveugler. Une seule source de lumière dans une pièce sombre. À la longue, ça doit irriter.

– Je sais tout ça, dis-je en essayant de masquer mon agacement. Si ses yeux lui faisaient mal, il ne se forcerait pas à les ouvrir. Regarde-le cligner. Ce sont des séquences complexes. Il semble aussi très concentré pendant plusieurs minutes, puis il fait de longues pauses, paupières closes, comme pour se reposer.

– Il enverrait un message ? demande Scott.

– Possible.

– Je n'y crois pas trop, déclare Milena. Je ne l'imagine pas vraiment en train de jouer à...

– Chut ! Il recommence ! Je note. Long long court court court espace court long long long long espace court court long espace court court court...

Je continue pendant plusieurs minutes jusqu'à ce que je retombe sur la séquence du début. Je pense que c'est tout simplement de l'alphabet morse. Je me souviens des chiffres, très faciles : 1, c'est un court et quatre longs, 2, c'est deux courts et trois longs, 5, c'est cinq courts, et ensuite on inverse les longs et les courts. Mais je suis moins certaine d'avoir correctement mémorisé les lettres. Je fais une recherche sur le Net et aboutis à 71U418NNTN. Je tape ce code dans la barre de recherche. Il semblerait que ce soit un numéro de compteur électrique, un modèle déjà très ancien, ce qui pourrait confirmer qu'il est séquestré dans une maison abandonnée. Je fais part de mes conclusions à Scott. Il fait rouler sa chaise jusqu'à moi, observe mon écran un instant et murmure :

– Tu es une fille géniale... Je suis fier de toi, Quinze !

J'en rougis de plaisir. Puis il se lève pour aller prévenir Milena qui était déjà repartie dans son bureau.

– Tu peux te reposer maintenant. Je prends le relais.

Je m'écroule sur ma chaise. Que d'émotion !

DIX-NEUF

MARDI 25 AVRIL, 07 H 00

J'ouvre les yeux à la même heure chaque matin. Et mon premier réflexe est toujours de couper mon réveil dont je ne me sers que pour lire l'heure. Je suis réglé comme un robot qu'on rechargerait au moins dix heures par jour. Sans cette dose de sommeil, je tombe en panne. Lorsque je vais aux réunions clandestines nocturnes du Grupp, je suis obligé de compenser en faisant une sieste de trois heures juste en rentrant du lycée. Tout ça pour gérer au mieux mon handicap. Je suis ce qu'on appelle un hypermnésique. Je n'oublie rien de ce que j'ai vu, entendu ou senti. Dans la journée, bien que réveillé, j'ai des moments où je me déconnecte de la réalité qui m'entoure pour tenter d'endiguer les vagues d'images et d'odeurs qui envahissent mon cerveau. Il m'arrive de m'endormir intempestivement. À l'école et au collège, j'étais souvent victime de moqueries. Depuis que j'ai rallié le Grupp, je me sens compris, respecté et aussi protégé. Plus personne n'ose s'attaquer à moi. Certains voient même mon handicap comme un don, un don qui ne sert à rien ou si rarement. Je ne peux jamais me perdre, c'est vrai. Mais, dans ma vie quotidienne, j'ai peu l'occasion d'errer sans but dans des endroits inconnus.

Ma mère pousse doucement la porte puis, constatant que j'ai les yeux ouverts, elle actionne la télécommande des volets.

– Phi, commence-t-elle de sa voix douce, la police est venue cette nuit. Ils ont besoin de toi. Tu n'es mis en cause dans aucune affaire, bien entendu. Ce sont tes compétences qui les intéressent. La personne que j'ai eue au téléphone n'a pas voulu m'en dire davantage. Elle veut juste que tu rappelles ce numéro. Qu'en penses-tu ? Est-ce que ça mérite que tu rates le lycée ? Tu n'es pas obligé d'accepter. Je peux rappeler en disant que...

– Donne-moi ce numéro, maman. Je vais me débrouiller.

Elle fait demi-tour en secouant la tête. Elle préférerait que je fasse toujours ce qu'elle veut.

– Allô, c'est Phi.

– Bonjour, Phi. Je m'appelle Milena. Je travaille pour la police sur une affaire compliquée. Scott m'a suggéré de vous contacter. Il a...

– Scott est vivant ?

– Oui. Nous avons fait croire à sa mort parce que sa vie était menacée. Je peux continuer mes explications, Phi ?

Je suis scié par cette nouvelle. Contrairement à Félix qui jugeait cette hypothèse probable il y a deux jours, je refusais absolument de l'envisager.

– Phi ? insiste Milena.

– Oui, excusez-moi. Allez-y.

– Je disais que Scott fait appel à vous parce qu'il a besoin d'aide. Il est actuellement au quartier général de la police. C'est une urgence. Est-ce que je peux envoyer quelqu'un vous chercher immédiatement ?

– Oui.

Je fonce sous la douche et débarque ensuite en courant dans la cuisine. Je récupère une partie du petit déjeuner que ma mère m'a préparé. Elle ne peut s'empêcher de demander :

– Tu y vas, alors ? Ils t'ont donné des explications, au moins ?

Je fais non de la tête. J'enfile ma veste et je sors. La voiture de police m'attend en double file juste devant l'entrée de mon immeuble. Je m'y engouffre, la bouche pleine. Nous démarrons.

Scott me fait venir près de lui ! C'est donc qu'il a de nouveau confiance et m'a vraiment pardonné. Félix me l'avait assuré à la suite de son passage au parloir, mais je ne pouvais m'empêcher d'avoir des doutes. C'est quand même à cause de moi que Scott a été condamné. Le gars mort accidentellement après une de nos fêtes, c'est moi qui l'avais invité. Ce Bruno, c'était le nouveau copain de ma cousine Sybil. Je ne l'avais croisé qu'une fois et je ne savais rien de lui. Rien ne me disait qu'il picolait non plus. Mais Sybil m'avait tellement supplié que je n'avais pas eu le courage de lui dire non. Surtout que j'ai totalement confiance en elle. Je ne pouvais pas deviner qu'ils allaient s'engueuler dans les souterrains et qu'ils repartiraient séparément. Moi, durant la nuit, je n'avais pas osé les surveiller pour ne pas gêner leur intimité. Et puis j'aurais été incapable de le faire en continu. J'ai mes absences, surtout quand je suis fatigué.

MARDI 25 AVRIL, 07 H 35

Une très jolie fille m'escorte dans le bâtiment. Je profite d'être dans l'ascenseur pour la contempler indirectement grâce au miroir. Je connais ce visage. Je l'ai vu sur un journal en ligne il y a quelques mois. Elle apparaissait à côté de son frère qui a été assassiné. Elle, c'est Milena Forique, fille du procureur Forique de Neufstadt. Son frère s'appelait Yvan.

– Phi ? Phi ?

– Oui.

– Vous êtes avec moi ? Nous sommes arrivés au bon étage.

– Excusez-moi. Je vous suis.

Nous traversons un hall jusqu'à la porte d'un bureau numéroté 26. Je découvre mon copain à l'intérieur. Il est assis près de trois ordinateurs en veille. Il dort, la tête dans les bras. Milena le réveille gentiment. Il se lève et me serre contre lui.

– Phi, dit-il, je suis content de te revoir. Tu m'as manqué.

Je lui réponds, embarrassé :

– Je voulais m'excuser pour…

– Laisse tomber. C'est le passé. Et puis je t'expliquerai quand j'aurai cinq minutes, mais mon incarcération n'a absolument rien à voir avec la mort de ce gars.

Je perçois de l'incompréhension dans le regard de Milena, comme si elle ne partageait pas cet avis ou qu'elle ne soit pas au courant. Mon copain reprend :

– Allez, concentrons-nous sur le présent. Nous avons une urgence à régler.

Scott me résume la situation et m'installe devant un écran. J'y vois le président de la République, bâillonné et attaché devant un mur de béton gris.

– L'idéal, explique Scott, ce serait que tu sois déjà passé par ce souterrain et que tu…

Je le coupe sans attendre :

– Je sais où c'est. J'y suis allé avec Félix le 18 janvier de l'année dernière. Il neigeait et j'avais oublié mes gants. Félix portait son blouson bleu, celui qui…

– Le souterrain, Phi. Reste sur le souterrain.

– Nous sommes entrés par une trappe cachée dans un transformateur électrique, celui qui est situé sous l'échangeur de la 24 quand on veut prendre la 11. Il y avait un panneau publicitaire avec des filles qui faisaient de la gym en short dans une salle aux murs vert pâle avec des miroirs et…

– Le souterrain, Phi !

– Oui, pardon. Tu veux qu'on rentre dedans. Il y a à peine un kilomètre à parcourir pour arriver là où est séquestré le président. Je peux te guider, si tu veux.

– Attends, avant, il faudrait que tu m'expliques sur quoi tu fondes ta conviction, parce que je vais devoir convaincre la police d'y envoyer ses troupes d'intervention. On ne voit pratiquement rien sur cette image, qu'est-ce qui te permet d'être aussi catégorique ?

Je pointe l'écran :

– La tache blanche de salpêtre qui forme comme un petit chemin sinueux qui se dédouble à la fin. Le petit trait rouge qui marque l'arrivée dans une salle assez large, vide aujourd'hui, mais qui garde l'odeur des explosifs qui servaient dans la carrière. Scott, j'y suis allé une fois. Je n'ai vraiment aucun doute.

Mon copain affiche sur son écran un plan du nord de la ville et je place mon doigt sur l'entrée du souterrain. Ensuite, il trouve une carte partielle des sous-sols. J'espère qu'elle suffira. Je ferme les yeux. J'ai le film de cette promenade en tête et attends juste qu'il me demande de commencer.

– Vas-y, je suis prêt, annonce-t-il.

– Je soulève la trappe et descends 1, 2, 3, 4, 5, 6, 7, 8, 9, 10, 11, 12… les douze barreaux de l'échelle de métal. Je pars sur la gauche pour prendre un passage plus étroit. Je fais 1, 2, 3, 4, 5, 6, 7, 8, 9, 10, 11, 12, 13… treize pas et je tourne vers la droite pour 1, 2, 3, 4, 5, 6, 7, 8, 9, 10, 11, 12, 13, 14, 15, 16, 17, 18, 19… dix-neuf pas avant de me diriger à droite pour 1, 2, 3, 4…

Ma balade mentale dure une quinzaine de minutes. J'annonce :

– Nous sommes arrivés. Tu veux que je visite la salle ?

– Oui.

– C'est un rectangle d'environ sept mètres sur vingt-deux. Il y a deux autres issues, une juste en face de celle par laquelle nous sommes arrivés et une autre plus étroite, partiellement bouchée par des éboulis. Je ne peux pas aller plus loin parce que, avec Félix, nous avions rebroussé chemin.

– Super boulot, Phi ! me lance mon ami.

– Je ne fais pas exprès, tu le sais bien. C'est dans ma tête et pour longtemps. Des fois, j'aimerais être équipé d'une touche « effacer ».

– Je vais passer le relais aux flics. Tu vas peut-être aider à sauver notre président.

– Et tu crois qu'on aura une médaille pour ça ?

– Moi, je préférerais qu'il écoute nos revendications pour la jeunesse du pays.

– Bonne idée. Tu crois qu'il accepterait ?

– Je veux y croire.

Quelques minutes plus tard, Milena revient avec un homme d'une quarantaine d'années à l'allure militaire. Il se présente :

– Je suis le capitaine Jouffroy. Je dois présenter dans une heure aux autorités un projet d'intervention crédible. Grâce à vous trois, je pense que nous pouvons réussir. Si je reçois le feu vert, tout sera fini avant midi et vous pourrez rentrer chez vous. Au fait, vous êtes quel numéro, vous ?

– Moi, c'est Dix-Neuf.

– Merci beaucoup, Dix-Neuf. Allez rejoindre Quinze dans la pièce à côté. Reposez-vous avant qu'on ne vous libère.

L'endroit a été aménagé en dortoir improvisé : trois lits de camp ont été montés près d'une table basse et de quelques fauteuils. Jeanne dort profondément, enroulée dans une couverture. Je m'allonge à mon tour. Mes yeux se ferment à l'instant où ma tête touche la toile épaisse.

MARDI 25 AVRIL, 09 H 46

Je suis réveillé. Ma fatigue a disparu. J'entends des employés qui circulent dans le hall. Je découvre Scott endormi sur un lit près de moi et Milena recroquevillée sur un fauteuil, les yeux clos. Son téléphone vibre, mais elle ne réagit pas. Je me redresse. Je n'ose pas la toucher. C'est une fille et je ne la connais pas suffisamment pour me l'autoriser. Je secoue mon copain qui sursaute. Il m'interroge en grimaçant :

– Qu'est-ce qui se passe ?

– Le téléphone de ta copine…

– Ce n'est pas ma copine, répond-il en souriant, mais j'aimerais bien.

Mon pote semble de nouveau parfaitement dispo. Il se tourne vers la si jolie fille.

– Milena, ce n'est pas fini, lance-t-il en lui effleurant l'épaule. Il faut que tu décroches. Milena !

Pour elle, la transition est plus difficile. Elle reste quelques secondes les yeux braqués sur nous, incrédule.

– Quelle heure est-il ? J'ai dormi longtemps ?

– Ton téléphone, Milena !

Elle le sort de sa poche et le colle à son oreille. Nous la voyons hocher la tête, soudain très concentrée. Après quinze secondes de suspens, elle déclare :

– Il y a du nouveau dans les souterrains. Tout le monde en salle de conférences !

Elle enfile ses chaussures et part devant. Scott réveille Jeanne, l'aide à se mettre debout, lui prend la main et l'entraîne dans les couloirs. Elle n'ouvre vraiment les yeux qu'en marchant. Je remarque qu'elle est en chaussettes. Nous pénétrons dans une vaste salle équipée de nombreux écrans. Une grande table ovale occupe presque tout l'espace. Huit personnes sont installées autour. Lorsque nous nous asseyons près d'elles, elles nous jettent à peine un regard. Toutes fixent la tablette individuelle encastrée à leur place. On y voit le président sans son bâillon, qui garde les yeux fermés. Une main gantée de cuir noir approche de ses lèvres une petite bouteille d'eau en plastique. L'otage boit goulûment et s'étouffe assez vite. Des larmes coulent sur ses joues quand il tousse. Un homme, assis en bout de table et qui semble présider notre réunion, nous explique :

– À neuf heures quarante-six, une voix modifiée électroniquement nous a avertis qu'un message nous serait adressé dans les prochaines minutes. Il est possible que j'aie à répondre aux ravisseurs ou à leur commanditaire. Je vous demande simplement d'observer la vidéo et de me faire ensuite toutes les remarques que vous jugerez utiles. Le capitaine Jouffroy m'a rapporté que vous étiez très doués pour ça.

Trente secondes s'écoulent dans un silence parfait. Puis la voix trafiquée se fait entendre :

– Bonjour. J'espère sincèrement que cette journée sera agréable pour nous tous. Ce matin, nous sommes très fatigués. La nuit a été courte. Je sais que c'est un peu ma faute. Mais reconnaissez que c'est vous qui avez commencé. Regardez ce pauvre président et sa mine épuisée. J'espère pour lui que vous ne lui réservez pas de mauvaises surprises. Je crois qu'il ne le supporterait pas. Et j'avoue que moi non plus, je ne le supporterais pas. Pour sa part, monsieur le procureur est... désolé et... aussi désolé... de vous le dire, mais il est très mal en point. D'ici deux heures, je vous le rappelle, vous devriez m'avoir versé mon petit dédommagement pour les ennuis que vous m'avez causés. Je vous conseille d'être précis sur l'horaire et surtout de ne pas chercher à me tromper. Si la somme n'est pas complète, je ne vous rendrai pas le président complet non plus. Je l'observe depuis quelques minutes et je trouve qu'il a de très belles oreilles, bien dessinées et bien ourlées. Si j'en arrache une, son visage sera tout de suite beaucoup moins harmonieux.

La main gantée de noir s'approche du lobe gauche de l'otage. Elle le pince jusqu'à faire virer sa couleur au gris.

– Je me demande, reprend la voix, quelle pression il faudrait exercer dessus pour qu'elle cède. Au fond, c'est une question complètement inutile, n'est-ce pas ? Messieurs et mesdames qui me contemplez en silence, dites-moi que c'est vraiment une question inutile ?

– En effet, monsieur, déclare le chef de la police, c'est une question tout à fait inutile.

Le visage du président se tord sous l'effet de la douleur. La main gantée finit par lâcher prise. Après quelques secondes, le visage masqué apparaît en gros plan à l'écran. Le regard est glaçant.

– Ne me décevez pas ! N'oubliez pas que c'est moi qui décide aujourd'hui de qui a le droit de vivre ou de mourir.

Le visage s'efface et on aperçoit les mains gantées qui fixent un large adhésif noir sur la bouche du président gémissant. Puis la liaison est coupée avec les ravisseurs. Après un bref silence, tous se tournent vers Scott qui déclare :

– Si vous voulez savoir si c'est bien la même personne que sur la vidéo précédente, je vous le confirme.

– Elle est donc revenue en ville, au risque d'être arrêtée, commente un homme assis près de Milena. Comment expliquer cette attitude suicidaire ?

– Jusqu'à présent, répond Scott, elle a toujours réussi à passer entre les mailles des filets tendus par la police. Elle se croit surpuissante, invulnérable. Quelle décision avez-vous prise ? Vous allez intervenir ?

– Jeune homme, lui lance celui qui mène les débats, un sourire amusé aux lèvres, je crains que vous n'en sachiez jamais rien. Faites confiance à vos aînés pour diriger au mieux les intérêts de tous. Attendez d'avoir mon âge pour prendre part aux décisions.

– Pourquoi ne pas nous laisser exprimer notre opinion sur cette affaire ? Nous vous avons aidés durant ces dernières heures, n'est-ce pas ?

– Oui, je le reconnais et vous en remercie.

– Et pourtant, vous ne nous faites pas confiance. Nous ne comptons pas. Vous nous méprisez ! Cette société méprise sa jeunesse !

– Scott Quiévrain, réplique l'autre sèchement, je ne crois pas que le moment soit bien choisi pour discuter des revendications de votre organisation clandestine !

Scott se lève en repoussant bruyamment son fauteuil. Nous le suivons dans le couloir. Il est hors de lui. Milena le prend à part pour le calmer. Jeanne et moi retournons dans notre chambre improvisée. Elle me demande de lui réciter tout le discours du patron. Je la vois prendre quelques notes sur un bloc de papier. Ensuite, je m'allonge sur un lit de camp pour recharger mes batteries. J'ai encore besoin de dormir un peu.

DEUX

MARDI 25 AVRIL, 10 H 02

J'ai du mal à contenir ma colère. Je voudrais m'isoler, mais Milena m'emboîte le pas.

– On s'est fait jeter comme des merdes, là !! dis-je en soufflant.

– Reconnais que l'heure n'est pas à la discussion politique. Nous sommes en pleine crise. Je suis certaine que, si dans quelques jours la situation évolue dans le bon sens, les autorités se souviendront de ce que vous avez fait pour elles.

– Je crois que tu es très optimiste. Je voulais juste savoir si le travail du Grupp allait servir à quelque chose. Toi, tu crois qu'ils vont intervenir ?

– Je le saurai bientôt et je te le dirai.

– Toi, tu as de la chance, ils te font confiance.

– Pas plus qu'à toi. Mais ils font confiance à mon père qui a confiance en moi et qui me raconte tout.

Nous nous replions dans le bureau qui nous a servi de salle de repos. Phi est allongé, le regard absent. Jeanne, qui n'a toujours pas enfilé ses chaussures, semble nous attendre, un papier à la main.

– Scott, commence-t-elle, est-ce que le procureur est toujours filmé ?

– Oui, répond Milena à ma place. Un policier a veillé devant l'écran toute la nuit. Pourquoi ?

– Il est mort, déclare Jeanne simplement.

– Je ne vois pas comment cela serait possible. Il est filmé en direct.

– Milena, insiste Jeanne, rebranche l'ordi pour que je puisse vérifier.

– Si ça peut te faire plaisir. Après tout, nous avons encore deux heures à occuper, lâche-t-elle, ironique, avant de sortir.

J'interroge Jeanne :

– Qu'est-ce qui te fait penser qu'il est mort ?

– Le patron l'a dit. Enfin, il nous l'a fait comprendre. Je le cite : « ... Monsieur le procureur est... désolé et... aussi désolé... » C'est la seule hésitation de son discours, même des deux discours. Connaissant sa maîtrise totale quand il communique, cela ne peut être un hasard. Et puis, personne ne dit : « désolé et... aussi désolé », à la limite on peut dire : « désolé et... encore désolé ».

Je n'y tiens plus et lui ordonne gentiment :

– Va au but, s'il te plaît, Jeanne.

– Tu n'as pas encore compris ? Quand tu prends les premières lettres de cette expression bizarre, tu as d-e-a-d, « dead », « mort » en anglais. « Monsieur le procureur est mort. »

Nous rejoignons Milena dans la pièce à côté et observons avec elle la vidéo du procureur. Tout semble normal.

– Il est bien là et bien vivant, lance Milena, ravie.

– C'est un enregistrement, commente Jeanne qui n'en démord pas. Peux-tu vérifier auprès des techniciens qu'il n'y a pas de traces de coupures, même très brèves ? On a pu faire un monta...

– Le policier l'aurait signalé, s'énerve Milena. Les gens qui travaillent ici sont loin d'être des imbéciles ! Tu vas me dire pourquoi tu t'entêtes, à la fin ?

J'explose :

– Fais-le, Milena, fais-le vite ! Si c'est vrai, le président n'en a plus pour longtemps. Et l'intervention s'avérera inévitable.

Milena souffle mais m'obéit parce qu'elle ne veut prendre aucun risque. Je sais qu'elle a un rôle difficile, qu'elle doit affronter les techniciens et les décideurs qui ne la considèrent que comme une fille à papa pistonnée et incompétente. Je sais aussi qu'elle ne lâchera rien tant qu'elle n'aura pas obtenu gain de cause.

MARDI 25 AVRIL, 10 H 37

Jeanne avait raison. C'était un enregistrement. Il y a vingt minutes, l'ordre a été donné aux forces de police d'investir la maison abandonnée. Comme annoncé, ils n'ont trouvé que le cadavre du procureur avec un mot agrafé sur sa chemise : *Je ne suis pas du genre à pardonner à mes ennemis.*

Depuis, c'est dans les souterrains que l'opération de sauvetage du président a été déclenchée. Milena nous a expliqué que le commando devait répandre de grosses doses de gaz paralysant dans les galeries. Son effet est momentané mais foudroyant.

Nous attendons des nouvelles, relégués dans notre petit bureau. Personne n'a envie de parler. Nous nous sentons inutiles. Vivement qu'on nous laisse sortir.

MARDI 25 AVRIL, 11 H 18

Milena colle son téléphone sur son oreille. Un léger sourire se dessine sur ses lèvres. Elle se tourne vers nous et déclare fièrement :

– L'intervention est terminée. Le président est sain et sauf. Vous êtes autorisés à rentrer chez vous. Encore merci pour votre aide. Et Jeanne, excuse-moi de m'être énervée tout à l'heure. Je vous rappelle que vous êtes tenus au devoir de réserve. Un communiqué officiel informera la population de la situation dans une heure environ.

Une question me brûle les lèvres :

– Ils t'ont dit s'ils avaient arrêté le patron, cette fois-ci ?

– Non. Je n'ai pas eu cette précision. Avec l'humiliation qu'ils ont subie la dernière fois, je crois qu'ils vont faire très attention. Je t'appelle quand j'en sais davantage.

Milena nous raccompagne jusqu'à l'ascenseur. Elle nous embrasse à tour de rôle, ce qui fait rougir Phi. Elle me glisse à l'oreille :

– On laisse passer quelques jours et on essaye de se voir un peu en dehors. Pour une fois, on pourrait tâcher de ne pas parler boulot. Juste de passer un peu de temps ensemble.

– Avec plaisir, Milena.

Là, c'est moi qui ai l'impression de virer écarlate. Elle m'a carrément invité à sortir avec elle.

À l'air libre, nous nous sentons soulagés. Avant que je ne quitte mes amis, je leur demande :

– Vous allez faire quoi maintenant ?

– Je rêve de me doucher, déclare Jeanne, et de me changer. Ensuite, je ne suis pas certaine de retourner au lycée. Mon père m'a excusée pour la journée. Alors, comment justifier de revenir plus tôt sans ajouter un nouveau mensonge ? C'est que je n'ai pas le droit de sortir de mon droit de réserve, n'est-ce pas ?

– Moi, j'ai surtout faim, dit Phi. Après, je verrai bien si je ne préfère pas faire une petite sieste.

– Bon, alors... à bientôt, dis-je en prenant une direction opposée à la leur.

Je m'arrête après une vingtaine de mètres pour les regarder s'éloigner. J'ai le sentiment que tout n'est pas fini et que je ne peux pas faire entièrement confiance à la police. Et je ne me résous pas à rentrer, comme les autres. Je sors mon portable.

– Félix, c'est Scott.

– Scott... Scott ! Alors, tu es... tu... Je suis soulagé de t'entendre, tu sais ?

Je lui raconte brièvement mes aventures et les derniers

rebondissements de la crise qui secoue la tête de l'État. Je le remercie aussi d'avoir sauvé mon frère.

– Et tu vas faire quoi cet après-midi ? me demande mon copain.

– Je vais rester dans les parages pour surveiller ce que fait la police.

– Et tu crois que je vais te laisser te balader en ville tout seul ? Je ne veux plus te perdre. Dis-moi où on se retrouve, et quand.

Je n'ai pas osé le lui demander directement mais c'est exactement ce que j'espérais qu'il me propose.

MARDI 25 AVRIL, 12 H 00

Mon copain est à l'heure mais il n'est pas venu seul. Peter, Selma, Sig et Liv l'accompagnent. Ils sont tous beaucoup plus tactiles que d'habitude avec moi, comme s'ils avaient besoin de me toucher pour s'assurer que je suis bien vivant.

– C'est carrément une escorte, les gars !

– Exactement, répond Liv. Maintenant, on ne te lâche plus.

– J'ai pris du monde, explique Félix, d'abord parce qu'ils crevaient d'envie de te revoir. Ensuite j'ai pensé qu'on aurait peut-être l'occasion de se séparer en plusieurs groupes si on devait passer à l'action. Te connaissant, tu as une idée en tête.

– Bien anticipé, Félix, dis-je. Je retrouve là tes talents de psychologue et d'organisateur. Je crains en effet que les policiers n'oublient un criminel de la bande et surtout qu'ils ne ratent celle qui se fait appeler le patron et qui leur échappe depuis toujours. Nous connaissons trois entrées aux souterrains. Malgré mes recommandations, les forces de l'ordre n'ont dû établir un périmètre qu'autour de la principale. Ils jugent les autres trop éloignées de la zone où était détenu le président et pensent que la probabilité qu'elles soient utilisées par les malfaiteurs est quasi nulle. Il serait bon que nous nous en occupions.

– À quoi elle ressemble, cette femme ? demande Selma.

– Elle est menue, de taille moyenne. J'évalue son âge entre quarante et cinquante ans. Mais il faut se méfier car elle est passée maître dans l'art de se maquiller et se déguiser. Elle peut prendre pratiquement n'importe quelle apparence. La seule chose qui la trahit, c'est un tic nerveux. Elle relève le menton toutes les vingt ou trente secondes. Focalisez-vous sur ce détail. Le premier groupe qui la trouve prévient l'autre mais n'intervient pas. On la suit discrètement et on prévient les flics. Surtout, soyez prudents. Elle est hyper dangereuse et n'a plus rien à perdre.

Peter et Liv font équipe avec moi, Sig et Selma avec Félix. Notre entrée est localisée dans un terrain vague un peu à l'ouest du boulevard circulaire. Il y a quelques années, l'endroit était occupé par un grand hôpital. Il a été rasé mais ses fondations sont encore intactes. Dans le local technique de l'ancien parking, on trouve une porte métallique qui donne sur les souterrains. Parmi les gravats et les ronces, ce n'est pas l'endroit le plus sympa pour effectuer une surveillance. Nous nous relayons. Il y en a deux qui discutent et un qui fixe l'accès. On change tous les quarts d'heure. Peter commence. Liv a besoin de parler :

– Mon salaud ! Tu te rends compte de ce que tu nous as fait endurer avec l'annonce de ta mort ! Tu sais combien je t'aime depuis toujours... Tu es aussi important pour moi que mon propre frère, ma mère ou mon père. J'en ai été littéralement malade. LongLife a débarqué chez moi et ils m'ont expédiée trois jours à l'hosto. Trois jours à passer des examens, à cause de toi ! Est-ce que tu te rends compte ?

Je me contente de sourire. Je la connais par cœur, elle est très démonstrative et aime en rajouter. Mais à mesure qu'elle parle, je la sens prête à exploser en sanglots. Tout ça à cause de moi. Je la prends dans mes bras au moment où mon portable vibre.

– Excuse, dis-je, embarrassé.

Félix et les autres pensent avoir repéré le patron. Elle serait fringuée comme une ado, avec un sweat noir à capuche et des lunettes rondes aux verres bleutés. Elle a des écouteurs et un sac à dos de lycéenne. Ils l'ont aperçue de loin quand ils se dirigeaient vers l'accès qu'ils devaient surveiller. Ils ont pu la détailler au moment où ils la croisaient et ont tous remarqué le mouvement incontrôlé de son menton. Elle est allée droit vers l'entrée principale et s'est mêlée aux quelques badauds qui regardaient les policiers, portant des masques à gaz, sortir ses complices sur des brancards. Comment a-t-elle échappé aux effets du gaz ? Elle avait dû prévoir cette éventualité et a su réagir à temps. J'annonce à Félix que nous les rejoignons au plus vite.

MARDI 25 AVRIL, 12 H 42

Je reste à distance et l'observe grâce à des jumelles emportées par Sig. C'est bien elle. Pourtant, hormis son tic et sa taille, tout le reste est différent. Sa silhouette est plus massive, sans doute parce qu'elle a empilé plusieurs couches de vêtements, sa démarche est plus lente et plus lourde. Un élément, surtout, attire le regard et ferait presque oublier le reste : un appareil dentaire bien visible qui déforme sa bouche. Les gens doivent éviter de la fixer pour ne pas la mettre mal à l'aise. Selma passe tout près d'elle, jusqu'à la frôler. Je vois le patron se raidir et s'agripper à Vingt-Six pour l'injurier. Celle-ci ne se laisse pas impressionner et se dégage vigoureusement. Puis, tout en s'éloignant, elle l'invective à son tour. L'autre la suit du regard, mais Selma se faufile au milieu des badauds et disparaît bientôt de son champ de vision. Quelques dizaines de mètres plus loin, elle lève discrètement son pouce droit pour m'indiquer qu'elle a réussi à glisser une balise dans les vêtements du patron. J'appelle Milena.

– Allô, Scott, commence-t-elle, hésitante, j'allais t'appeler… Je viens seulement d'avoir l'info, ce n'est pas brill…

– Je sais, le patron est parvenu à s'échapper. La bonne nouvelle, c'est qu'il se trouve à quelques dizaines de mètres de moi. Nous pouvons renseigner la police à ce sujet mais, cette fois, ce ne sera pas gratuit.

– Tu veux te livrer à un chantage, toi aussi ? plaisante-t-elle.

– Je veux que les autorités écoutent la jeunesse.

– Tu sais que LongLife fonctionne de nouveau et que tu es parfaitement localisable.

– Oui, mais pas elle. Alors, nous pouvons la laisser s'échapper… ou bien la suivre et la faire arrêter. Dis-moi ce que tu préfères ?

– Tu veux quoi exactement ?

– Je veux que tu me mettes en relation avec un proche collaborateur du président, quelqu'un de parole. Demande à ton père de t'indiquer la bonne personne. Je veux que ça se fasse au plus vite.

MARDI 25 AVRIL, 14 H 08

Nous sommes cinq dans la vieille voiture conduite par Sig. Félix est à l'avant avec son GPS à la main. Il guide le chauffeur. Liv et Peter sont tassés derrière avec moi. Nous pistons le patron qui roule à cinquante mètres devant nous. Le capitaine Jouffroy a mis en place des barrages en dehors de la ville. L'arrestation est donc imminente. Je suis très nerveux, malgré ce que je veux bien montrer à mes camarades ou ce que j'ai pu affirmer aux autorités. Et si je m'étais trompé ? Il peut très bien exister une femme qui a le même tic nerveux que celui du patron, et c'est elle que l'on poursuit pour rien. Ou bien le patron a demandé à une complice de jouer son rôle pour nous perdre, alors qu'elle est toujours planquée dans un recoin du souterrain et attend son heure. Nous venons de bifurquer sur une route secondaire étroite. J'aperçois au loin des feux clignotants qui annoncent habituellement un accident ou des travaux sur la voie. Là, c'est un barrage. Les voitures ont ralenti. Le patron, si c'est bien elle, ne peut faire demi-tour car plusieurs voitures la suivent.

Des policiers ayant ajouté des chasubles fluo à leur uniforme invitent les conducteurs à se garer sur le bas-côté. La fille à l'appareil dentaire fait mine d'obtempérer puis accélère brutalement, ce qui oblige un des hommes à plonger dans le fossé pour l'éviter. Mais, dix mètres plus loin, la voiture est stoppée. Les quatre pneus ont éclaté en roulant sur la herse métallique disposée par les forces de l'ordre. La conductrice sort du véhicule et observe les alentours. Elle découvre plusieurs hommes en uniforme, planqués en contrebas de la route, qui s'avancent vers elle. Elle semble les attendre sans réagir. Puis elle se recroqueville et prend sa tête dans ses mains. Je sors à mon tour pour m'approcher. Je l'entends qui supplie, des larmes plein les yeux :

– Messieurs, ne dites rien à mon patron ! Je sais que je n'aurais pas dû prendre sa voiture ! S'il l'apprend, il va me faire virer ! Excusez-moi !

Les policiers qui l'entourent maintenant semblent hésiter à lui passer les menottes. Elle a réussi à les faire douter. Elle continue d'une petite voix :

– Vous cherchez quelqu'un de dangereux, c'est ça ? Est-ce que j'ai l'air d'être une criminelle ?

– Mademoiselle, déclare un gradé, nous avons des ordres. S'il y a erreur sur la personne, vous serez vite libérée.

Je bouscule un policier pour me planter devant elle. Je veux être sûr. Nos regards se croisent. Elle arrête de renifler et se redresse pour me fixer. Je lis d'abord la surprise dans ses yeux, puis très vite la haine s'impose.

Je suis rassuré, c'est bien elle. Je lui souris, triomphant. Ses traits se crispent. Elle grimace. D'un mouvement sec de la main, elle fait jaillir un court poignard de sa manche et se jette sur moi. La lame déchire le côté de mon blouson et ripe sur mes côtes. Liv lui assène un violent coup de pied dans le ventre qui la projette à quelques mètres. Les policiers réagissent enfin et se saisissent de la criminelle. Elle est menottée et conduite dans le car qui stationne près du barrage. Elle se débat, éructe, crache sur tous ceux qui passent à sa portée.

J'appelle Milena pour la mettre au courant. Elle m'annonce que je suis attendu dans la soirée au palais de la présidence pour une rencontre qu'elle espère fructueuse. Et si nous étions en train de gagner ?

DOUZE

JEUDI 27 AVRIL, 19 H 05

Scott m'étonnera toujours. Comment a-t-il fait pour que la télévision nationale organise une émission en direct s'intéressant à la jeunesse de notre pays ? Et, surtout, comment a-t-il fait pour nous y faire représenter, nous les membres d'une organisation clandestine ? Je sais qu'il a rendu des services au ministère de la Justice et à la présidence, seul d'abord, puis avec l'aide du Grupp, mais de là à ce qu'un débat s'ouvre ainsi en public et que nous y soyons conviés, je n'en reviens pas. Nous faisons face aux mêmes autorités qui sont à la tête de l'État depuis une dizaine d'années. Je parle de celles qui ont fait réprimer les manifestations des lycéens et des étudiants. Je me souviens, enfant, m'être retrouvée dans une rue noire de monde, un peu par hasard. C'était impressionnant. Ma mère était paniquée qu'on se soit retrouvées là et voulait qu'on s'éloigne au plus vite de la foule. Je ne comprenais pas ses craintes, car l'ambiance qui régnait cet après-midi-là était plutôt joyeuse. Soudain, on avait entendu des cris et j'avais vu des jeunes s'effondrer sur le trottoir ou se mettre à vomir. Certains soutenaient leurs camarades quand d'autres s'enfuyaient dans tous les sens. C'était LongLife qui aidait à faire le ménage dans la rue et à dissuader à jamais les gens de recommencer à s'agiter.

Scott nous a expliqué que, au début des discussions qu'il a menées dans les locaux de la présidence, on lui a proposé un accord secret qui n'aurait bénéficié qu'aux seuls membres du Grupp. Quand il a rétorqué au premier conseiller que notre organisation agissait pour le plus grand nombre et ne voulait profiter d'aucun privilège, les gars en face l'ont regardé comme s'il venait d'une autre planète. Peu de gens dans cette société refusent les faveurs qu'on leur accorde.

La deuxième vraie question, c'est pourquoi c'est moi qui représente le Grupp dans ce débat télévisé ? Pourquoi ce n'est pas un des membres fondateurs ? La décision a été collégiale, mais je sais que c'est Scott qui a convaincu les autres que j'étais la bonne personne. Quand je lui ai demandé pourquoi, il m'a répondu en souriant :

– Tu es prête à rougir ?

Là, j'avoue que j'ai eu peur qu'il me parle de mon physique, que les autres trouvent, en général, avantageux.

– Tu dégages une énergie et un naturel évidents, a-t-il déclaré. Tu n'as pas peur de défendre tes idées et tu ne manques pas de repartie. Au-delà de ça, tu sais toucher les gens parce que tu es sincère. En un mot, Maroussia, tu impressionnes.

Il avait raison, j'ai senti la chaleur monter à mes joues. Je devais être totalement ridicule. J'ai quand même réussi à lui demander pourquoi il refusait d'y aller personnellement.

– Je me connais très bien. Si ça tourne mal, je peux me montrer désagréable, voire agressif. Je peux même me barrer. Ce genre d'attitude desservirait notre cause. Toi, je sais que tu trouveras les mots et le bon ton.

– Mais qu'est-ce que je vais dire ? Je n'ai rien préparé.

– Il n'y a rien à préparer, m'a-t-il assuré. Sois toi-même.

Cette dernière phrase est carrément angoissante. Moi aussi, je me connais, et quand je me compare à certains autres, je me sens toute petite. La seule que j'arrivais un peu à impressionner, c'était ma sœur, mais ce temps est révolu. Lottie a mûri. Elle ne montre rien mais elle sait comment je fonctionne. Elle comprend que, lorsque je veux à tout prix convaincre les autres que je suis une fille bien, c'est parce que, si eux y croient, je pourrai alors y croire moi-même. Le Grupp représente beaucoup pour moi. Je ne m'y sens pas en compétition avec les autres. Les gens y sont toujours bienveillants. Par exemple, quand je l'ai mis en danger à cause de ma négligence, lorsque Lottie et Stan ont réussi à lire mes messages et espionner des réunions de l'organisation, je m'en suis voulu et j'étais prête à me traîner aux pieds des autres pour obtenir leur pardon. Mais, curieusement, personne n'en a profité pour me rabaisser. Ils ont compris mon désarroi et m'ont soutenue. Félix m'a dit :

– Nous sommes clandestins en temps de paix. Nous ne jouons pas notre peau à chaque instant. Il est donc logique que nous manquions parfois de vigilance et que nous fassions des erreurs. En plus, on ne peut pas dire que tu aies fait vraiment une erreur, c'est plutôt Lottie et Stan qui se sont montrés particulièrement brillants.

Dans moins d'une heure, maintenant, le débat va commencer. Je viens de découvrir le plateau de tournage. Aucun de mes proches n'a été autorisé à m'accompagner à l'intérieur du bâtiment. Heureusement, juste avant, Maureen m'a aidée à choisir ma tenue. Nous avons opté pour un look simple : jean et tee-shirt clair uni. Je ne suis pas là pour un concours de beauté. La fille du maquillage m'a mise mal à l'aise. Après m'avoir dit que j'avais une peau magnifique, elle a étalé sur mon visage une épaisse couche de fond de teint. Sous prétexte de faire « ressortir mon naturel », elle m'a proposé de souligner le contour de mes yeux, puis de redessiner mes lèvres. Au début, j'avais décidé d'avoir confiance, après tout, c'est une professionnelle, mais à mesure que le temps avançait, le visage qui apparaissait dans le miroir commençait à me déplaire. Ce n'était plus moi.

– C'est trop, madame, ai-je fini par lâcher. S'il vous plaît, allégez tout ça, ou je le fais moi-même.

Je l'ai vue grimacer. En me maudissant sûrement intérieurement, elle m'a obéi. Finalement, le résultat me convient à peu près. J'ai repéré les autres participants. Il y a un jeune un peu plus âgé que moi qui s'appelle Georges. Je l'ai écouté raconter sa vie à la maquilleuse pendant qu'elle le transformait en statue de cire. Il est étudiant en gestion à Newville. C'est le fils d'un haut fonctionnaire. Il se destine à la politique ou à la finance. Une sociologue, ayant réalisé plusieurs études sur les jeunes, sera également présente. Elle a au moins l'âge de ma grand-mère. Pour elle, sa propre jeunesse est déjà un lointain souvenir. Enfin, le présentateur, John Thibaut, est venu nous saluer et nous donner des recommandations : bien articuler, ne pas parler trop vite et ne pas interrompre ses voisins. Il m'a aussi reproché devant les autres d'avoir « martyrisé » la maquilleuse. Je lui ai souri sans répliquer. Je garde mes forces pour le débat. Ce gars vient de commettre sa première erreur. Il ne sait pas qu'il ne faut jamais me faire de reproches quand je suis stressée, sinon je deviens très pénible.

JEUDI 27 AVRIL, 20 H 59

Enfin, ça va commencer. Je n'en peux plus d'attendre. Nous sommes en place depuis vingt minutes, et des gens tournent autour de nous pour remettre en place quelques cheveux ou rectifier un détail de maquillage. Un assistant nous confisque nos portables. Le générique est lancé. Trop tard pour faire marche arrière. L'heure est venue de montrer qui nous sommes. John me présente en dernier :

– Maroussia, vous avez dix-sept ans et vous êtes lycéenne en terminale scientifique. Mademoiselle, je suis content que, en tant que membre du Grupp, vous ne soyez pas venue avec votre passe-montagne, vous nous auriez privés de la vision de votre très joli minois.

– Qu'est-ce que c'est que ce commentaire ridicule ? je demande en souriant. Je ne vois pas ce que mon visage a à voir avec les revendications du Grupp.

– Mademoiselle, ne le prenez pas mal. Je vous faisais juste un compliment.

– C'est parce que je suis une fille et que je suis jeune que j'ai le droit à un compliment sur mon physique ? Vous avez vanté le parcours brillant de ce jeune homme et la grande culture scientifique de Madame. Moi, j'en suis réduite à mon minois ?

Je le sens très mal à l'aise, surtout que l'universitaire en rajoute :

– Je suis d'accord avec Mademoiselle, votre remarque était un peu déplacée. Rentrons dans le vif du débat, si vous le voulez bien.

– Merci de m'y autoriser, réplique sèchement le présentateur. C'est encore moi qui dirige ce plateau, il me semble. Madame Bourlieu, vous qui étudiez depuis des décennies les mutations de la jeunesse, quelle vision avez-vous de notre jeunesse aujourd'hui ?

– Elle est comme toujours : en quête de liberté, d'indépendance, d'expériences nouvelles. Dans notre société, les jeunes se sentent bridés par les principes de sécurité. Mais ce n'est pas nouveau. Les slogans du Grupp auquel appartient Maroussia l'expriment très bien.

Décidément, cette dame me plaît de plus en plus. Je regrette de l'avoir jugée un peu vite et uniquement par rapport à son âge.

– Mais, vous, Georges, interroge le présentateur, vous vous sentez brimé ?

– Pas du tout, répond le jeune homme. Je me sens très bien. Je réfute cette opposition entre liberté et sécurité. Pour moi, la sécurité est la première des libertés. Quand on a peur, on est moins libre.

Je décide d'intervenir sans y avoir été invitée. Je prends une voix douce de maman bienveillante :

– Mais de quoi aurais-tu peur, Georges ?

– Le danger est partout, et heureusement LongLife nous protège.

– Parce que vous, mademoiselle, vous n'avez peur de rien ? me demande John Thibaut.

– Si, ça m'arrive, bien entendu. Mais je suis davantage effrayée par l'immense pouvoir de contrôle que LongLife a sur nos vies.

– Mais n'importe quoi ! s'emporte Georges, LongLife sauve des vies. LongLife a sauvé la mienne. Quand j'étais enfant, j'ai failli mourir noyé dans la piscine de mes grands-parents. Si je suis parmi vous aujourd'hui, c'est grâce à la vigilance de LongLife.

– J'imagine, dis-je, que maintenant tu sais bien nager, et pourtant on continue à te surveiller quand tu te baignes ?

– Oui et heureusement. Aujourd'hui, en nageant, je pourrais très bien avoir une violente crampe, être victime d'un AVC ou d'un infarctus.

– Qu'est-ce que vous répondez à ça ? me demande le présentateur, visiblement réjoui.

– Que je respecte les préoccupations de Georges, qui semble être d'un naturel inquiet, et je peux le comprendre au vu du traumatisme qu'il a subi petit. Personnellement, ce contrôle me pèse et je suis prête à sacrifier un peu de ma sécurité pour me sentir plus libre. Je crois que ce serait bien si chacun pouvait choisir. Actuellement, tout le monde doit se plier à la même norme.

– Quand je vous entends, Maroussia, je vous sens obsédée par l'idée qu'on voudrait vous espionner, vous contrôler sans cesse à des fins mauvaises. Ne seriez-vous pas un peu paranoïaque, voire en train de nager en pleine théorie du complot ?

– Les gens qui nous regardent ne vont plus avoir de doutes sur vos opinions quant à ce débat !

– Je suis d'accord avec Maroussia, renchérit le professeur Bourlieu, votre question exprime clairement votre parti pris.

– Je ne vous permets pas de me juger ! s'insurge le présentateur.

– Est-ce que je peux raconter à mon tour un épisode de mon enfance qui m'a marquée ?

– Faites, Maroussia.

– J'avais neuf ans et je participais à une course d'orientation avec ma classe. Je faisais équipe avec un nouveau, nommé Elliot. À la fin de l'après-midi, seuls au milieu des grands arbres, nous nous sommes donné la main et même embrassés sur les joues. Quand le jeu s'est terminé et que nous avons retrouvé les autres, la maîtresse nous a pris à part. Elle s'est dite inquiète pour moi et a exigé de savoir ce qui s'était passé. « Quelque chose d'anormal. » Moi, je n'ai rien pu dire mais je me sentais coupable, honteuse sans trop savoir pourquoi. Mais avec le recul, j'étais aussi révoltée qu'on veuille fouiller dans mes sentiments. Elle piétinait mon innocence. Mes parents m'ont expliqué plus tard que mon enseignante avait reçu une alerte lui signalant un « pic d'émotion » ressenti par une de ses élèves.

Lorsque je termine, ma vision s'est un peu brouillée. Je m'en veux parce que mon maquillage risque de couler devant des milliers de gens. Georges m'effleure le bras et me sourit gentiment. Le présentateur, surpris durant quelques secondes, se reprend :

– Maroussia, sincèrement, vous n'avez pas l'impression que vous exagérez !

– Monsieur, vous appartenez à une génération qui a plébiscité et mis en place l'implant LongLife. Une « vie longue et paisible », c'est un rêve pour les adultes, les parents angoissés, pour les vieux amnésiques de leur jeunesse. Est-ce que vous vous souvenez de votre adolescence ? Vous vous rappelez le petit Johnny dont le cœur s'emballait en croisant le regard de l'être désiré ? Comment s'appelait-elle déjà, celle qui vous rendait fou d'amour ?

Le présentateur me fixe, complètement déstabilisé. Je ne quitte pas son regard.

– Ça y est, ça vous revient ? Maintenant, souvenez-vous des moments secrets et délicieux que vous avez partagés avec elle. Je vous vois sourire de plaisir rien qu'en y repensant. Eh bien, imaginez que ces instants magiques aient été espionnés, observés, analysés, jugés et peut-être condamnés par les adultes qui vous entouraient. Le tableau est moins beau soudain, n'est-ce pas ?

ÉPILOGUE

STAN

Six mois ont passé depuis ce mois d'avril où le Grupp a sauvé la peau du président. L'émission consacrée à la jeunesse a permis de lancer un débat au sein de la société, dans la presse, les établissements scolaires et jusque dans les familles. Mais les vraies décisions tardant à venir, les jeunes se sont manifestés dans les rues. On trouvait dans les premiers rangs tous les amis de mon frère, mais aussi une fille de procureur, nommée Milena, qui est devenue sa copine officielle. J'y suis allé aussi, en compagnie de Lottie, de Sol et de Lise. Le président n'a pas pu, comme auparavant, faire mater brutalement le mouvement. Des nouvelles lois ont vu le jour. Elles donnent la possibilité aux individus d'alléger les contrôles dont ils font l'objet. Tout n'est pas encore parfait, surtout pour les plus jeunes qui sont encore soumis à l'autorité parentale, mais la situation évolue dans le bon sens.

Les épreuves que nous avons traversées ensemble ont ressoudé notre famille. Mes parents seront toujours inquiets, mais ils ont été obligés d'accepter que Scott ait une vision différente de la vie.

– Grâce à moi, m'a lancé mon frère un soir, ils seront plus cool avec toi.

Tous les deux, nous sommes redevenus plus proches que jamais. Il m'écoute et me conseille parfois. Lui gardera toujours son penchant pour le secret. Je crois qu'il n'a pas fini de m'étonner. Je suis fier d'être son frère.

DU MÊME AUTEUR, AUX ÉDITIONS SYROS

Pour les plus jeunes :
C'était mon oncle !, « Tempo », 2006
Jacquot et le grand-père indigne, « Tempo », 2007
L'école est finie, « Mini Syros », 2012
Des ados parfaits, « Mini Syros +, Soon », 2014
Le voyage dans le temps de la famille Boyau, hors-série, 2014
Florimond à la recherche du Oxford Treasure, « Tip Tongue », 2016
L'accident, « Mini Syros +, Soon », 2016

Pour les plus grands :
Méto, tome 1 : « La Maison », hors-série, 2008
Méto, tome 2 : « L'Île », hors-série, 2009
Méto, tome 3 : « Le Monde », hors-série, 2010
Seuls dans la ville entre 9 h et 10 h 30, hors-série, 2011
Nox, tome 1 : « Ici-bas », hors-série, 2012
Nox, tome 2 : « Ailleurs », hors-série, 2013
Celle qui sentait venir l'orage, hors-série, 2015
U4.Koridwen, hors-série, 2015

L'AUTEUR

Yves Grevet est né en 1961 à Paris. Il est marié et père de trois enfants. Il habite dans la banlieue est de Paris, où il a enseigné en classe de CM2 jusqu'en juin 2015. Les thèmes qui traversent ses ouvrages sont les liens familiaux, la solidarité, la résistance à l'oppression, l'apprentissage de la liberté et de l'autonomie. La trilogie *Méto*, qui l'a fait connaître, a été récompensée par 13 prix littéraires. Tout en restant fidèle à ses sujets de prédilection, Yves Grevet s'essaie à tous les genres : récits de vie (*C'était mon oncle !*, *Jacquot et le grand-père indigne*), roman d'enquête (*Seuls dans la ville entre 9 h et 10 h 30*), de science-fiction (*Nox*, *Des ados parfaits*, *U4.Koridwen*, *L'accident* et *H.E.N.R.I.*) ou de politique-fiction (*L'école est finie*), roman historique (*Celle qui sentait venir l'orage*), et même une histoire à lire et à jouer (*Le Voyage dans le temps de la famille Boyau*)...

Loi n° 49-956 du 16 juillet 1949
sur les publications destinées à la jeunesse,
modifiée par la loi n° 2011-525 du 17 mai 2011.

Mise en pages : DV Arts Graphiques à La Rochelle.
N° éditeur : 10233742 – Dépôt légal : août 2017.
Achevé d'imprimer sur Roto-Page en août 2017
par l'Imprimerie Floch (53100, Mayenne, France).
N° d'impression : 91369.
Imprimé en France

MIXTE
Papier issu de
sources responsables
FSC® C022030